维修

主编◎吴绍伟

中国劳动社会保障出版社

图书在版编目（CIP）数据

汽车发动机构造与维修学习工作页/吴绍伟主编. —北京：中国劳动社会保障出版社，2015

ISBN 978－7－5167－2249－7

Ⅰ. ①汽… Ⅱ. ①吴… Ⅲ. ①汽车－发动机－构造②汽车－发动机－车辆修理 Ⅳ. ①U472.43

中国版本图书馆 CIP 数据核字（2015）第 301904 号

中国劳动社会保障出版社出版发行

（北京市惠新东街1号 邮政编码：100029）

*

北京市艺辉印刷有限公司印刷装订 新华书店经销

787毫米×1092毫米 16开本 11.25印张 197千字

2015年12月第1版 2017年1月第3次印刷

定价：23.00元

读者服务部电话：（010） 64929211/64921644/84626437

营销部电话：（010） 64961894

出版社网址：http://www.class.com.cn

教材编审写委员会

顾问

林为群	原天津交通职业学院	教授
孙　爽	天津职业技术师范大学	教授
陈泽宇	广州铁路职业技术学院	教授
吴玄光	华南农业大学	副教授
阮少宁	广州丰田汽车特约维修有限公司	副总经理
漆　军	广东机电职业技术学院	教授

主　任：李宗国

副主任：翟恩民　陈林生

委　员：赵晓霞　庄　伟　伊晓浏　谢金富
毕翠丽　朱建玲　余东权　陈伟忠
钟祥爱　陈　龙　曾婉芬　吕强松
杨八妹　潘　毅　揭锡富　吴绍伟
任玉仪　胡军钢　庾蕙敏　杨华春
田运芳　杨建政　罗　英　谢静匀
谭婉虹　刘小琳　唐晓霞　李　莉
林　琳　卫淑华　黄晓彬　吴　浩

本书主编：吴绍伟

前言

《汽车发动机构造与维修学习工作页》与《汽车发动机构造与维修培训教程》是汽车发动机构造与维修一体化课程配套使用的教材。本书以汽车维修岗位工作任务分析为基础，以国家职业标准为依据，以综合职业能力培养为目标，以典型工作任务为载体，以学生为中心，运用一体化课程开发技术规程，根据典型工作任务和工作过程设计课程教学内容和教学方法，按照工作过程的顺序和学生自主学习的要求进行教学设计并安排教学活动，共设计了 7 个学习任务，每个学习任务通过多个教学环节来完成。通过这些学习任务，重点对学生进行专业能力、方法能力、社会能力和职业素养的培养，并通过一体化课程教学使学生具备典型汽车发动机维修的能力，胜任对应的汽车发动机维修岗位，实现“做学合一”的工学结合课程理念，最终达到培养高素质技能人才的培养目标。

本书具备以下特点：

任务驱动。通过任务驱动的方式，引导学生进行知识、技能和职业规范的学习。

做学合一。以工作任务为中心，实现理论与实践的一体化教学。

突出能力。教材定位与学习目标、学习内容与要求、教学过程与评价等都积极突出学生专业能力、方法能力、社会能力和职业素养的培养，体现职业教育课程的特质。

职业标准。工作任务选取与设计中参考并融入了汽车修理工中、高级职业技能鉴定的内容，使该课程同时满足汽车修理工中、高级职业资格培训需要。

本书的编写得到广州丰田汽车特约维修有限公司阮少宁、广州长宁汽车销售服务有限公司黎宗宇、广州汽车集团客车有限公司雷英彬等的大力支持，在此一并表示感谢。

由于经验水平有限，书中难免存在不足和错误之处，恳请各位专家和读者批评指正。

编　者

目　录

任务一　发动机维修准备 ……………………………………………………………（1）
任务二　点火系、燃油供给系的检修 ……………………………………………（15）
任务三　配气机构的维修 …………………………………………………………（29）
任务四　曲柄连杆机构的检修 ……………………………………………………（69）
任务五　润滑系的检修 ……………………………………………………………（105）
任务六　冷却系的检修 ……………………………………………………………（121）
任务七　发动机组装与验收 ………………………………………………………（137）

任务一　发动机维修准备

学习目标

1. 熟悉发动机的组成；
2. 能正确说出四冲程发动机工作原理；
3. 学会正确使用工具对发动机附件进行正确拆装。

学习准备

每完成一个工作步骤在对应“□”内做上记号“√”，没有完成在对应“□”内做上记号“×”。

□　1. 工场要求正确着装。

□　2. 班长宣贯工作场地文明生产守则。

□　3. 学生分组各就各位，班长准时考勤。

4. 检查学习资料准备情况：

□（1）《汽车动力总成维修》　　□（2）《汽车构造》

□（3）《汽车发动机构造与维修教程》　　□（4）笔记本、笔

5. 设备与实训用具：

□（1）发动机实训台　□（2）零件小车　□（3）32 件套装套筒扳手

（4）T 形套筒：□8 mm　□10 mm　□12 mm　□14 mm　□17 mm

□（5）SST（14 mm 梅花套筒）　□（6）磁棒　□（7）尖嘴钳

□（8）游标卡尺　□（9）千分尺　□（10）塞尺　□（11）精密直尺

□（12）钢直尺　□（13）衬垫刮刀　□（14）面纱或抹布

建议学时

18 课时

学习过程

一、 情景导入

吴先生的一台丰田卡罗拉轿车发动机需进行解体检修。根据作业要求，需了解发动机构造，为发动机解体检修前拆除发动机周边的附件。

二、 信息收集

引导问题 1　发动机的功用是什么？由哪些机构组成？

（1）发动机是给汽车提供动力的部件，是汽车的核心部分，它的作用是____，它一般是由__________、__________、__________、__________、__________、__________（汽油发动机采用）、__________，俗称两大机构五大系统。

（2）如图 1—1 所示是发动机的外观及剖视图，请标出图中部件的名称。

引导问题 2　发动机的分类有哪些？

（1）按所用的燃料不同来分，可分为____________、____________、____________、____________等。

（2）按点火方式不同来分，可分为______________与______________。

点火方式与所使用的燃料关系：______________________________________

____

____

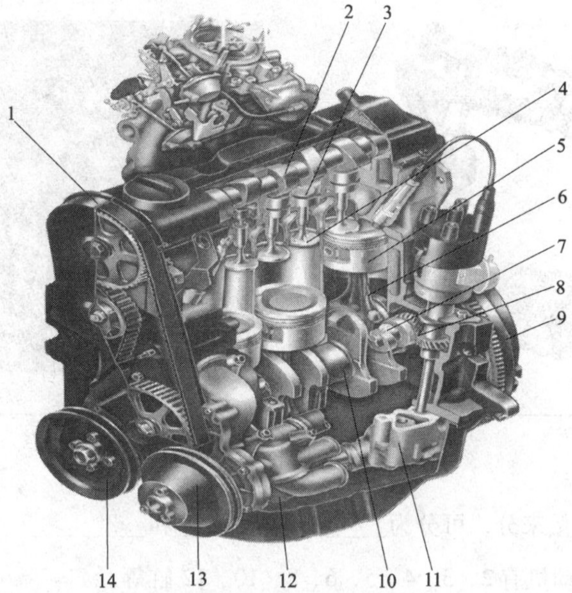

图 1—1　发动机外观及剖视图

1—__________　2—__________　3—__________

4—__________　5—__________　6—__________

7—__________　8—__________　9—__________

10—__________　11—__________　12—__________

13—__________　14—__________

（3）按冷却方式不同可分为水冷发动机和风冷发动机，如图 1—2 所示，请注明。

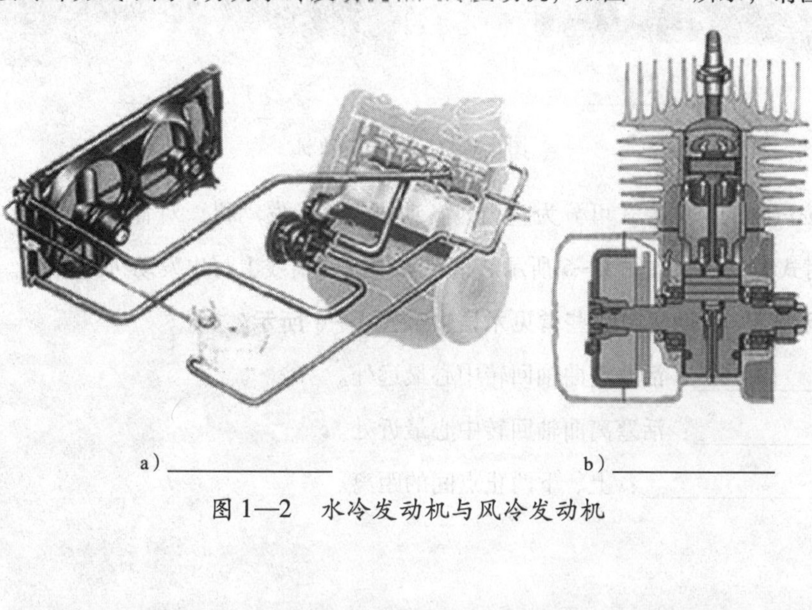

a）__________　b）__________

图 1—2　水冷发动机与风冷发动机

（4）按凸轮轴数不同可分为单凸轮轴发动机、双凸轮轴发动机和四凸轮轴发动机，如图1—3所示，请注明。

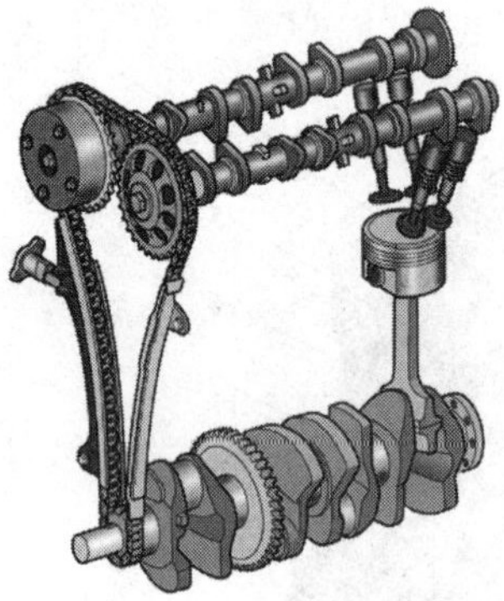

a）__________

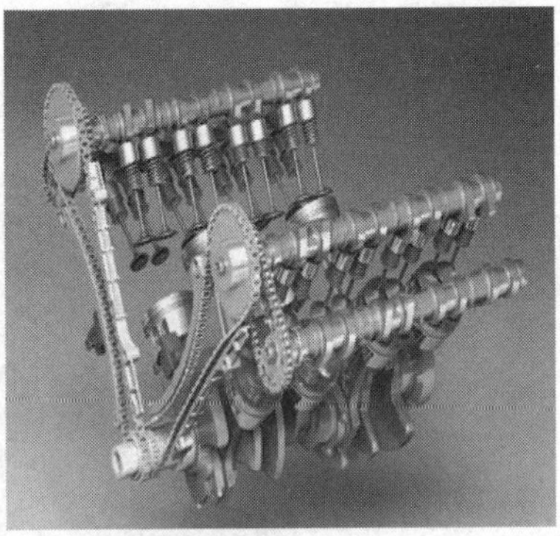

b）__________

图1—3 凸轮轴发动机

（5）按汽缸的数量来分，可分为__________和__________，如图1—4所示，请注明。多缸发动机有2、3、4、5、6、8、10、12缸等。

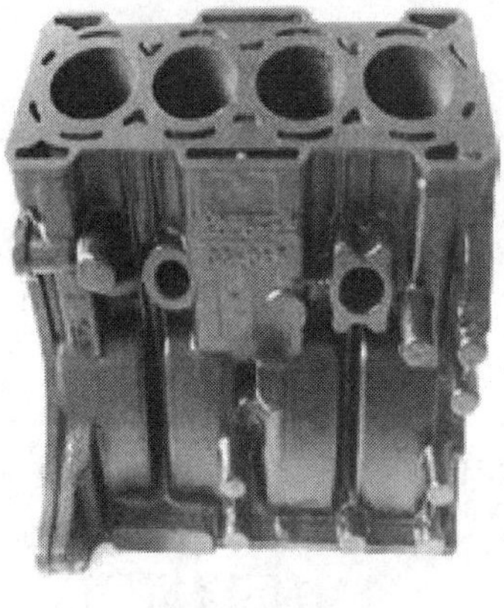

a）__________

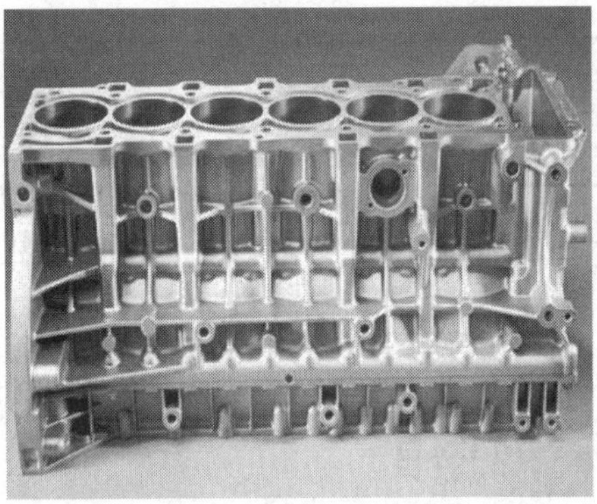

b）__________

图1—4 多缸发动机

（6）按汽缸的排列方式可分为直列式发动机、V形发动机、对置式发动机、水平式发动机和辐射式发动机，如图1—5所示。请在下列图的横线上写出发动机的类型。

引导问题3 发动机有哪些常见术语？如图1—6所示。

（1）__________：活塞离曲轴回转中心最远处。

（2）__________：活塞离曲轴回转中心最近处。

（3）__________：上、下两止点间的距离。

a）________________

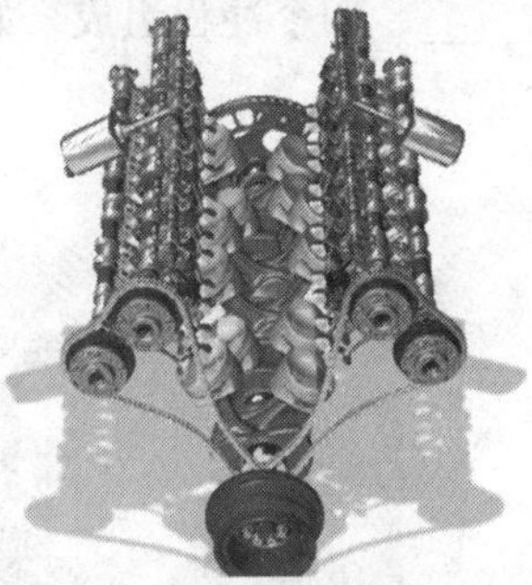

b）________________

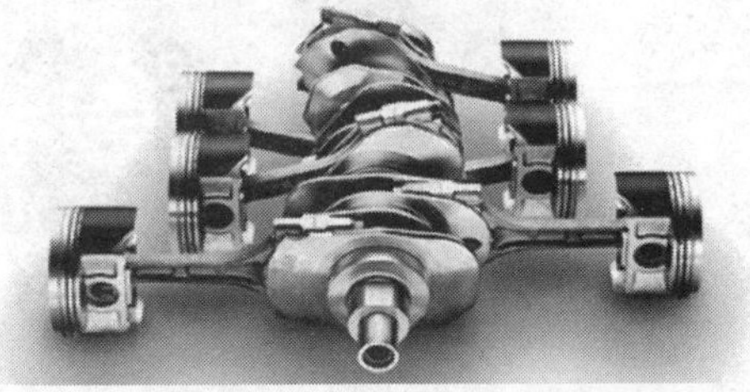

c）________________

图 1—5　发动机

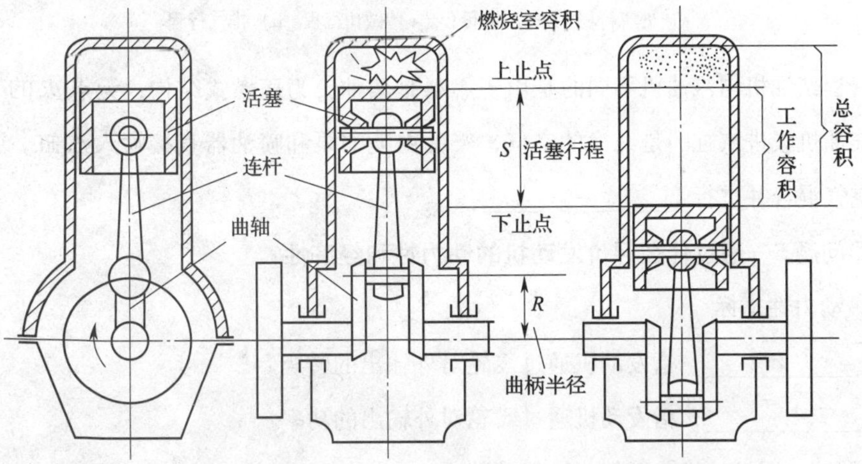

图 1—6　发动机常用术语

(4) __________：活塞从上止点到下止点所让出的空间的容积（L）。

(5) 发动机工作容积（VL）：发动机所有汽缸工作容积之和，也叫发动机的__________。

(6) __________：活塞在上止点时，活塞顶上面的空间容积。

(7) __________：活塞在下止点时，活塞顶上面的空间容积。

(8) __________：气缸总容积与燃烧室容积的比值。

引导问题4　发动机是如何工作的？

(1) 活塞往复四个冲程完成一个循环的发动机称四冲程发动机。每个循环由按渐进工作次序的________、________、________、________四个冲程组成，如图1—7所示为四冲程汽油发动机工作过程。

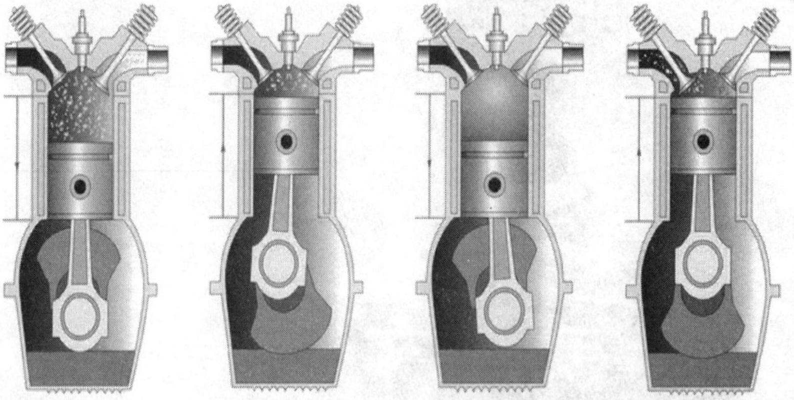

a)　　b)　　c)　　d)

图1—7　汽油机发动机四行程工作过程

a) 进气行程　b) 压缩行程　c) 做功行程　d) 排气行程

四行程柴油机与汽油机不同的是由于燃料是柴油，为压燃式结构，无点火的________过程，柴油机吸进汽缸的是纯净的空气，柴油由喷油泵和喷油器直接喷入汽缸，与压缩后的高温空气混合并进行__________。

引导问题5　通过什么评价发动机的动力性和经济性？

(1) 动力性指标

1) __________，指发动机通过飞轮对外输出的转矩。

2) __________，指发动机通过飞轮对外输出的功率。

3) 转速，即发动机曲轴每分钟的转数。

(2) 经济性指标。经济性指标是__________，其值越________，发动机的经济性越好。

三、 任务实施：拆卸发动机周边附件

步骤1：安装发动机台架。

步骤2：拆卸进气歧管。

（1）拆下线束卡夹支架。

（2）拆下________个螺栓并断开气管，如图1—8所示。

（3）将通风软管从进气歧管上断开。

（4）断开__________根水旁通软管。

（5）拆下________个螺栓和________个螺母（见图1—9），并拆下进气歧管和进气歧管撑条。

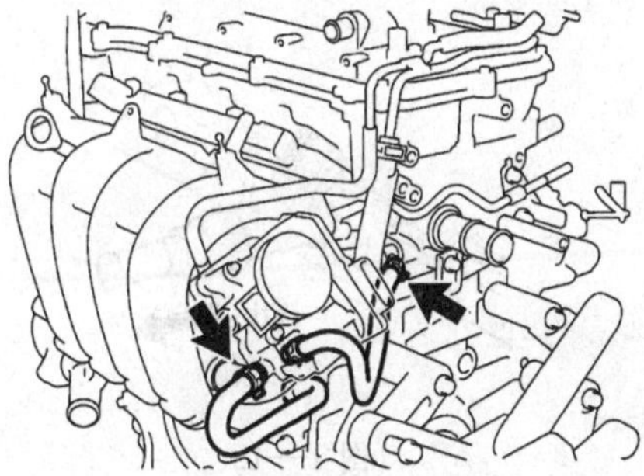

图1—8

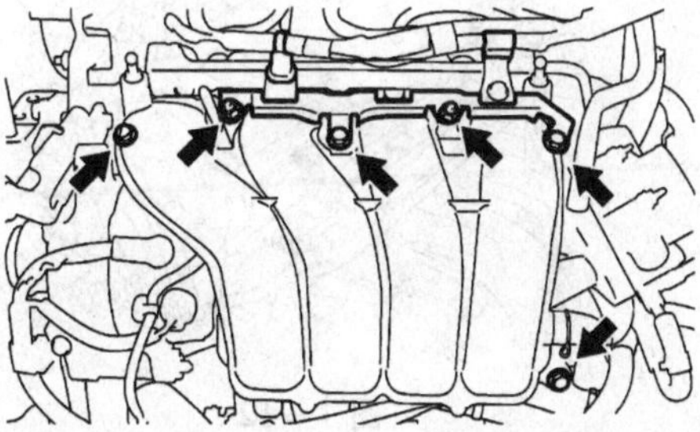

图1—9

（6）将衬垫从进气歧管上拆下。

步骤3：断开燃油管分总成。

捏住__________的固定器（见图1—10），并拉出燃油管连接器，然后从燃油管路上断开____________。

步骤4：拆卸输油管分总成。

（1）拆下螺栓，如图1—11所示。

（2）拆下2个螺栓，然后拆下带4个__________的输油管，如图1—12所示。

（3）拆卸2个1号输油管隔圈。

（4）拆卸4个喷油器____________。

步骤5：拆卸________个喷油器总成（见图1—13）。

步骤6：拆下________个螺栓，拆卸4个______________。

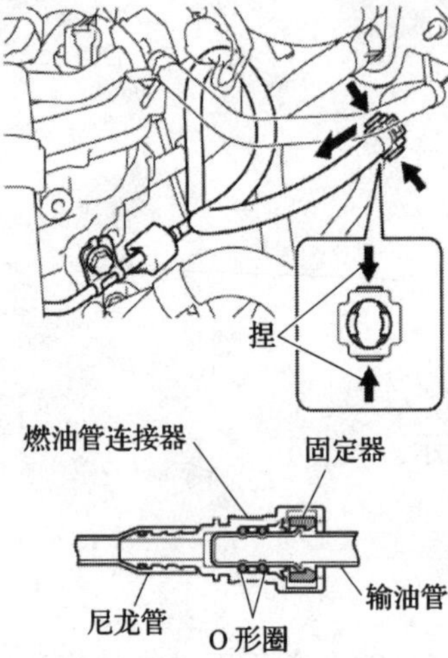

图 1—10

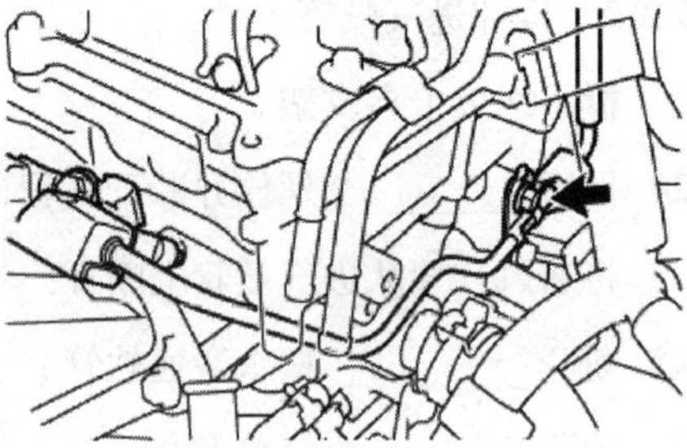

图 1—11

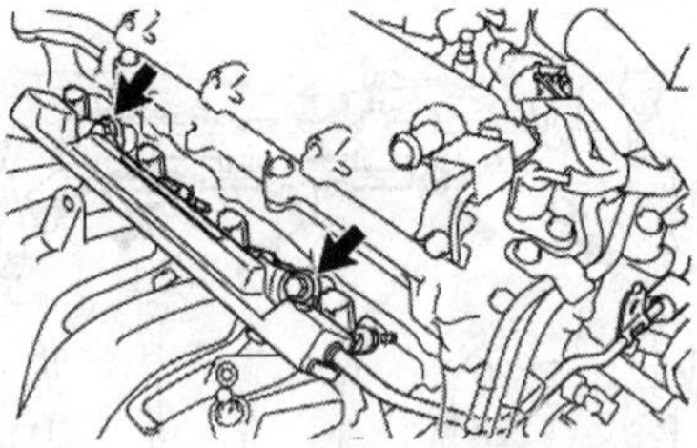

图 1—12

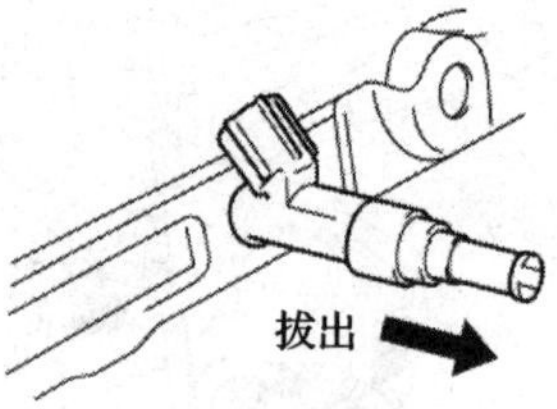

图 1—13

步骤 7：拆卸机油尺分总成。

(1) 拆下________和___________（见图 1—14）。

(2) 从机油尺上拆下___________。

步骤 8：拆卸排气歧管。

(1) 拆下______个螺栓和________________（见图 1—15）。

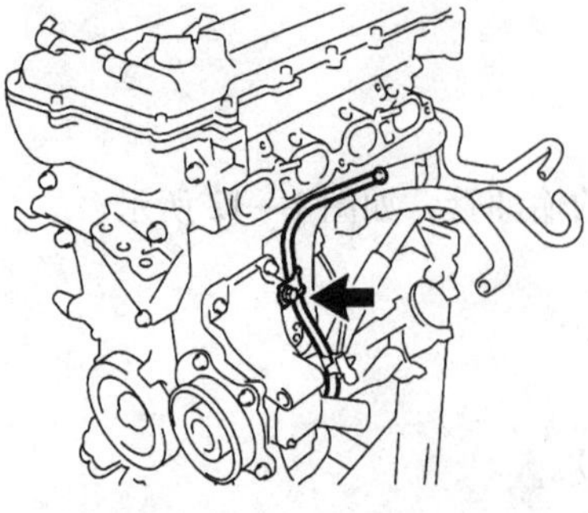

图 1—14

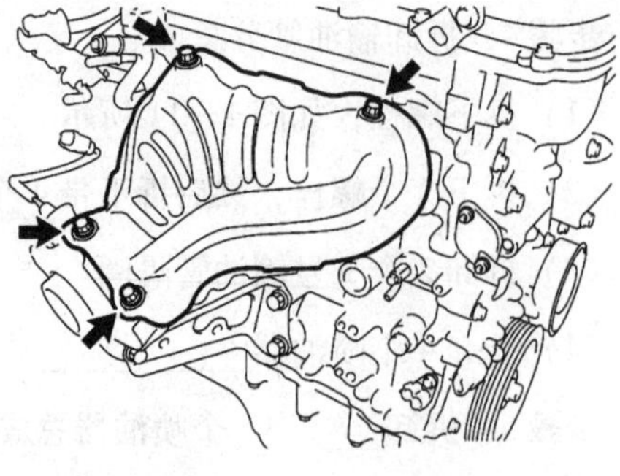

图 1—15

（2）拆卸____个螺栓和________，如图 1—16 所示。

（3）拆下________个螺母，拆卸__________，如图 1—17 所示。

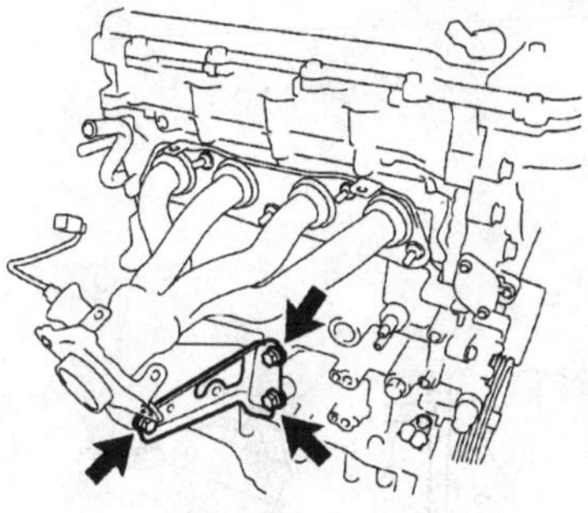

图 1—16

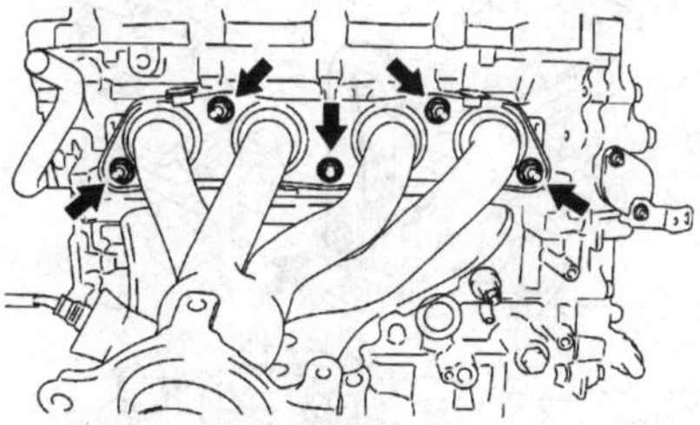

图 1—17

步骤 9：拆卸__________软管（见图 1—18）。

步骤 10：将________号水旁通软管从进水口壳体上分离（见图 1—19）。

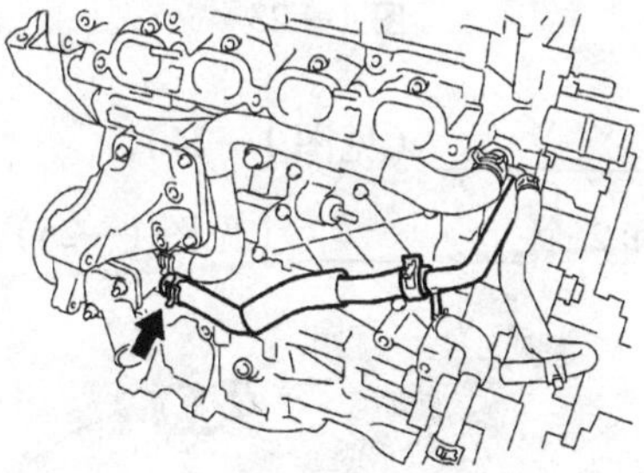

图 1—18

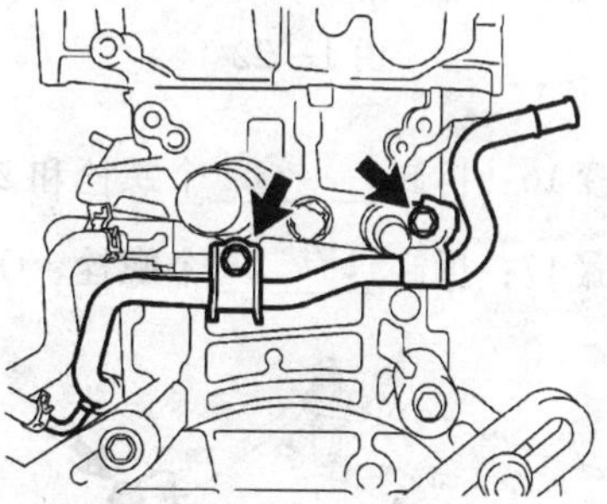

图 1—19

步骤 11：拆卸 1 号水旁通管。

（1）拆下________个螺栓和 1 号水旁通管，如图 1—20 所示。

（2）拆下卡夹和水旁通软管。

步骤 12：拆卸________个卡夹和进水软管，拆卸进水口，拆卸节温器。

步骤 13：拆卸螺栓和收音机设置调相器（见图 1—21）。

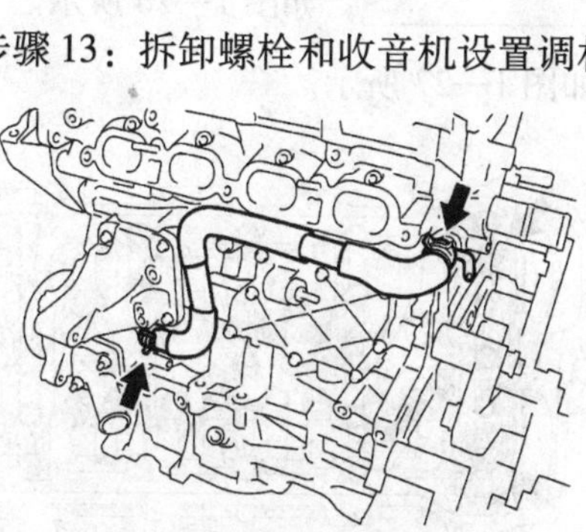

图 1—20

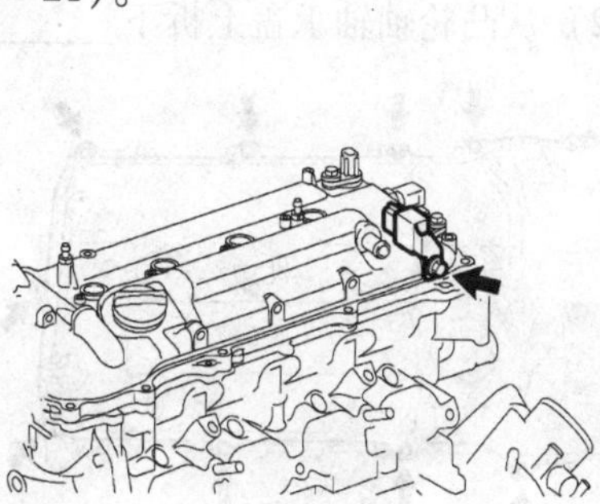

图 1—21

步骤 14：拆卸________个螺栓和________个发动机吊架（见图 1—22）。

步骤 15：用________mm 火花塞扳手拆下火花塞（见图 1—23）。

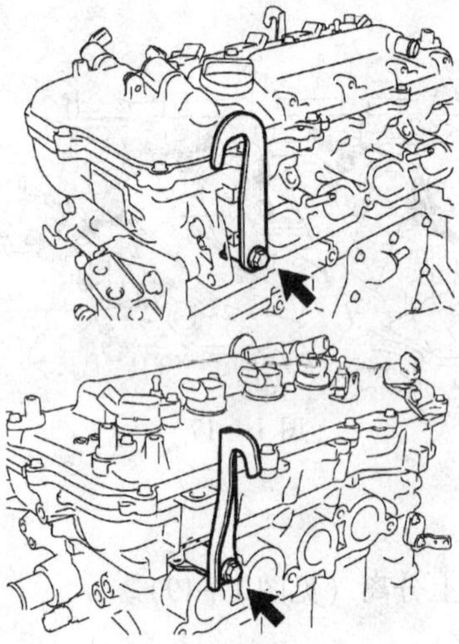

图 1—22

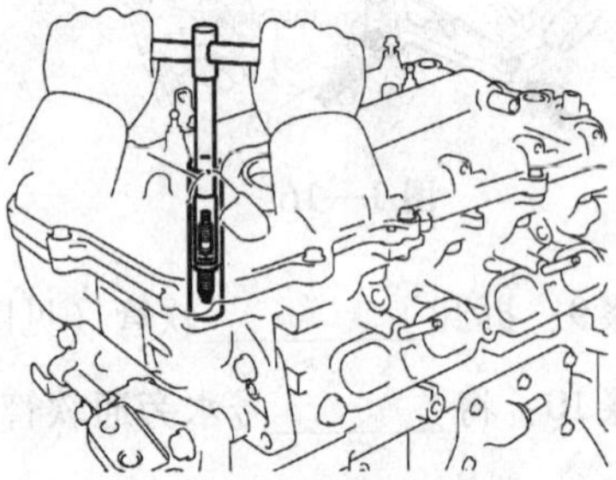

图 1—23

步骤 16：拆卸________个螺栓和 2 个________________（见图 1—24）。

步骤 17：拆卸________个螺栓、O 形圈、支架和 2 个__________（见图 1—25）。

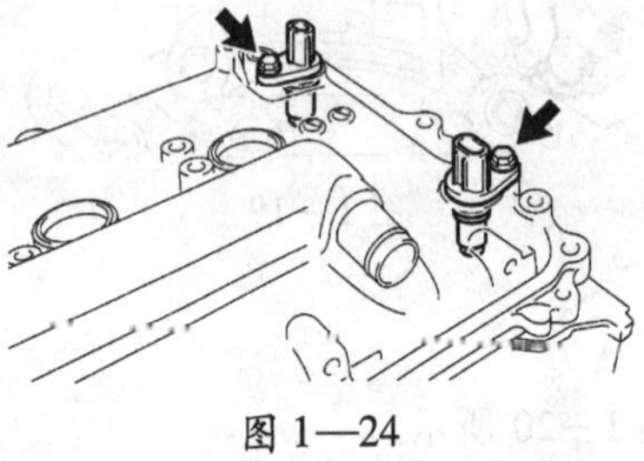

图 1—24

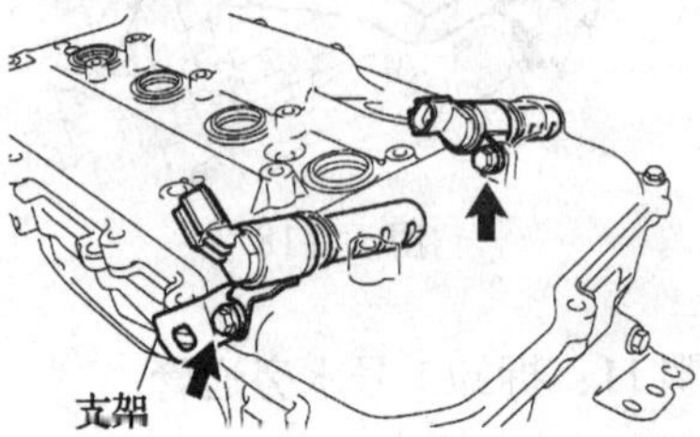

图 1—25

步骤 18：拆卸汽缸盖罩分总成。

（1）拆下__________个螺栓、密封垫圈和________________，如图 1—26 所示。

（2）从凸轮轴轴承盖上拆下________个衬垫，如图 1—27 所示。

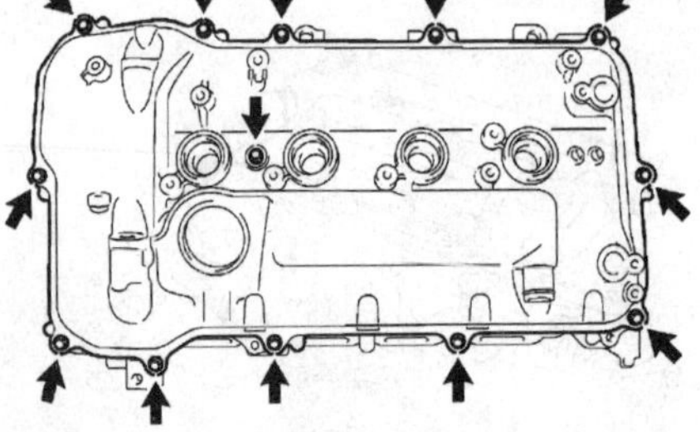

图 1—26

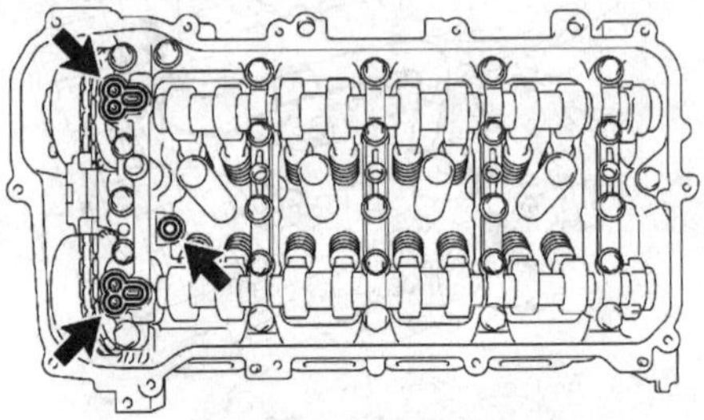

图 1—27

（3）拆卸汽缸盖________________，如图 1—28 所示。

步骤 19：将 1 号汽缸设置到 TDC/压缩。

（1）转动曲轴皮带轮，直到其凹槽与正时链条盖上的正时标记“__________”对准。

（2）如图 1—29 所示，检查并确认________________、链轮上的各正时标记和位于 1 号、2 号轴承盖上的各正时标记对准。如果没有对准，则转动曲轴 1 圈（360°），如上所述对准正时标记。

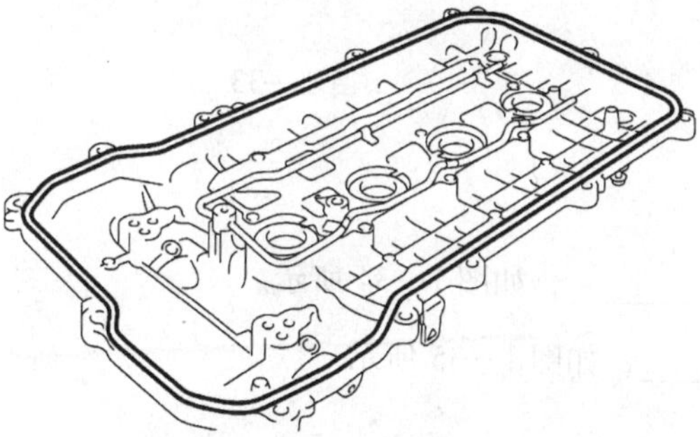

图 1—28

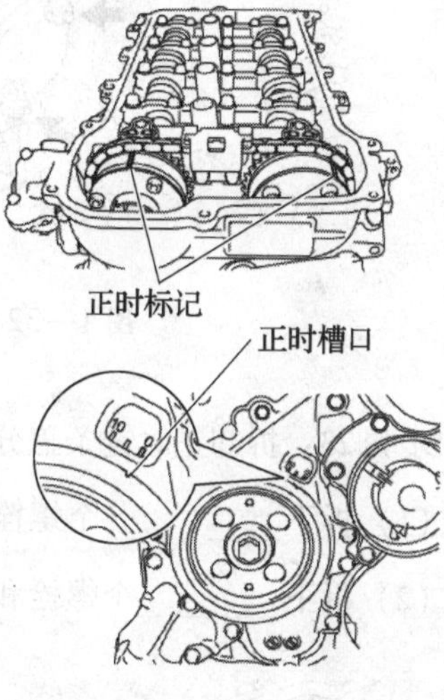

图 1—29

步骤 20：拆卸曲轴皮带轮及正时链条盖油封。

（1）曲轴皮带轮用 SST 固定就位，松开__________螺栓（见图 1—30）。

（2）用 SST 拆下曲轴__________和皮带轮__________，如图 1—31 所示。

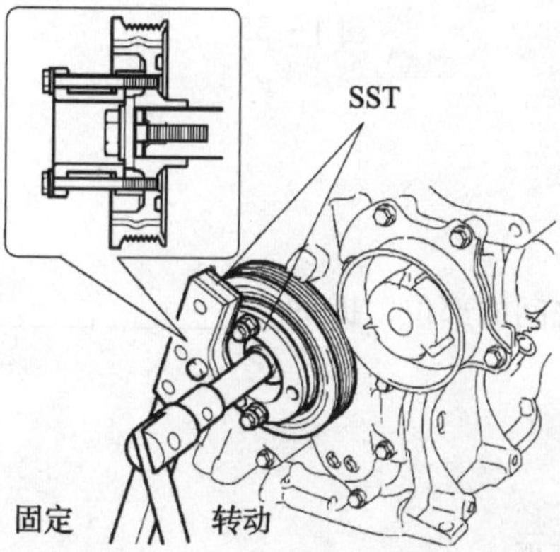

图 1—30

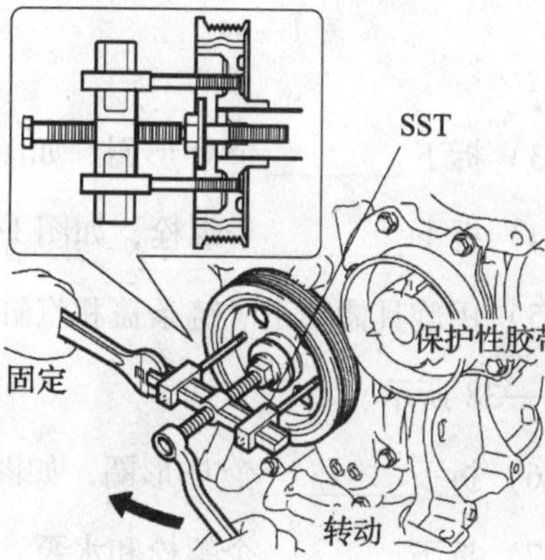

图 1—31

(3) 用刀子切掉油封唇口拆卸正时链条盖油封。

步骤21：拆下______个螺母、托架，拆卸____________总成和____________（见图1—32）。

步骤22：用机油滤清器专用拆卸工具SST拆卸________________（见图1—33）。

图1—32

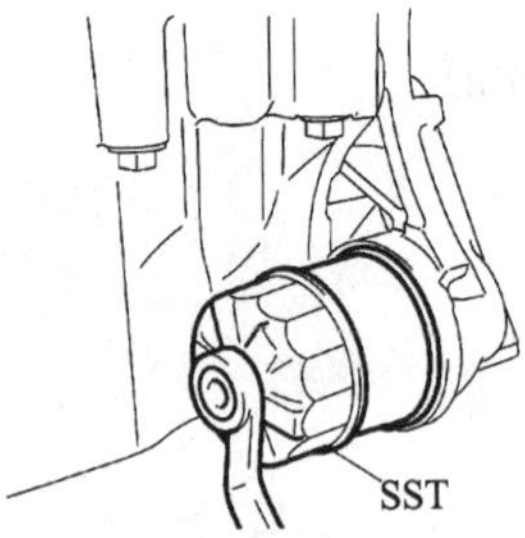

图1—33

步骤23：拆卸正时链条盖分总成。

(1) 拆下__________个螺栓和________________，如图1—34所示。

(2) 拆下________个螺栓和______________，如图1—35所示。

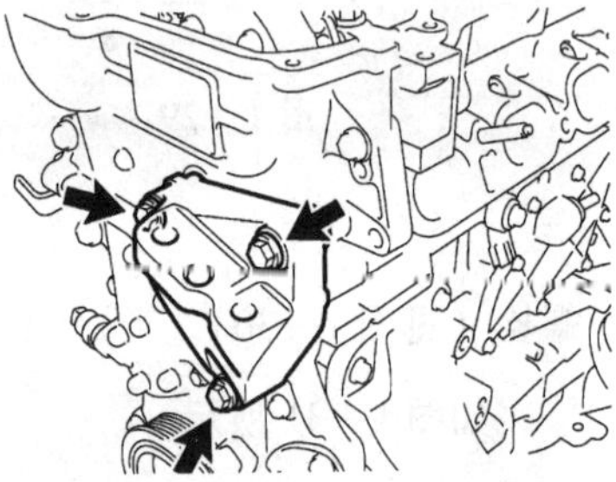

图1—34

图1—35

(3) 拆下________个O形圈，如图1—36所示。

(4) 拆下________个螺栓，如图1—37所示。

(5) 用旋具撬动正时链条盖和汽缸盖或汽缸体之间的部位，拆下__________________，如图1—38所示。

(6) 拆下________个O形圈，如图1—39所示。

(7) 拆下________个螺栓和水泵，如图1—40所示。

(8) 拆下__________，如图1—41所示。

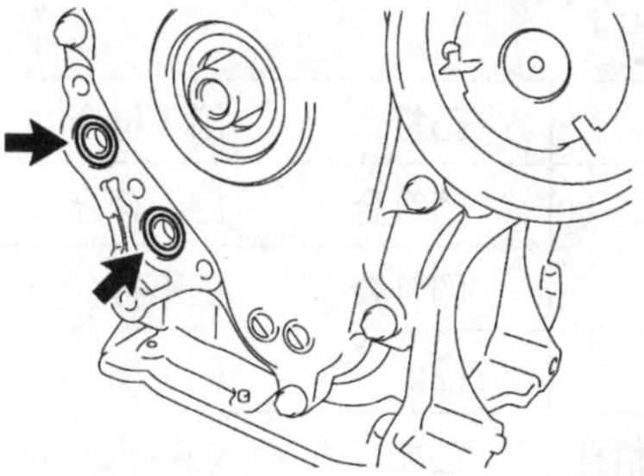

图 1—36

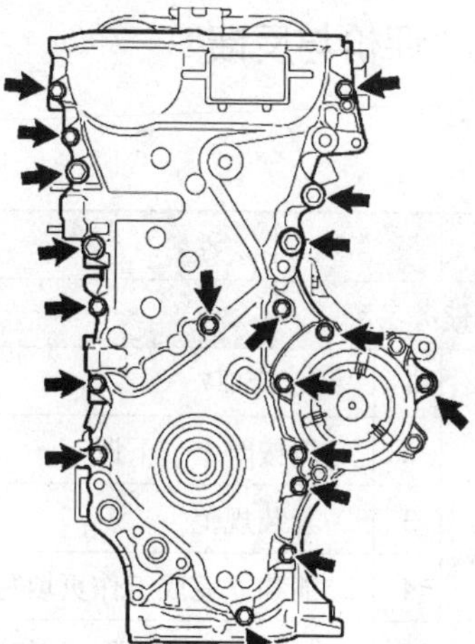

图 1—37

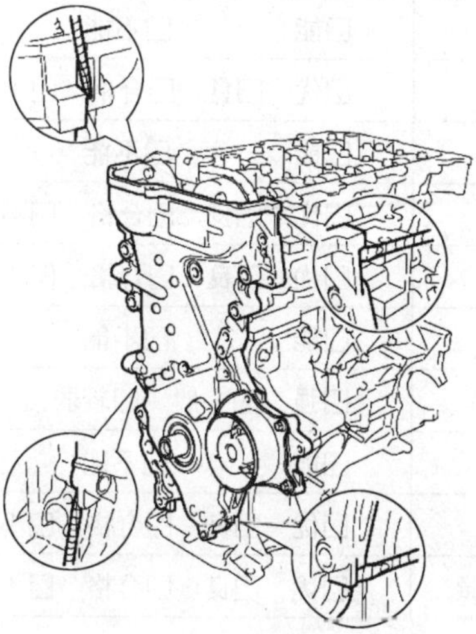

图 1—38

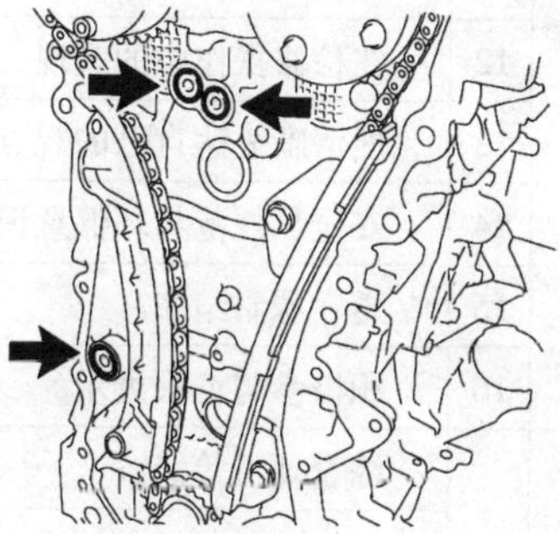

图 1—39

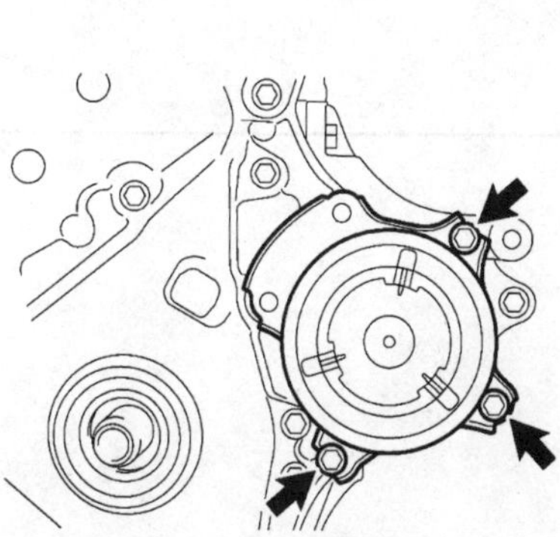

图 1—40

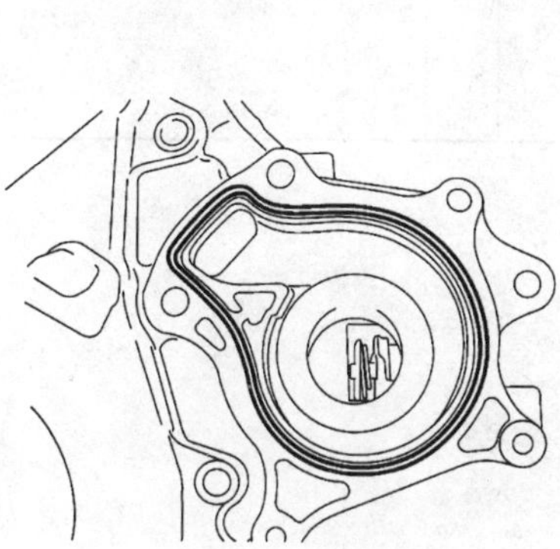

图 1—41

四、 评价与反馈

学习评价与反馈表

班级		姓名		学号		日期	年 月 日
学习任务名称							
自我评价	1	6S 管理	□符合 □不符合				
	2	能按时上、下课	□符合 □不符合				
	3	着装规范	□符合 □不符合				
	4	能独立完成工作页填写	□能 □不能				
	5	能利用维修手册、网络资源等查找有效信息	□能 □不能				
	6	能正确使用工、量具及设备	□能 □不能				
	7	会叙述各部件的结构原理	□能 □不能				
	8	会制定维修计划	□能 □不能				
	9	学习效果自我评价等级	□优 □良 □合格 □不合格				
小组评价	10	在小组内积极发言情况	□能 □不能				
	11	积极配合小组成员完成工作任务情况	□优 □良 □合格 □不合格				
	12	在检修操作中的表现	□优 □良 □合格 □不合格				
	13	能清晰表达自己的观点	□能 □不能				
	14	安全、规范与环保意识	□强 □一般 □较弱				
	15	遵守课堂纪律	□能 □不能				
	16	积极参与汇报展示	□优 □良 □合格 □不合格				
教师评价	17	综合评价等级：	□优 □良 □合格 □不合格				
		评语：					

任务二　点火系、燃油供给系的检修

学习目标

1. 熟悉发动机点火系、燃油供给系的作用、组成、工作原理；

2. 学会正确使用工具对点火系、燃油供给系进行正确拆装；

3. 能够对点火系、燃油供给系各零件进行正确的检修。

学习准备

每完成一个工作步骤必须在对应“□”内做上记号“√”，没有完成在对应“□”内做上记号“×”。

□　1. 工场要求正确着装。

□　2. 班长宣贯工作场地文明生产守则。

□　3. 学生分组各就各位，班长准时考勤。

4. 检查学习资料准备情况：

□（1）《汽车动力总成维修》　　□（2）《汽车构造》

□（3）《汽车发动机构造与维修教程》　　□（4）笔记本、笔

5．设备与实训用具：

□（1）发动机实训台　□（2）零件小车　□（3）32 件套装套筒扳手

（4）T 形套筒：□8 mm　□10 mm　□12 mm　□14 mm　□17 mm

□（5）SST（14 mm 梅花套筒）　□（6）磁棒　□（7）尖嘴钳

□（8）游标卡尺　□（9）千分尺　□（10）塞尺　□（11）精密直尺

□（12）钢直尺　□（13）衬垫刮刀　□（14）面纱或抹布

建议学时

18 课时

学习过程

一、情景导入

吴先生的一台丰田卡罗拉轿车发动机不能启动，据技师领班的初步判断很可能是起动系统的问题，是点火系或燃油供给系的故障。请以小组为单位组成维修团队对车辆的故障进行故障诊断与排除。

二、信息收集

引导问题 1　发动机点火系的作用、组成、工作原理是怎样的?

（1）识别点火系的组成。

1—________________

2—________________

3—________________

4—________________

5—________________

6—________________

7—________________

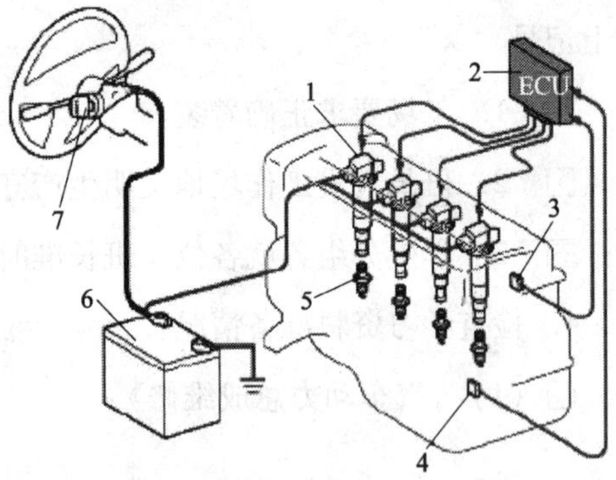

图 2—1　点火系的组成

（2）认识点火系的主要零件及作用。

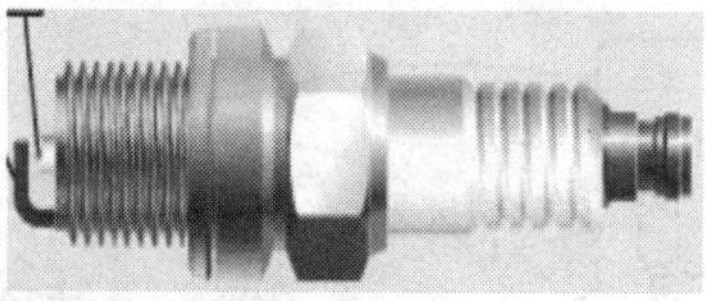

名称：____________________

作用：____________________

____

名称：____________________

作用：____________________

____

名称：____________________

作用：____________________

____

名称：____________________

作用：____________________

____

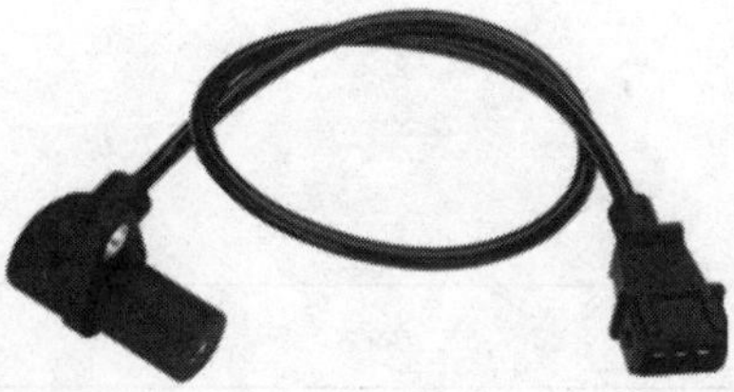

名称：____________________

作用：____________________

____

引导问题 2　发动机燃油供给系的作用、组成、工作原理是怎样的?

(1) 识别发动机燃油供给系组成。

1—______________

2—______________

3—______________

4—______________

5—______________

6—______________

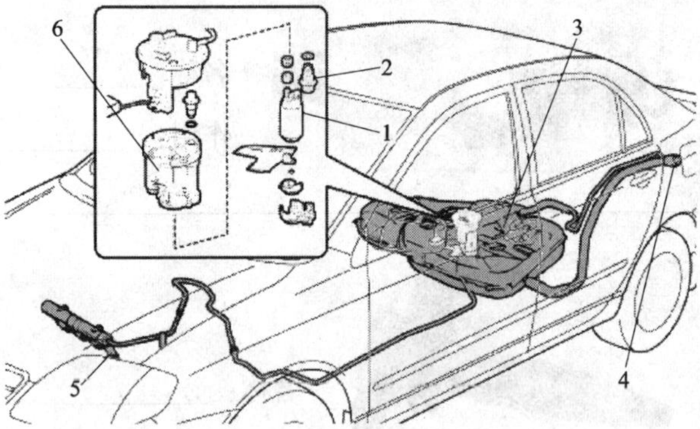

图 2—2　燃油系组成

(2) 认识点火系的主要零件及作用。

名称：______________________________

作用：______________________________

____

名称：______________________________

作用：______________________________

____

名称：______________________________

作用：______________________________

____

名称：______________________________

作用：______________________________

____

（3）指出图中各零件编号的名称。

1—________________

2—________________

3—________________

4—________________

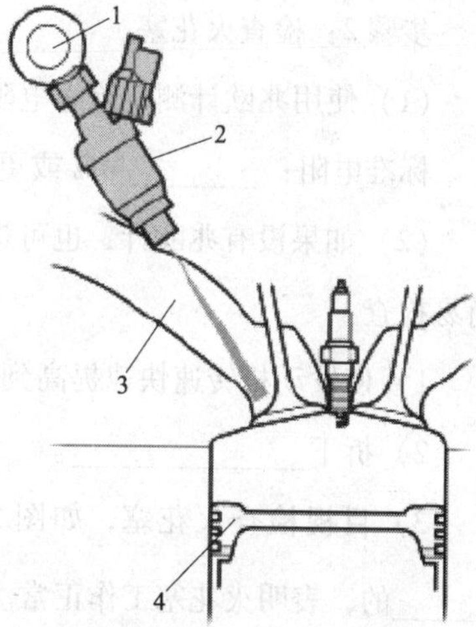

图 2—3

三、计划与实施

（一）点火系检修

步骤 1：进行点火线圈和火花测试。

（1）拆下 4 个________和 4 个________。

（2）断开______个喷油器连接器（见图 2—4）。

（3）将火花塞安装到各点火线圈上，然后连接点火线圈连接器。

（4）将___________接地。

（5）检查并确认发动机转动时出现火花（见图 2—5）。

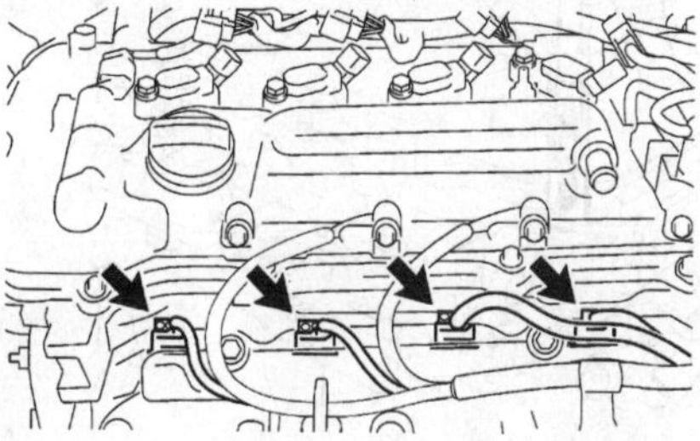
图 2—4

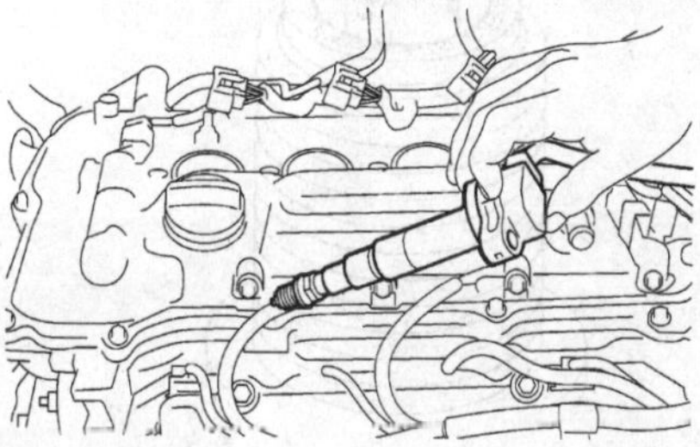
图 2—5

如果未出现火花，则执行以下步骤执行火花测试。

1）检查并确认带点火器的____________的线束侧连接器已连接牢固。

2）对每个带点火器的_____________进行火花测试，更换为功能正常的带点火器的____________，再次进行火花测试。

3）检查火花塞。

4）检查并确认带点火器的点火线圈上施加有电源。将点火开关转到“ON”，检查并确认点火线圈的正极（+）端子上施加有蓄电池电压。

（6）连接 4 个________连接器。

(7) 安装4个__________和4个___________。

步骤2：检查火花塞。

(1) 使用兆欧计测量绝缘电阻，如图2—6所示。

标准电阻：_______MΩ或更高。

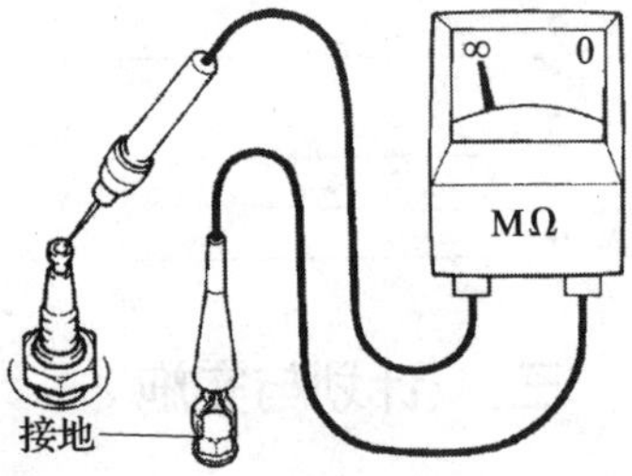

图2—6

(2) 如果没有兆欧计，也可进行下列可替代方法进行简易检查：

1) 使发动机转速快速提高到4 000 r/min，进行5次。

2) 拆下______________。

3) 目视检查火花塞，如图2—7所示。如果电极是______的，表明火花塞工作正常。如果电极是______的，请进行下一步。

(3) 检查火花塞的________和________是否损坏。如果有任何损坏，则更换火花塞。

步骤3：安装_______个火花塞，如图2—8所示。

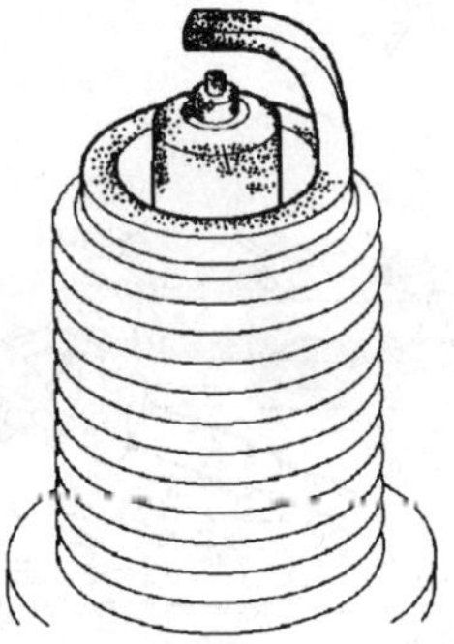

图2—7

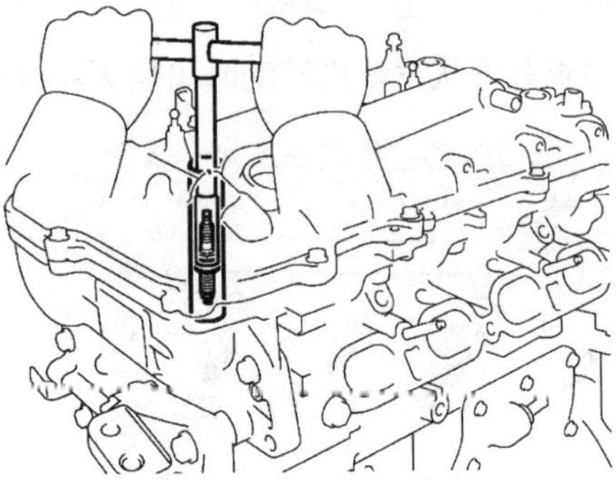

图2—8

扭矩：_________N·m。

步骤4：安装点火线圈总成。

(1) 用_____个螺栓安装4个_____，如图2—9所示。

扭矩：_________N·m。

(2) 连接4个___________。

(3) 连接凸轮轴正时机油控制阀连接器。

(二) 燃油供给系检修

步骤1：拆卸喷油器。

（1）释放__________压力。

（2）拆卸 2 号____________，如图 2—10 所示。

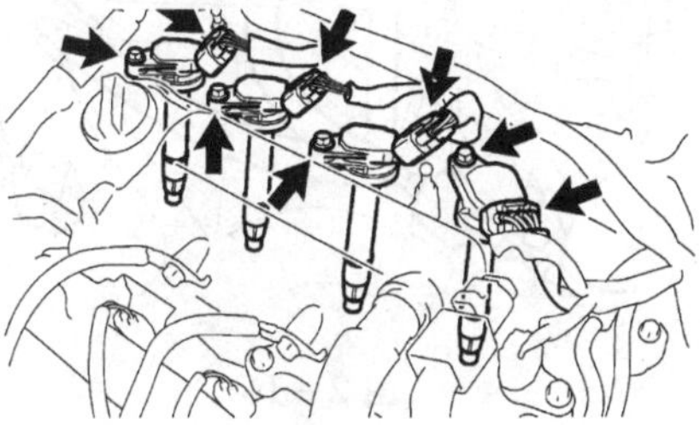

图 2—9

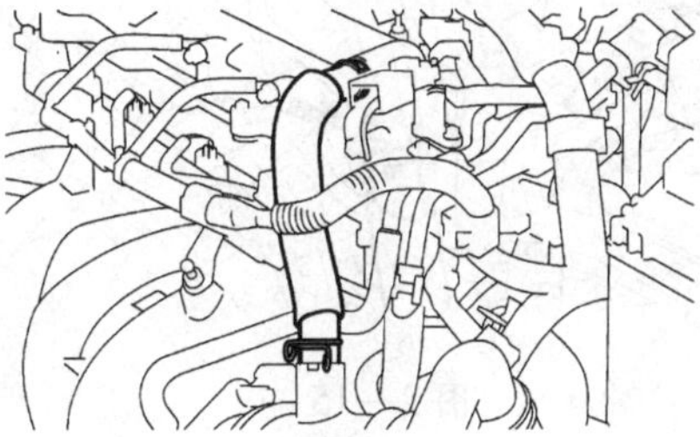

图 2—10

（3）拆下____个螺栓、线束夹箍和____个喷油器连接器，然后分离____________，如图 2—11 所示。

（4）拆卸线束支架。

1）断开________个线束夹箍，如图 2—12 所示。

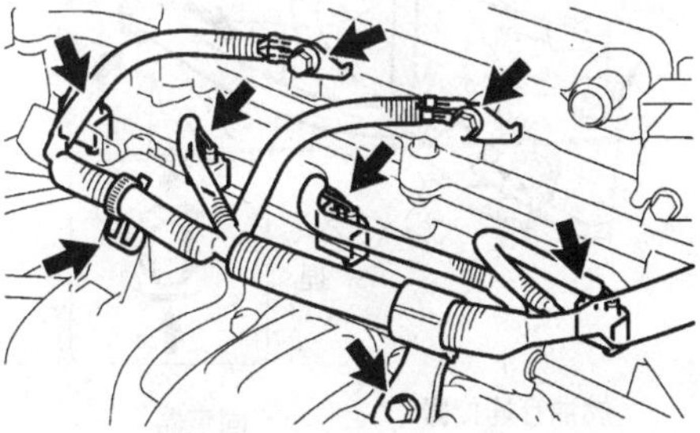

图 2—11

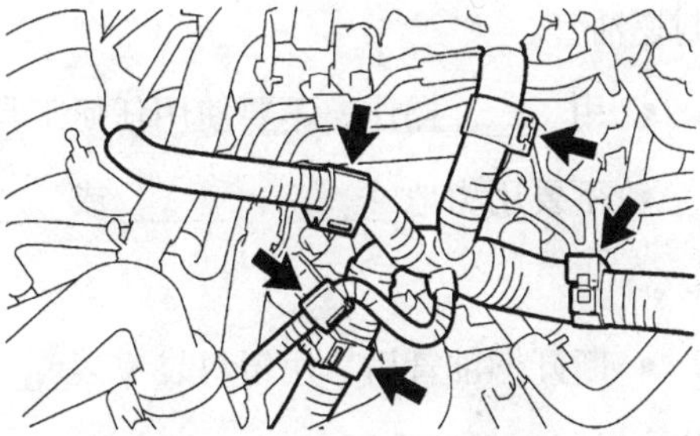

图 2—12

2）拆下____个螺栓和____个线束支架，如图 2—13 所示。

（5）断开______号燃油蒸气供油软管，如图 2—14 所示。

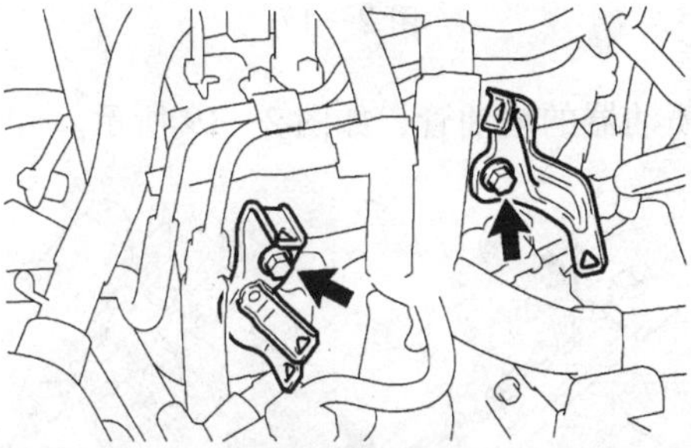

图 2—13

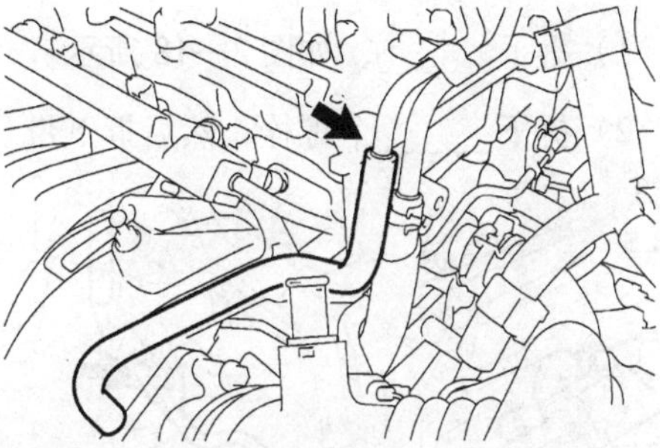

图 2—14

（6）断开____________，如图 2—15 所示。

（7）拆卸__________，如图 2—16 所示。

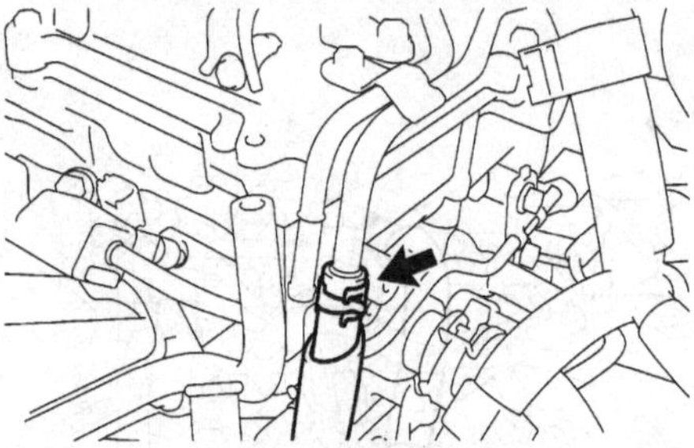

图 2—15

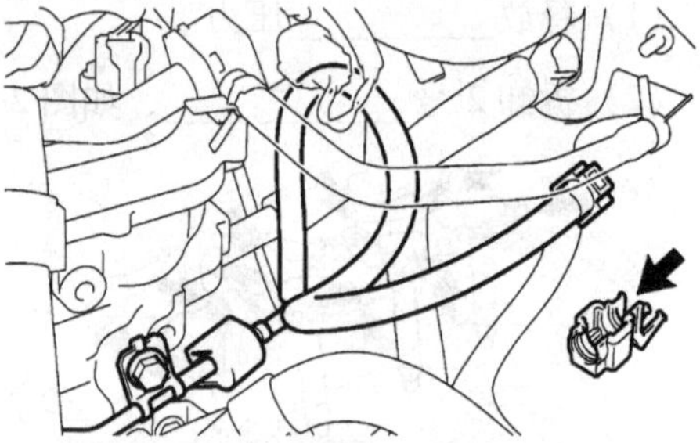

图 2—16

（8）断开燃油管分总成，然后从燃油管路上断开__________，如图 2—17 所示。

提示：

- 开始作业之前，去除燃油管连接器上的所有________和__________。
- 断开燃油管时不要划伤零件或使其沾上异物，因为燃油管连接器上有________形圈来密封燃油管。
- 用______操作，不要使用任何工具。
- 不要用力地______、______或______尼龙管。
- 断开燃油管后，用塑料袋覆盖______的部位，以起到保护作用。
- 如果燃油管连接器和燃油管卡住，推拉连接器，使其松开。

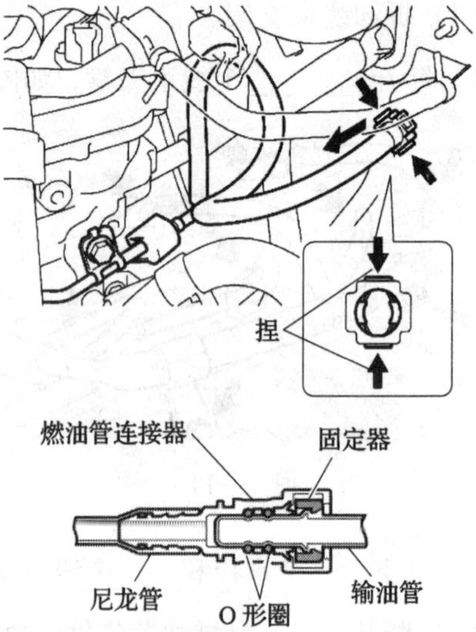

图 2—17

（9）拆卸输油管分总成。

1）拆下______，如图 2—18 所示。

2）拆下______个螺栓，然后拆下带______个喷油器的输油管，如图 2—19 所示。

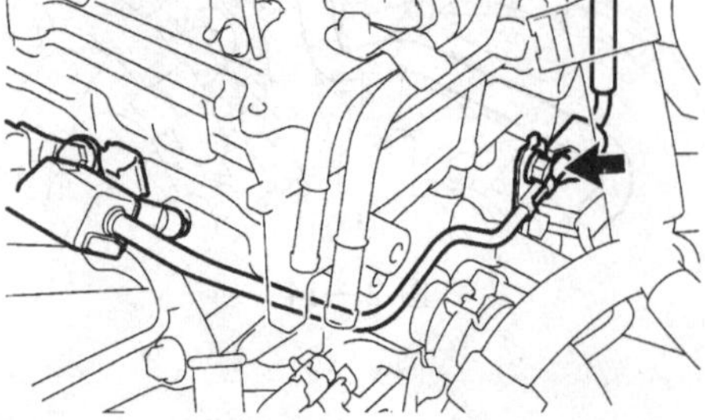

图 2—18

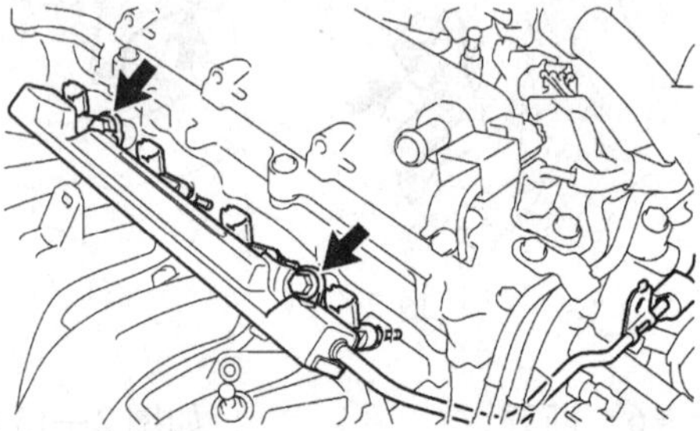

图 2—19

（10）拆卸______个 1 号输油管隔圈，如图 2—20 所示。

（11）拆卸______个喷油器隔振器，如图 2—21 所示。

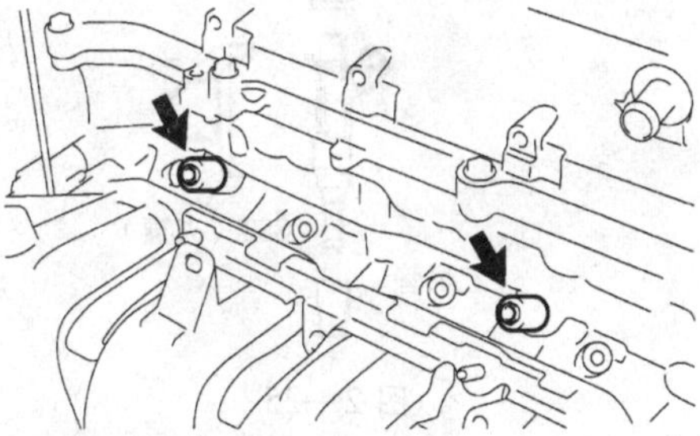

图 2—20

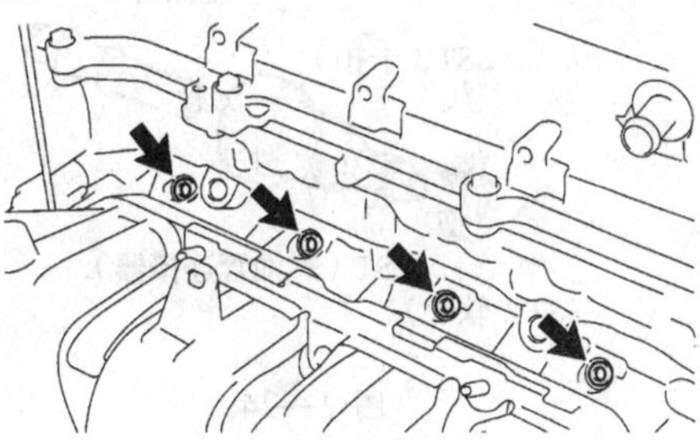

图 2—21

（12）从输油管中拔出______个喷油器总成，如图 2—22 所示。

步骤 2：检查喷油器。

（1）检查电阻。根据下表中的值测量电阻，见图 2—23。

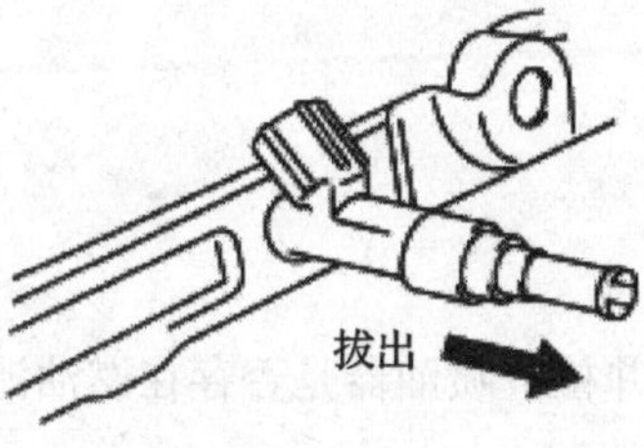

图 2—22

图 2—23

标准电阻：

IT－Ⅱ连接	条件	规定条件	测量值
1－2			

如果结果不符合规定，则更换喷油器。

（2）检查工作情况。

1）连接__________和______，然后将其连接到燃油管（车两侧）（见图 2—24）。

2）将________形圈安装到喷油器上。

3）将______和______连接到喷油器上，并用______夹住喷油器和接头（见图 2—25）。

4）将喷油器放置在量筒内。

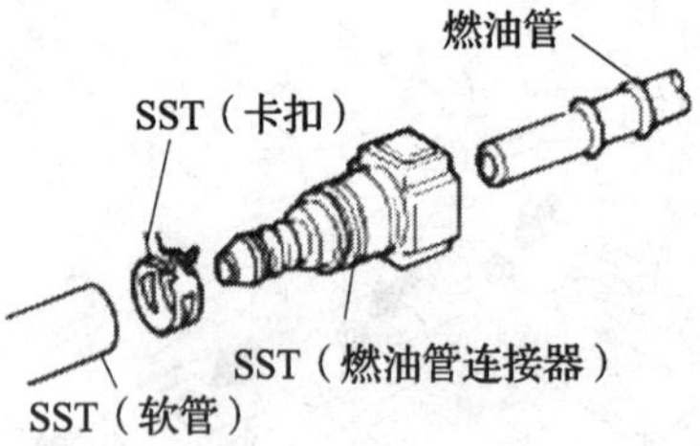

图 2—24

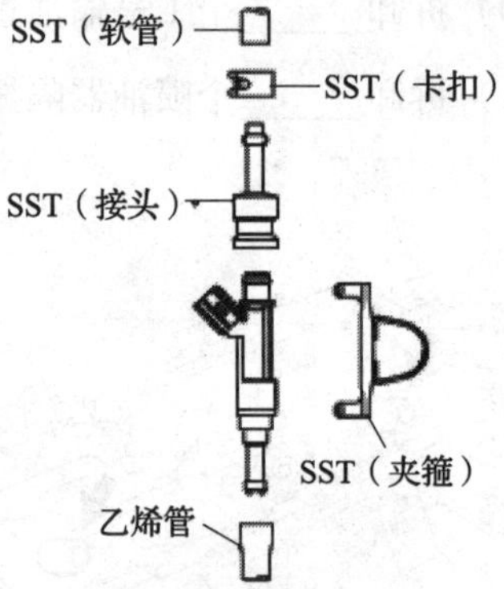

图 2—25

提示：

在喷油器总成上安装合适的________以防止汽油飞溅。

5）操作燃油泵。

6）将导线连接到喷油器和蓄电池上，并持续____s，然后用量筒测量喷射量。每个喷油器检测______或______次（见图 2—26）。

喷射量：每_____s ______ ~ ______mL。

各喷油器之间的差值：______mL 或更少。

（3）检查泄漏。

在上述条件下，从蓄电池上断开导线的测试探头，并检查喷油器是否存在燃油泄漏。

燃油滴漏量：每　　min ______滴或更少。

步骤 3：安装喷油器。

（1）安装喷油器总成。

1）在新的______形圈上涂抹一薄层汽油，然后将其安装到各喷油器上（见图 2—27）。

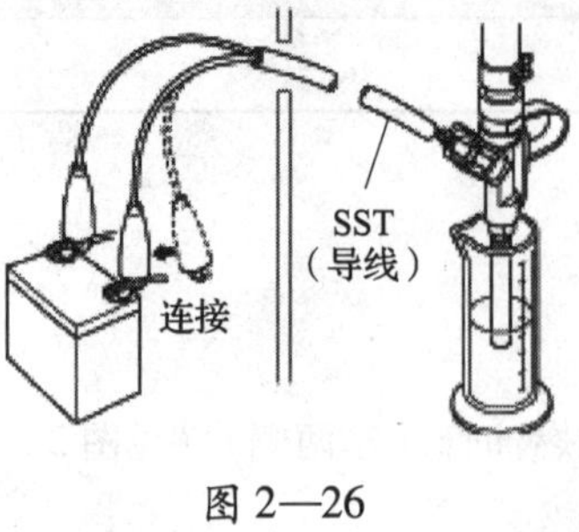

图 2—26

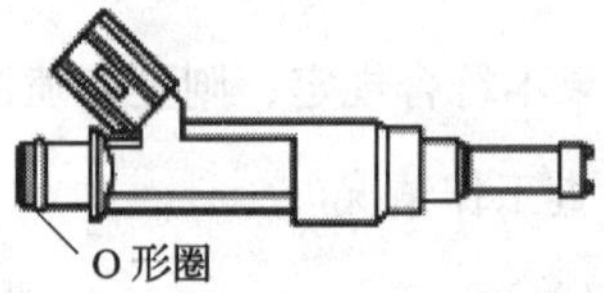

图 2—27

2）在______与喷油器______的接触表面上涂抹一薄层汽油。

3）左右转动______，同时将其安装到输油管上（见图 2—28）。

（2）将______个新喷油器隔振器安装到汽缸盖上，如图 2—29 所示。

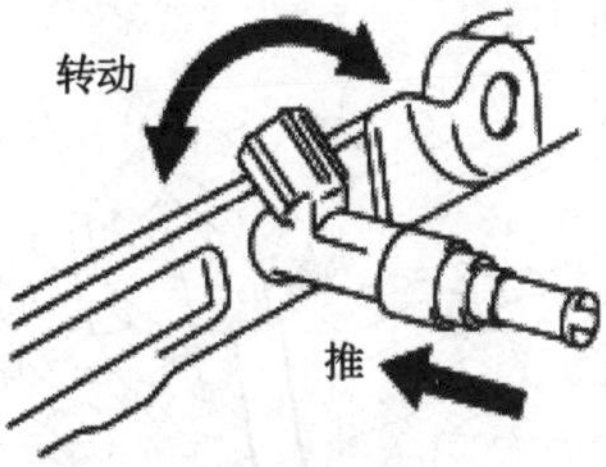

图 2—28

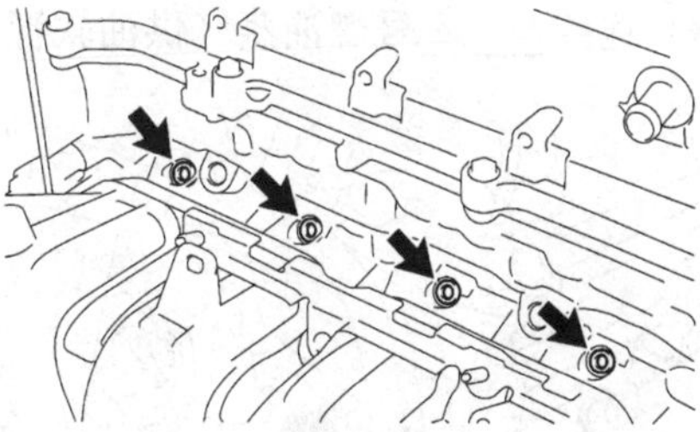

图 2—29

（3）将______个 1 号输油管隔圈安装到汽缸盖上，如图 2—30 所示。

（4）安装输油管分总成。

1）安装带______个喷油器的输油管，然后暂时安装______个螺栓（如图 2—31 所示）。

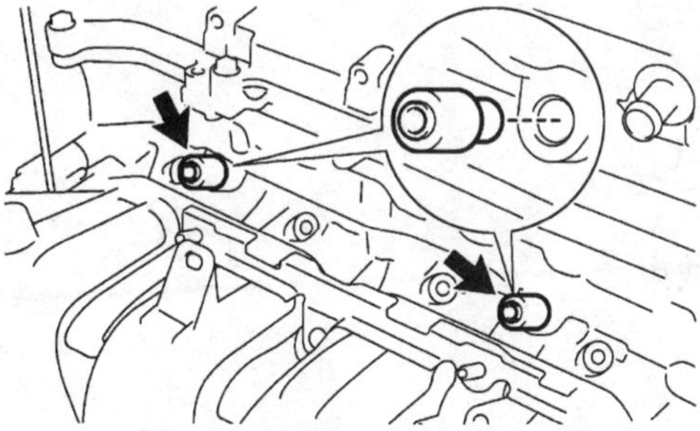

图 2—30

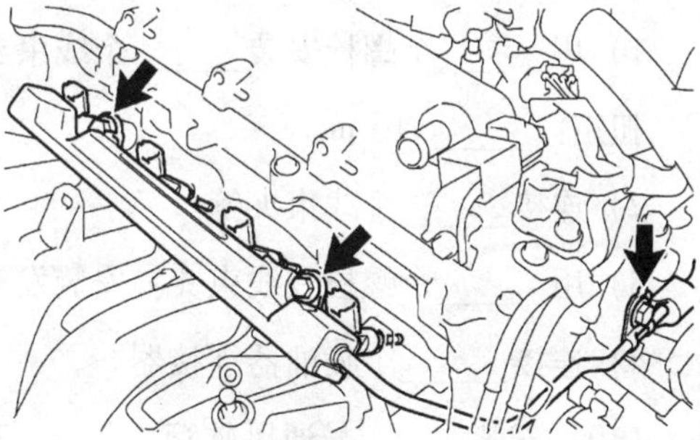

图 2—31

2）将______个螺栓拧紧至规定扭矩。

扭矩：________N · m。

（5）连接燃油管分总成。将燃油管连接器推入燃油管内，直到听到“______”声，如图 2—32 所示。

（6）安装________（如图 2—33 所示）。

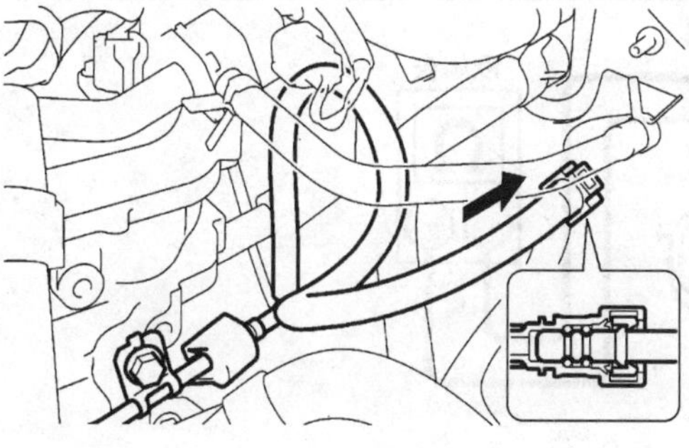

图 2—32

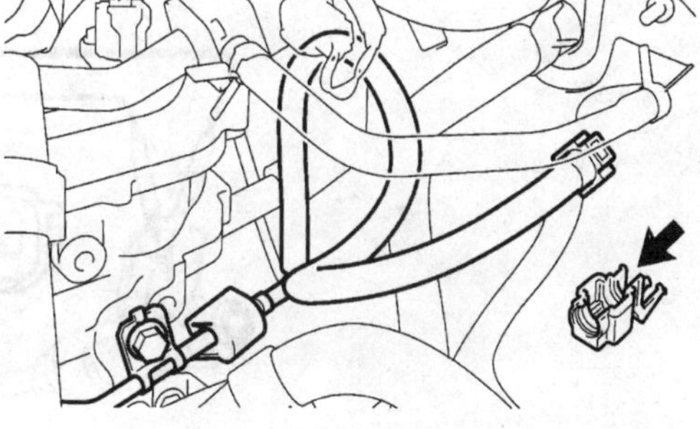

图 2—33

（7）连接________，如图 2—34 所示。

（8）连接______号燃油蒸气供油软管，如图 2—35 所示。

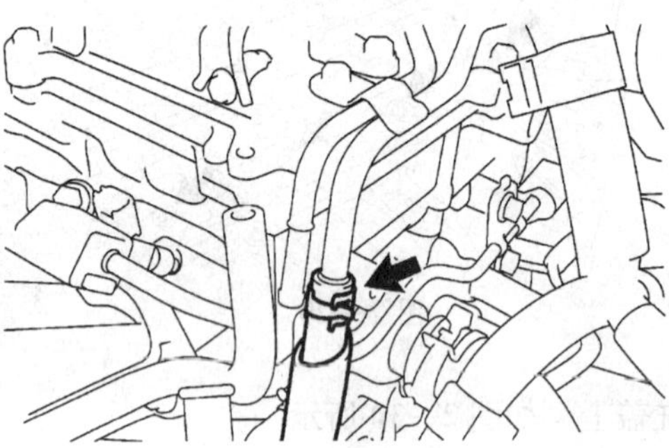

图 2—34

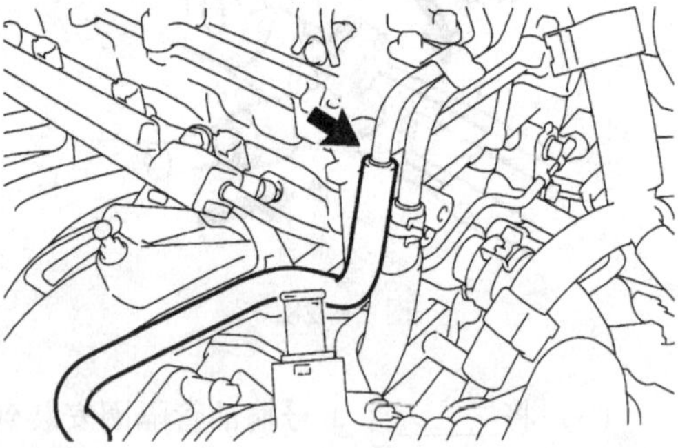

图 2—35

（9）安装线束支架和发动机线束。

1）用______个螺栓安装______个线束支架。

扭矩：______N · m。

2）连接______个线束夹箍。

3）用______个螺栓和线束夹箍安装发动机线束。

4）连接______个喷油器连接器。

（10）安装______号通风软管。

（11）检查是否存在燃油______。

步骤 4，检查燃油泵。

（1）检查燃油泵电阻。根据下表中的值测量电阻，如图 2—36 所示。

标准电阻：

IT－Ⅱ连接	条件	规定条件	测量值
1－2			

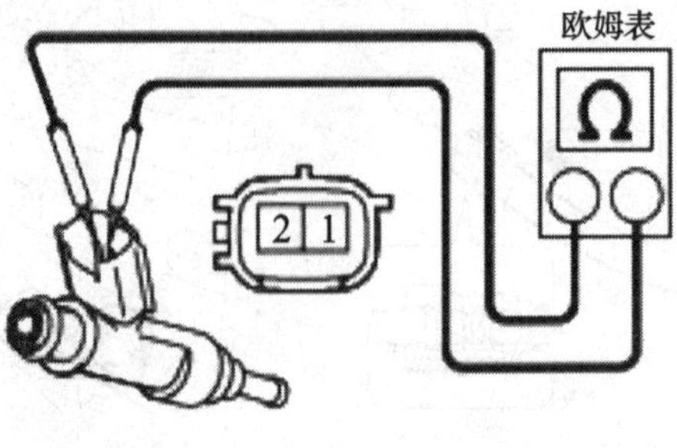

图 2—36

（2）检查燃油泵的工作情况。将蓄电池正极（+）引线连接到连接器的端子______，负极（–）引线连接到端子______。检查并确认燃油泵工作。

提示：

- 这些连接蓄电池的测试必须在______s 内完成，以防止线圈烧坏。
- 使燃油泵尽可能远离蓄电池。
- 在蓄电池侧接通和切断电压，而不要在燃油泵侧。

四、 评价与反馈

学习评价与反馈表

班级		姓名		学号		日期	年　月　日
学习任务名称							
自我评价	1	6S 管理	□符合　□不符合				
	2	能按时上、下课	□符合　□不符合				
	3	着装规范	□符合　□不符合				
	4	能独立完成工作页填写	□能　□不能				
	5	能利用维修手册、网络资源等查找有效信息	□能　□不能				
	6	能正确使用工、量具及设备	□能　□不能				
	7	会叙述各部件的结构原理	□能　□不能				
	8	会制定维修计划	□能　□不能				
	9	学习效果自我评价等级	□优　□良　□合格　□不合格				
小组评价	10	在小组内积极发言情况	□能　□不能				
	11	积极配合小组成员完成工作任务情况	□优　□良　□合格　□不合格				
	12	在检修操作中的表现	□优　□良　□合格　□不合格				
	13	能清晰表达自己的观点	□能　□不能				
	14	安全、规范与环保意识	□强　□一般　□较弱				
	15	遵守课堂纪律	□能　□不能				
	16	积极参与汇报展示	□优　□良　□合格　□不合格				
教师评价	17	综合评价等级：	□优　□良　□合格　□不合格				
		评语：					

任务三　配气机构的维修

学习目标

1. 熟悉配气机构的功用、组成和工作原理；
2. 熟悉气门组各部件的功用和结构特点；
3. 掌握气门传动组各部件的功用和结构特点；
4. 学会正确使用工具对气门组进行正确拆装与检修；
5. 学会正确使用工具对气门传动组进行正确拆装与检修。

学习准备

每完成一个工作步骤必须在对应“□ ”内做上记号“√”，没有完成在对应“ □ ”内做上记号“×”。

□ 1. 工场要求正确着装。

□ 2. 班长宣贯工作场地文明生产守则。

□ 3. 学生分组各就各位，班长准时考勤。

4. 检查学习资料准备情况：

□（1）《汽车动力总成维修》 □（2）《汽车构造》

□（3）《汽车发动机构造与维修教程》 □（4）笔记本、笔

5. 设备与实训用具：

□(1) 发动机实训台 □（2）零件小车 □（3）32 件套装套筒扳手

（4）T 形套筒：□ 8 mm □ 10 mm □ 12 mm □ 14 mm □ 17 mm

□（5）SST（14 mm 梅花套筒） □（6）磁棒 □（7）尖嘴钳

□（8）游标卡尺 □（9）千分尺 □（10）塞尺 □（11）精密直尺

□（12）钢直尺 □（13）衬垫刮刀 □（14）面纱或抹布

建议学时

48 课时

学习过程

一、 情景导入

张先生的一台丰田卡罗拉轿车出现发动机噪声加大，发动机机体振动大的现象。据技师领班的初步判断是配气机构中的凸轮轴磨损存在异响的故障。请以小组为单位组成维修团队对车辆的故障进行诊断与排除。

二、 信息收集

引导问题 1　配气机构由什么组成？

（1）读懂配气机构组成图（见图 3—1），回答以下问题：

1）写出气门组的各零部件名称：______________________________

____

2）写出气门传动组的各零部件名称：____________________________

____

____

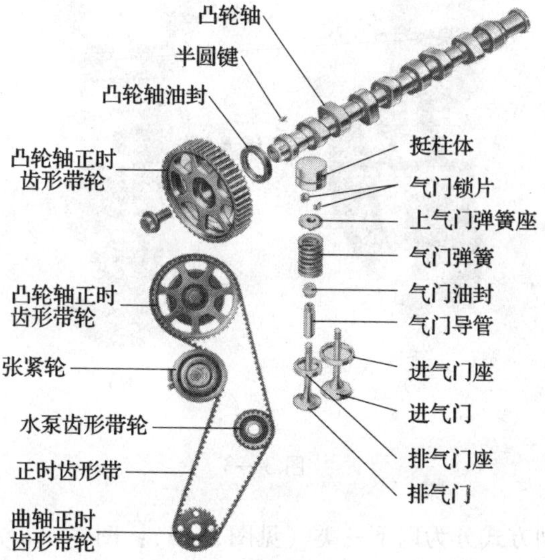

图 3—1　配气机构组成

3）在图 3—2 中填写气门结构和气门头部的名称。

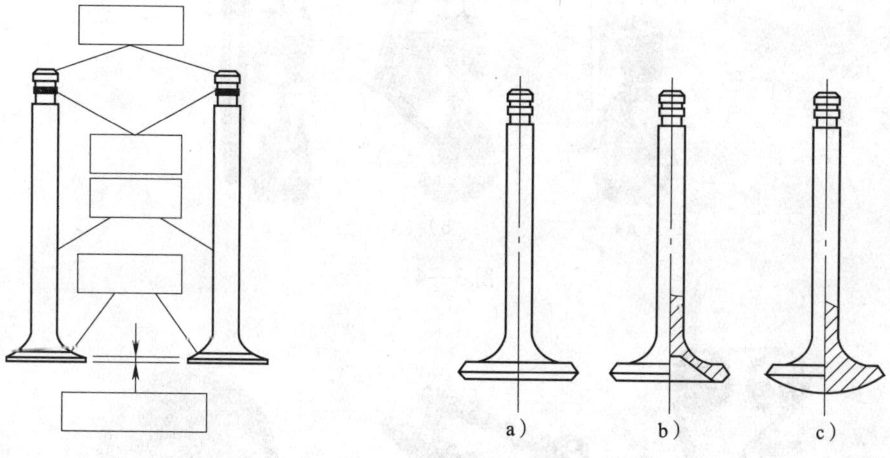

图 3—2

引导问题 2　配气机构有哪些种类？

（1）按气门布置形式分为以下两类（见图 3—3）：图 3—3a 为________________，图 3—3b 为____________。

（2）按凸轮轴的布置形式分为以下三类（见图 3—4）：图 3—4a 为______________，图 3—4b 为______________，图 3—4c 为____________。

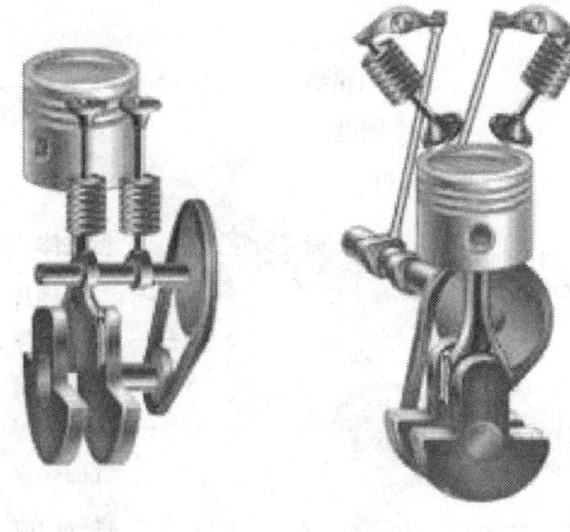

a）　　b）

图 3—3

（3）按凸轮轴传动方式分为以下三类（见图 3—5）：图 3—5a 为__________，图 3—5b 为______________，图 3—5c 为____________。

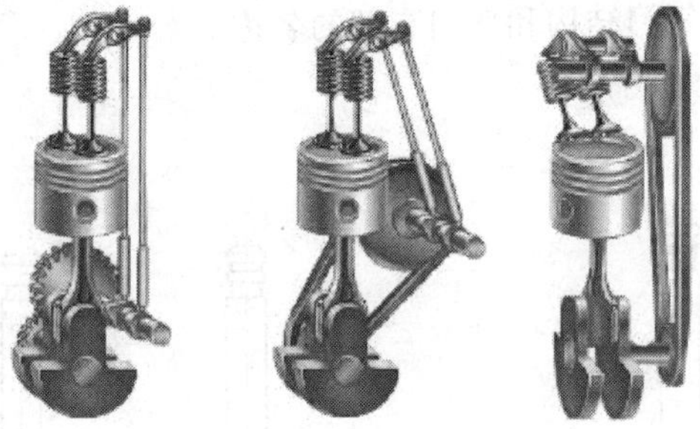

a）　　b）　　c）

图 3—4

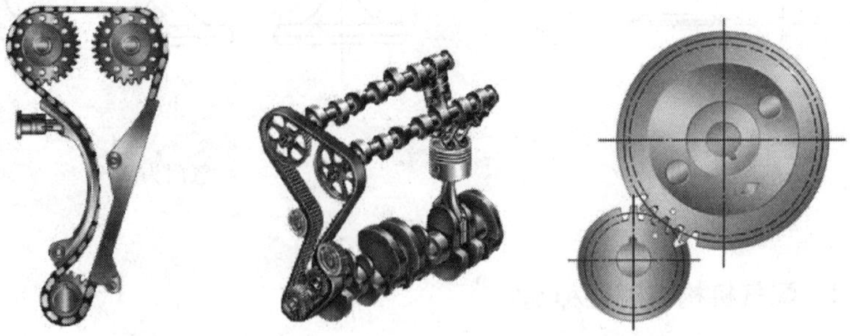

a）　　b）　　c）

图 3—5

引导问题 3　配气机构有哪些名词术语?

请对以下名词术语进行解释。

（1）气门间隙：

（2）配气相位：

（3）气门叠开角：

三、 任务实施

（一）拆卸配气机构零部件

步骤 1：将 1 号气缸设置到 TDC/压缩。

（1）转动曲轴皮带轮，直到其凹槽与正时链条盖上的正时标记“__________”对准。

（2）如图 3—6 所示，检查并确认凸轮轴正时齿轮和链轮上的各正时标记和位于______号和______号轴承盖上的各正时标记对准。如果没有对准，则转动曲轴 1 圈（360°），如上所述对准正时标记。

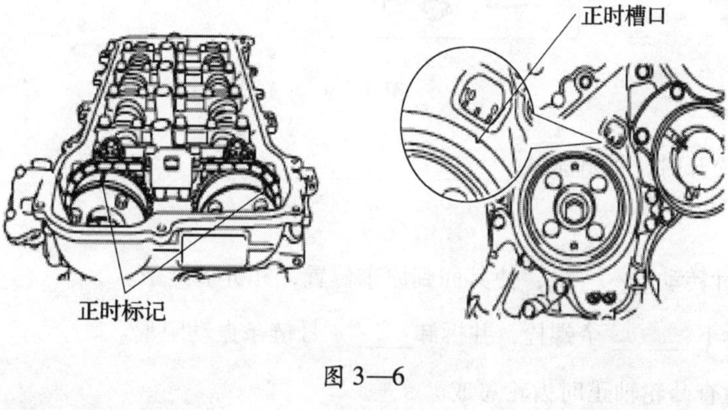

图 3—6

步骤 2：拆卸__________________（见图 3—7）。

步骤 3：拆下______个螺栓，并拆卸______号链条振动阻尼器（见图 3—8）。

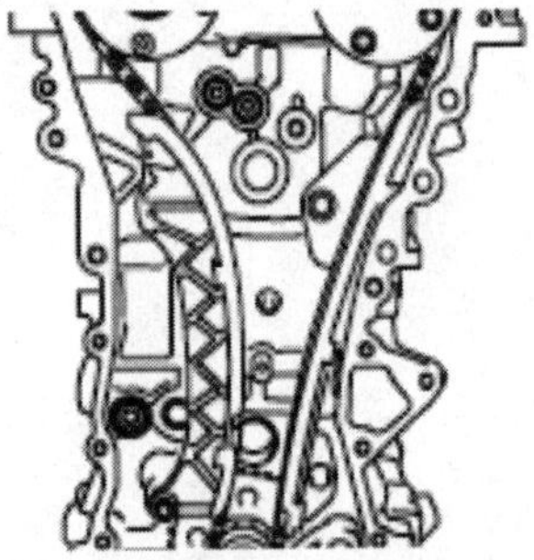

图 3—7

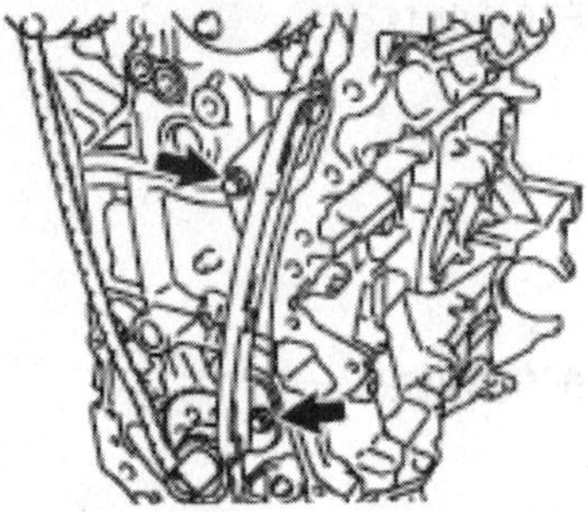

图 3—8

步骤 4：拆卸链条分总成。

（1）用扳手固定住凸轮轴的__________部分，并逆时针旋转__________________以松开凸轮轴正时齿轮之间的_______，如图 3—9 所示。

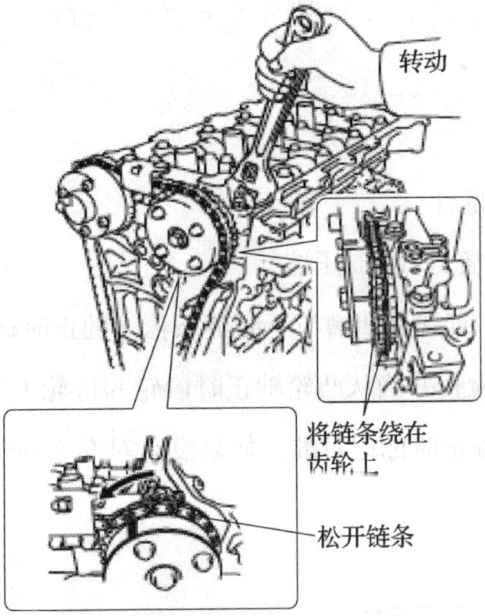

图 3—9

（2）链条松开时，将链条从___________________松开，并将其放置在凸轮轴正时齿轮总成上。

（3）顺时针转动________，使其回到原来位置，并拆下链条。

步骤 5：拆下______ 个螺栓，并拆卸______ 号链条振动阻尼。

步骤 6：检查凸轮轴正时齿轮总成。

（1）检查凸轮轴正时齿轮的________ 。

（2）清理和除去______号凸轮轴轴承盖进气侧上的 VVT 机油孔的油脂后，用胶带或同等品将__________完全密封，以防止空气泄漏。

（3）如图 3—10 所示，（程序 A）在______________的胶带上刺一个孔。

（4）向在程序 A 中刺出的孔施加大约_____ kPa 的空气压力，以松开锁销，如图 3—11 所示。

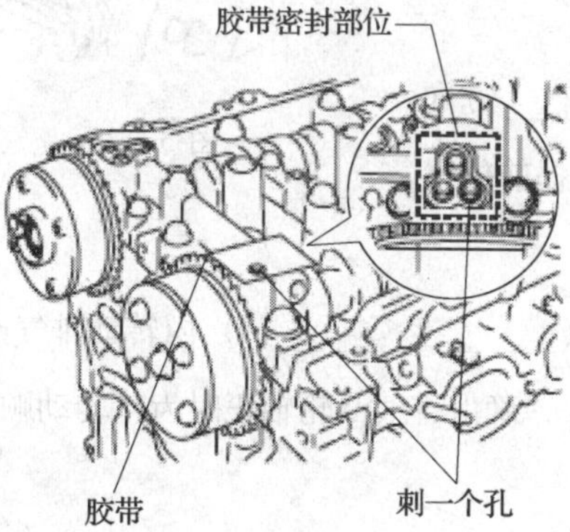

图 3—10

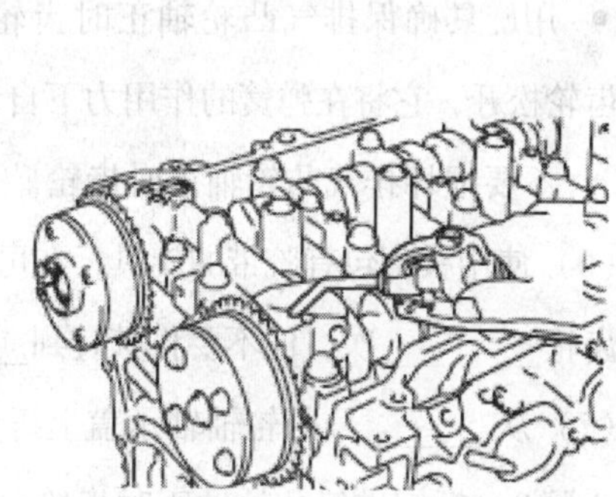

图 3—11

（5）用力将凸轮轴正时齿轮朝___________________转动。

提示：

依靠施加的空气压力，凸轮轴正时齿轮总成可不用手就能朝提前方向转动。

（6）在可移动范围（_____ ~ _____）内转动凸轮轴正时齿轮总成_______次，但不要将其转到_______（见图 3—12），确保凸轮轴正时齿轮总成转动顺畅。

（7）从 1 号凸轮轴轴承盖上拆下胶带。

步骤 7：检查排气凸轮轴正时齿轮总成。

（1）检查排气凸轮轴正时齿轮的 _____（见图 3—13）。

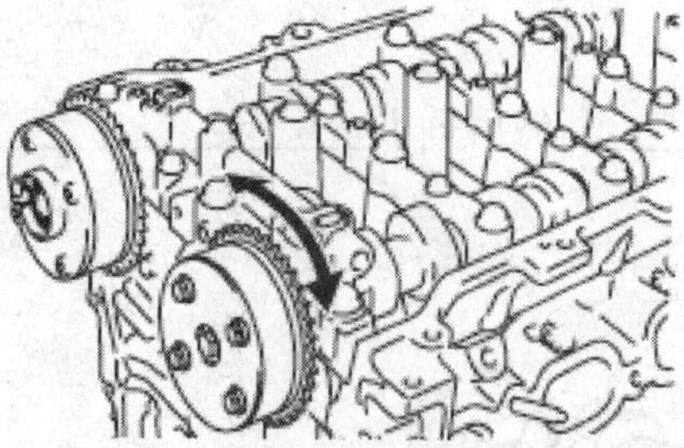

图 3—12

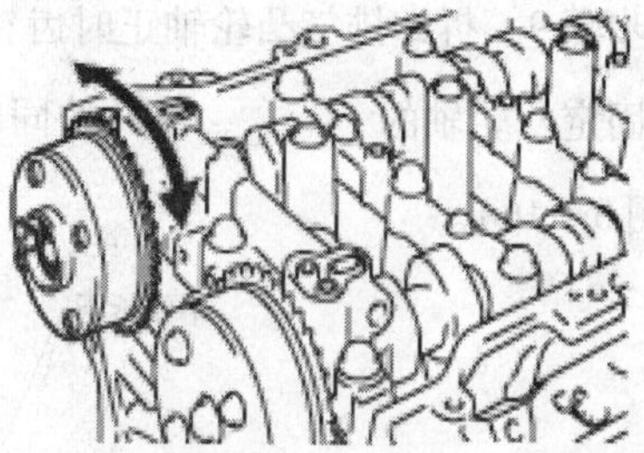

图 3—13

（2）清理和除去_____ 号凸轮轴轴承盖排气侧上的 VVT 机油孔的油脂后，用胶带或同等品将机油孔完全密封，以防止空气泄漏。

（3）（程序 B）在密封机油孔的胶带上刺一个孔。

(4) 向程序 B 中刺出的孔施加大约____________kPa (2.0 kgf/cm², 28 psi) 的空气压力，以松开锁销（见图3—14）。

(5) 使用头部缠有胶带的旋具，用力朝______________转动排气凸轮轴正时齿轮。

图 3—14

提示：

- 用旋具确保排气凸轮轴正时齿轮保持在______方向。如果齿轮松开，它将在弹簧的作用力下自动回到最大提前位置。
- 不要损坏排气凸轮轴正时齿轮。

(6) 使用头部包有胶带的旋具，在可移动范围（______°~______°）内转动排气凸轮轴正时齿轮________次，但不要将其转到____________，确保排气凸轮轴正时齿轮转动顺畅。

(7) 从______号凸轮轴轴承盖上拆下胶带。

步骤 8：拆卸进气凸轮轴正时齿轮总成。

固定凸轮轴的__________部分的同时，拆下凸缘螺栓，然后拆下凸轮轴正时齿轮总成（见图 3—15）。

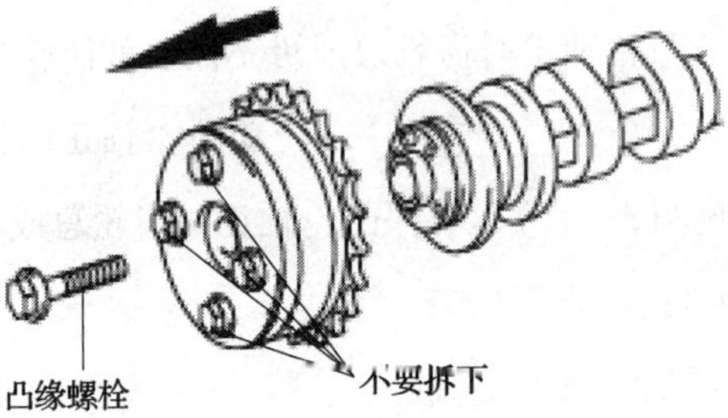

图 3—15

步骤 9：拆卸排气凸轮轴正时齿轮总成。

固定凸轮轴的________部分的同时，拆下________，然后拆下____________________（见图 3—16）。

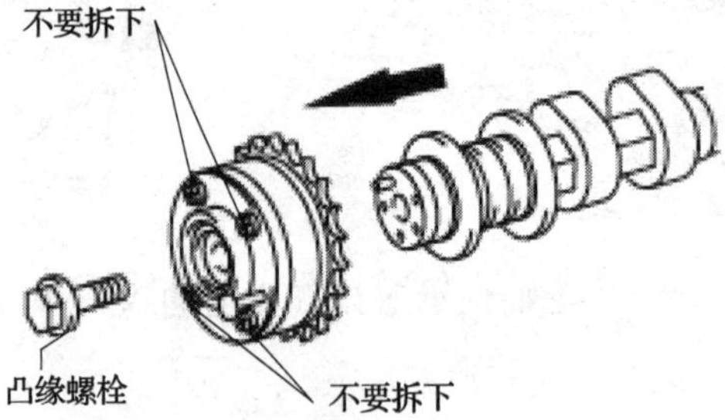

图 3—16

步骤 10：拆卸凸轮轴轴承盖。

（1）按如图 3—17 所示顺序，均匀地拧松并拆下________个轴承盖螺栓，拆卸凸轮轴轴承盖。

（2）按如图 3—18 所示顺序，均匀地拧松并拆下 15 个轴承盖螺栓。

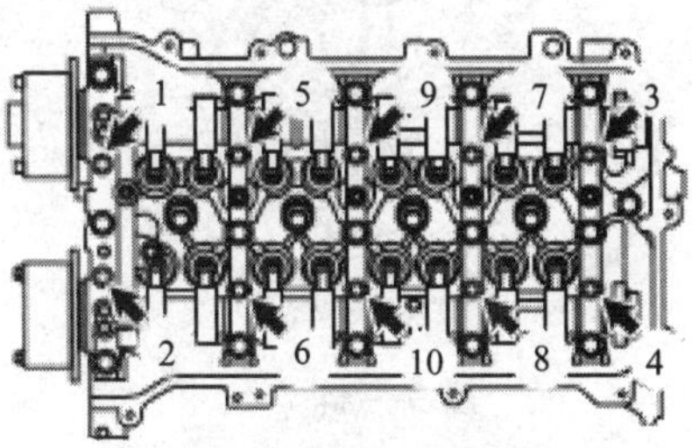

图 3—17

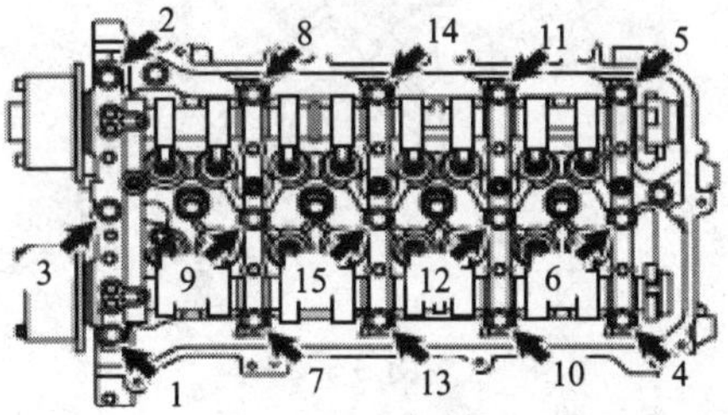

图 3—18

（3）拆下 5 个轴承盖。

步骤 11：拆卸__________（见图 3—19）。

步骤 12：拆卸______ 号凸轮轴。

步骤 13：拆卸__________ 个气门摇臂分总成（见图 3—20）。

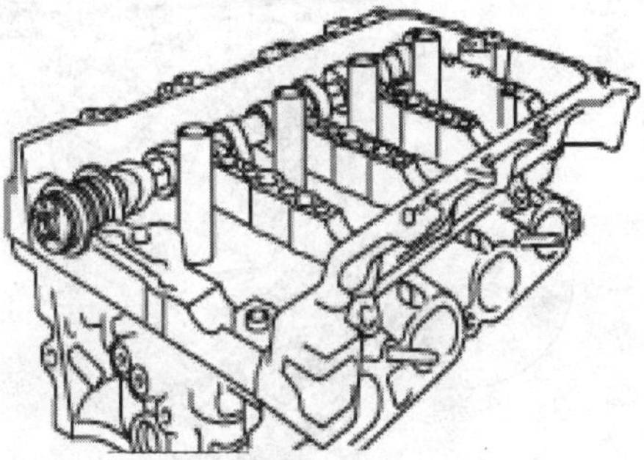

图 3—19

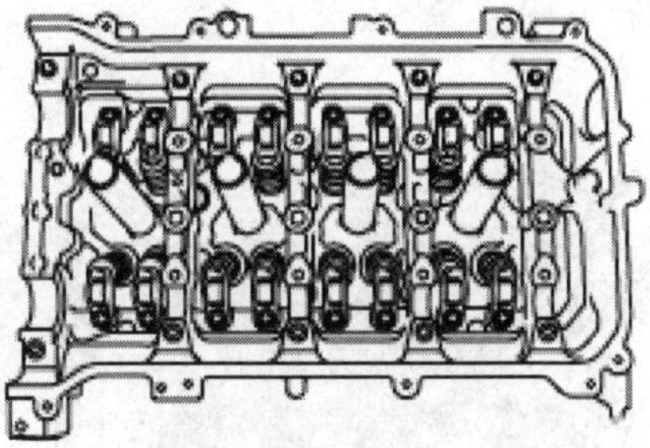

图 3—20

步骤 14：从汽缸盖上拆卸______ 个气门间隙调节器总成（见图 3—21）。

步骤 15：拆卸________________（见 3—22）。

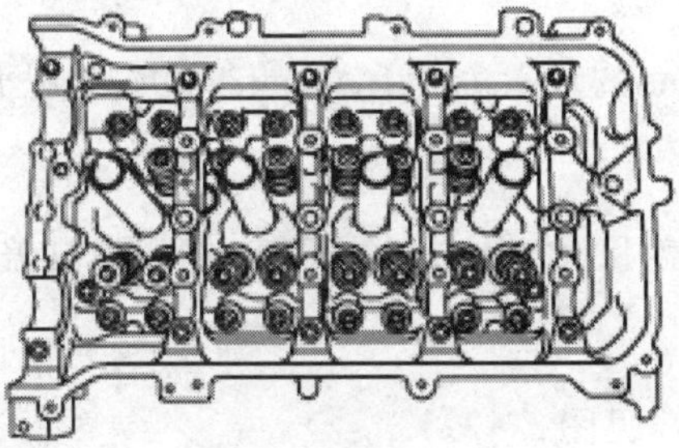

图 3—21

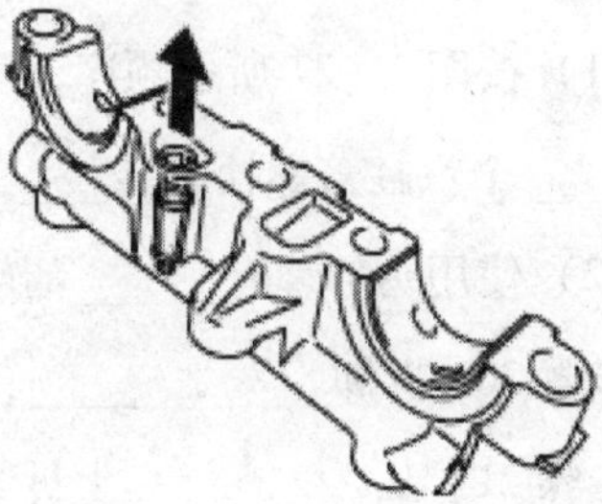

图 3—22

步骤 16：拆卸________ 个 1 号凸轮轴轴承（见图 3—23）。

步骤 17：拆卸______ 个 2 号凸轮轴轴承（见图 3—24）。

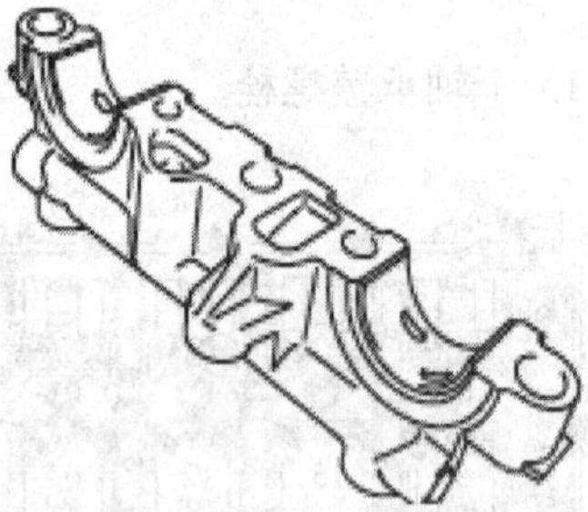

图 3—23

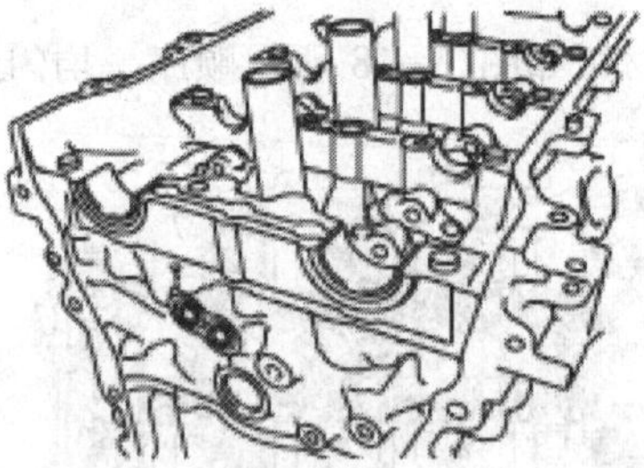

图 3—24

步骤 18：拆卸凸轮轴壳分总成。

（1）拆下______个螺栓（见图 3—25）。

（2）用旋具撬动______________和______________之间的部位，拆下凸轮轴壳（见图 3—26）。

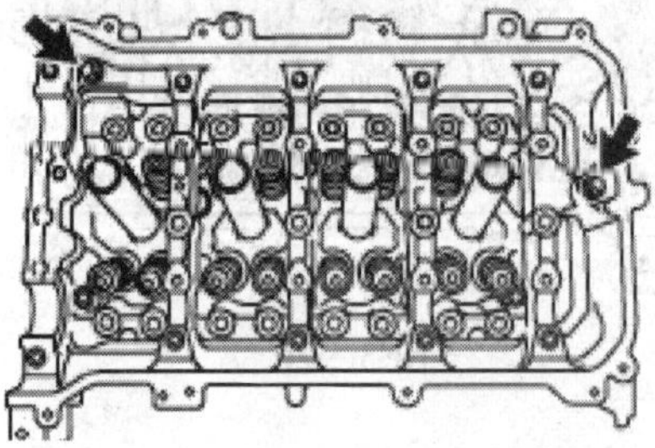

图 3—25

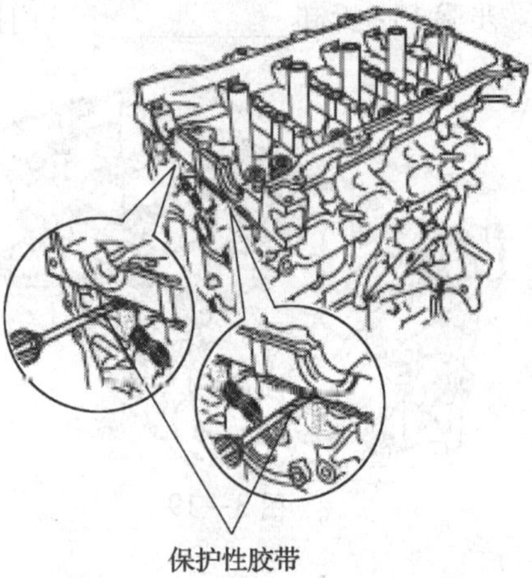

图 3—26

步骤 19：拆卸汽缸盖分总成。

（1）按图 3—27 所示顺序，用__________mm 的双六角扳手，分几步均匀地松开并拆下______ 个汽缸盖螺栓和______ 个平点圈。

（2）使用头部缠有______的旋具，撬动汽缸盖和汽缸体之间的部位，拆下汽缸盖。

步骤 20：拆卸______________（见图 3—28）。

步骤 21：从__________上拆卸____________（见图 3—29）。

步骤 22：拆卸进气门。

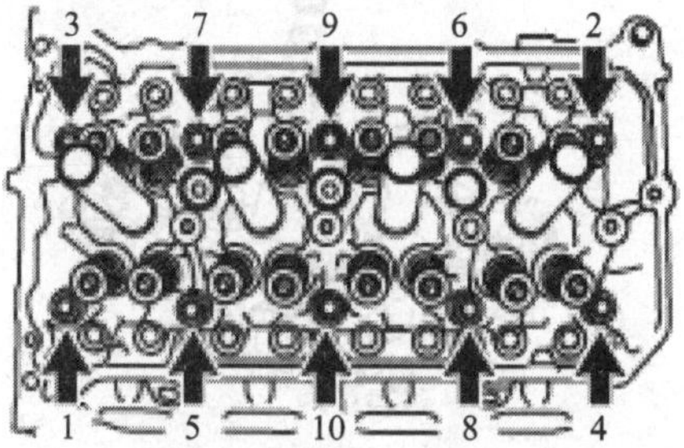

图 3—27

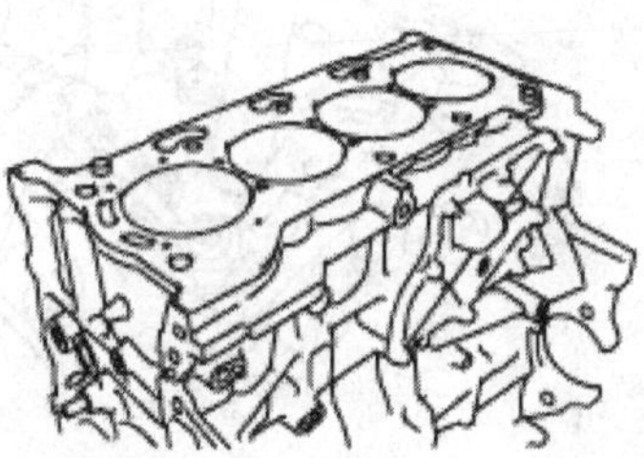

图 3—28

（1）用 SST 和木块压缩并拆下______________（见图 3—30）。

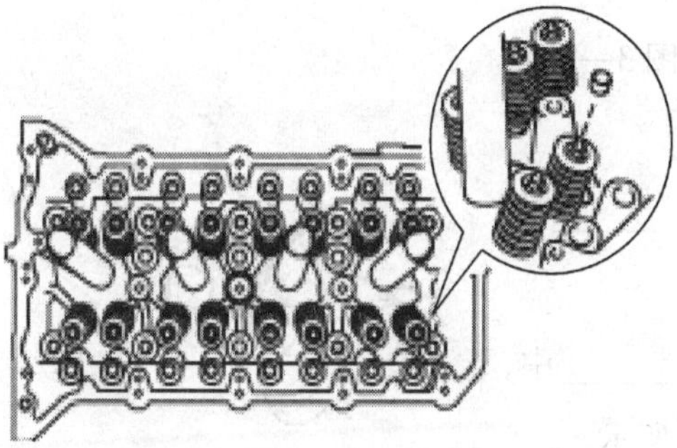

图 3—29

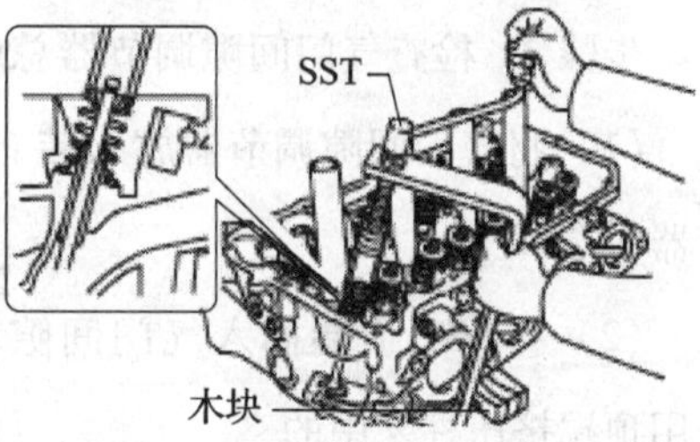

图 3—30

（2）拆下__________、______________和气门。

步骤 23：拆卸排气门。

（1）用 SST 和木块压缩并拆下______________（见图 3—31）。

（2）拆下__________、____________和气门。

步骤 24：用____________拆卸气门杆油封（见图 3—32）。

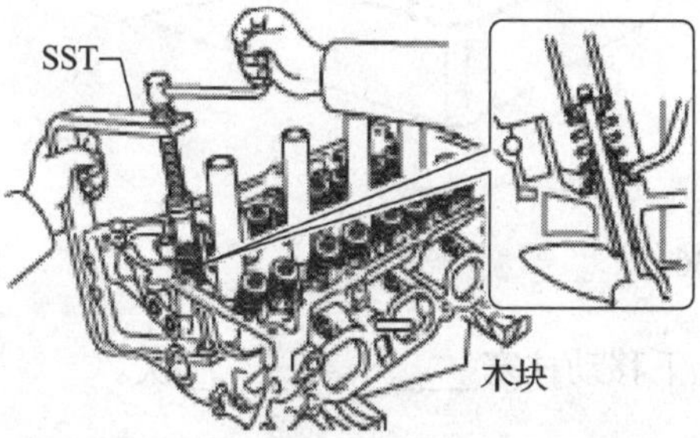

图 3—31

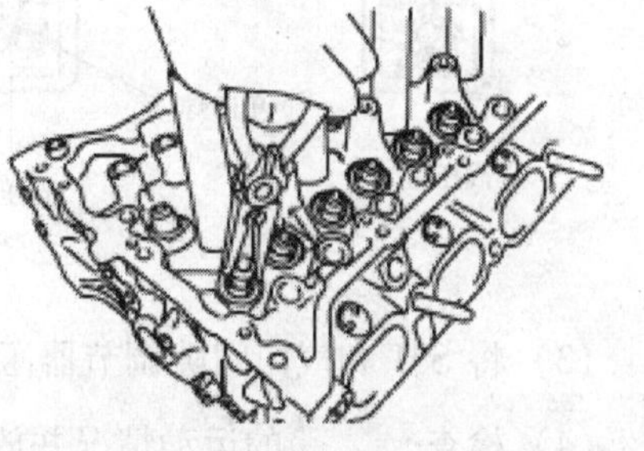

图 3—32

步骤 25：用压缩空气和磁棒，吹入空气拆卸____________（见图 3—33）。

步骤 26：用___mm 直六角扳手拆下___个 2 号直螺纹塞和___ 个衬垫（见图 3—34）。

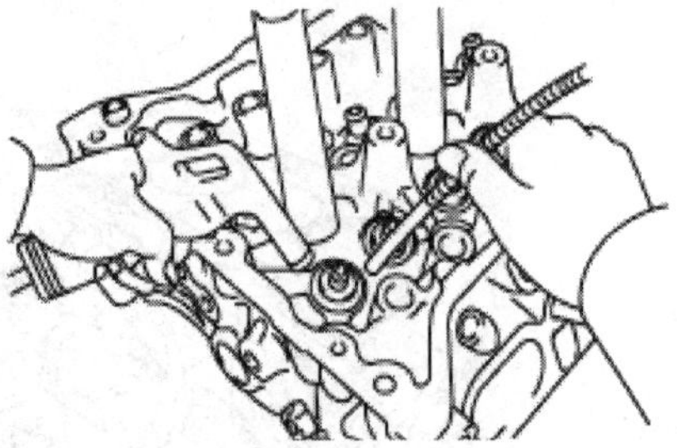

图 3—33

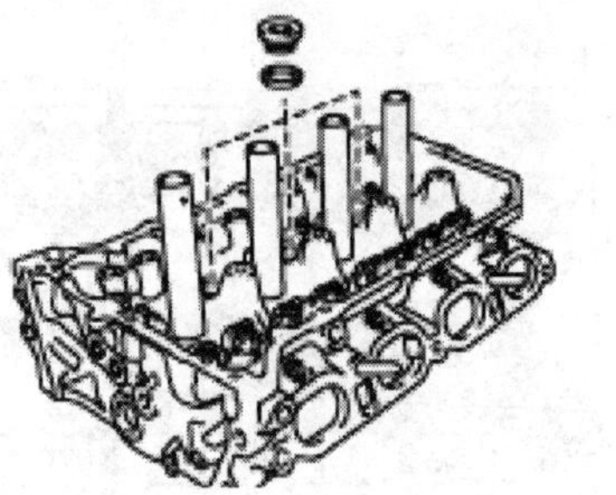

图 3—34

（二）检查配气机构零部件

步骤 1：检查______ 号气门摇臂分总成。

用手转动______，检查转动是否平稳（见图 3—35）。

步骤 2：检查气门间隙调节器总成。

（1）将气门间隙调节器放入装有______________ 的容器中。

（2）将 SST 顶端插入气门间隙调节器的______中，并用顶端挤压柱塞中的_______ ，如图 3—36 所示。

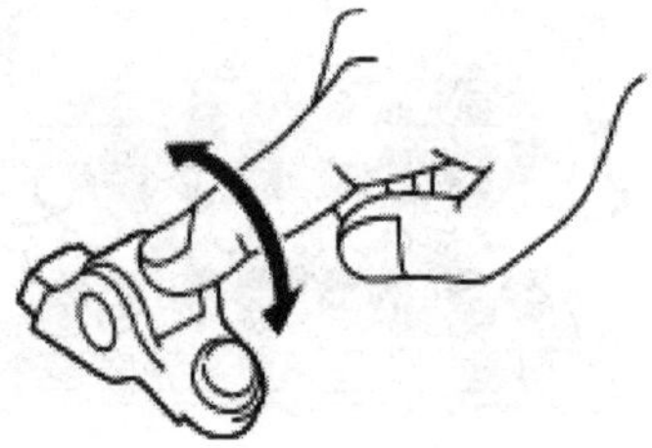

图 3—35

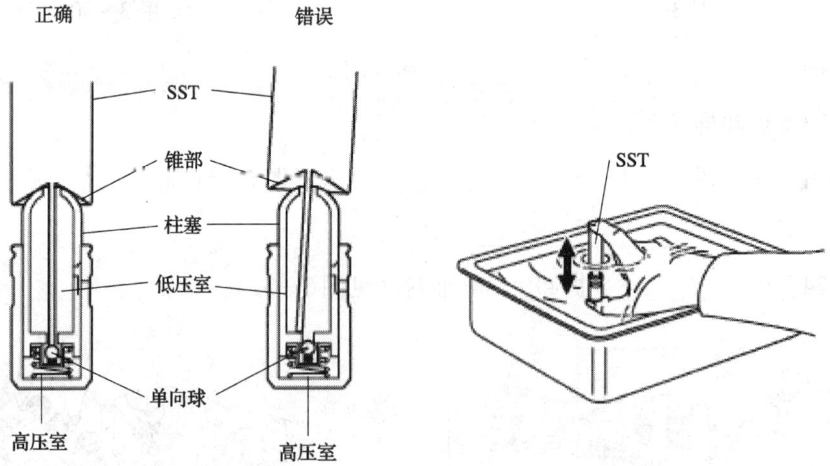

图 3—36

（3）将 SST 和气门间隙调节器压在一起，上下移动柱塞______ ~ ______次。

（4）检查______ 的运动情况并放气。

正常：柱塞上下移动。

（5）放气后，拆下 SST，然后用手指迅速且用力地按压________ 。

正常：柱塞很难移动。

如果结果不符合规定，则更换气门间隙调节器。

步骤3：检查链条分总成。

（1）如图3—37所示，用________N的力拉链条。

（2）用游标卡尺测量______个链节的长度。

最大链条伸长率：________ mm。

步骤4：检查2号链条分总成。

（1）如图3—38所示，用________N的力拉链条。

（2）用游标卡尺测量__________个链节的长度。

最大链条伸长率：____________mm。

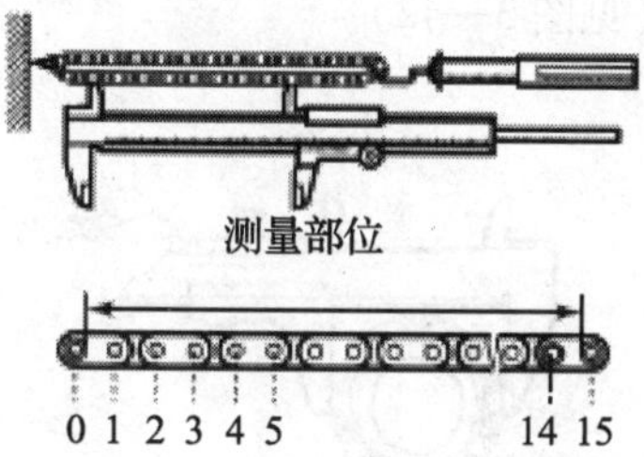

图3—37

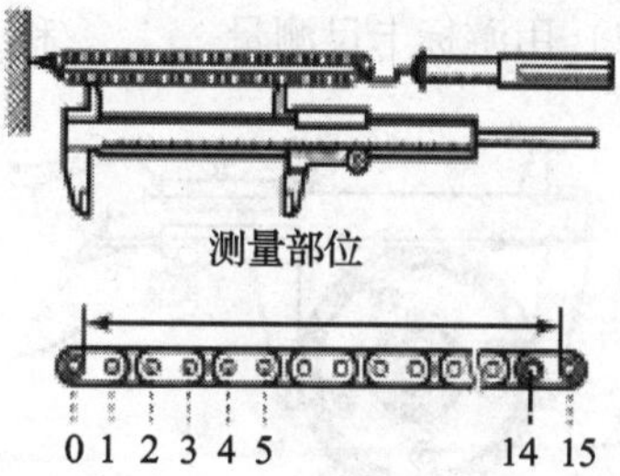

图3—38

步骤5：检查机油泵主动齿轮。

（1）将链条绕在________。

（2）用游标卡尺测量齿轮和链条的__________（见图3—39）。

最小齿轮直径（带链条）：__________mm。

如果直径小于最小值，则更换链条和齿轮。

步骤6：检查进气凸轮轴正时齿轮总成。

（1）将链条绕在齿轮上。

（2）用____________测量齿轮和链条的直径（见图3—40）。

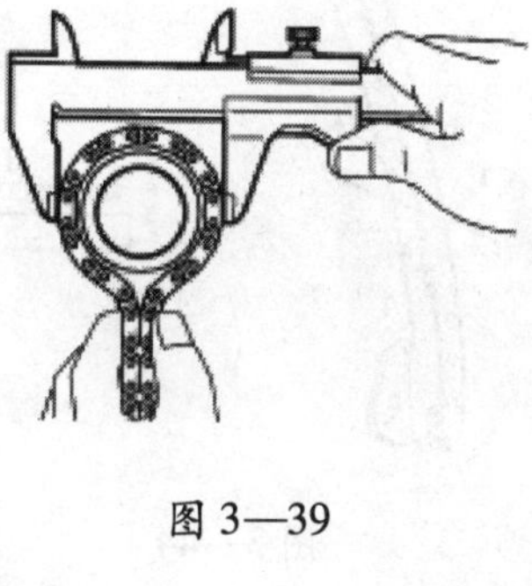

图3—39

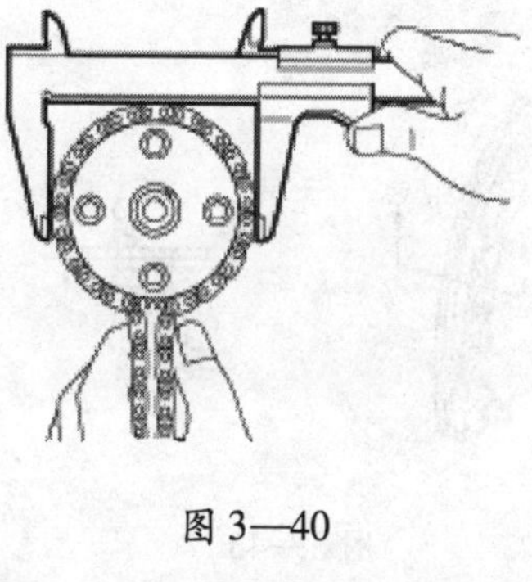

图3—40

最小齿轮直径（带链条）：________ mm。

如果直径小于最小值，则更换链条和齿轮。

步骤7：检查排气凸轮轴正时齿轮总成。

（1）将链条绕在链轮上。

（2）用游标卡尺测量链轮和链条的直径（见图3—41）。

最小链轮直径（带链条）：________ mm。

如果直径小于最小值，则更换链条和链轮。

步骤8：检查曲轴正时齿轮。

（1）将链条绕在齿轮上。

（2）用游标卡尺测量______ 和________ 的直径（见图3—42）。

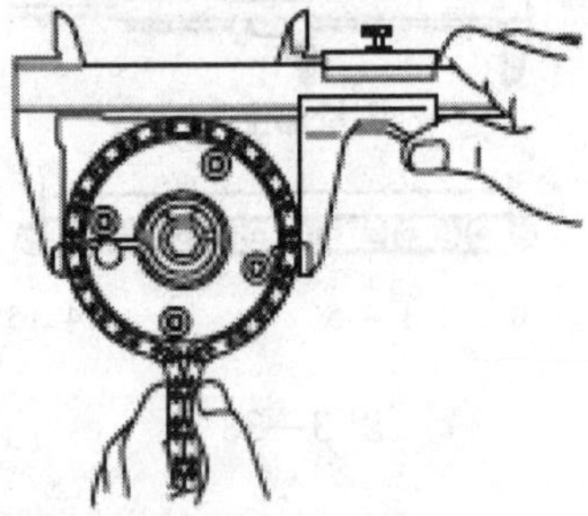

图3—41

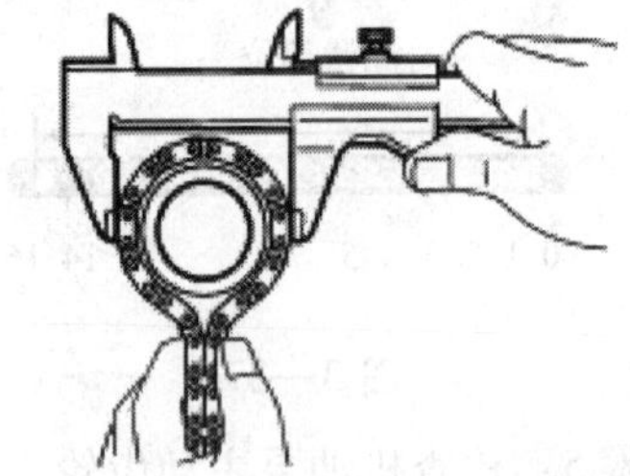

图3—42

最小齿轮直径（带链条）：________mm。

如果直径小于最小值，则更换链条和齿轮。

步骤9：检查链条张紧器导板。用游标卡尺测量__________磨损量，如图3—43所示。

最大磨损量：__________mm。

如果磨损量大于最大值，则更换链条张紧器导板。

步骤10：检查1号链条振动阻尼器。用游标卡尺测量_______磨损量，如图3—44所示。

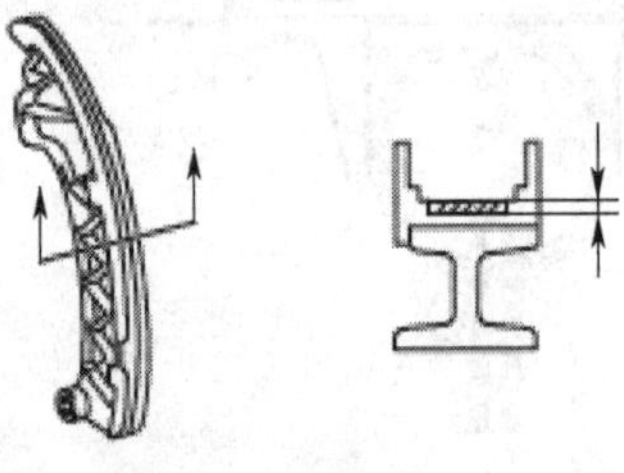

图3—43

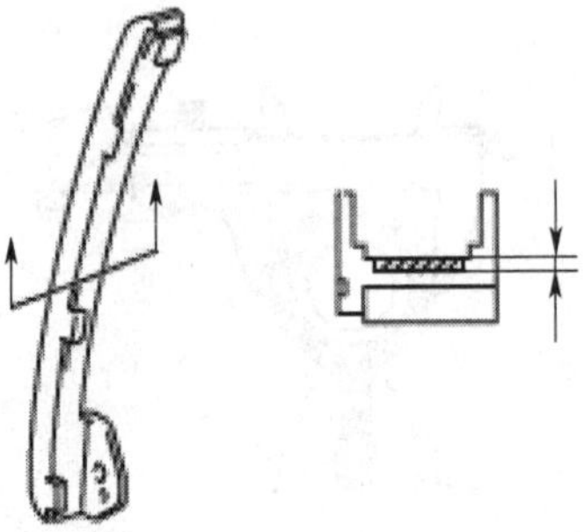

图3—44

最大磨损量：________ mm。

如果磨损量大于最大值，则更换 1 号链条振动阻尼器。

步骤 11：检查 2 号链条振动阻尼器。用____________测量振动阻尼器磨损量，如图 3—45 所示。

最大磨损量：______ mm。

如果磨损量大于最大值，则更换 2 号链条振动阻尼器。

步骤 12：检查链条张紧器板。用__________测量链条张紧器板________，如图 3—46 所示。

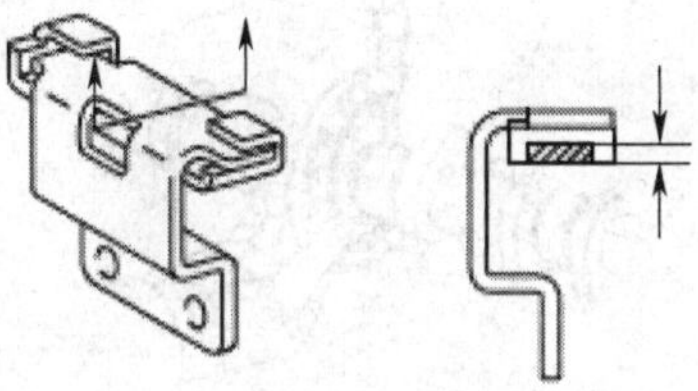

图 3—45

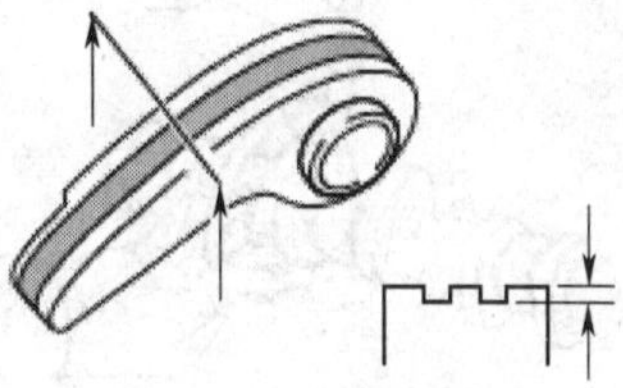

图 3—46

最大磨损量：1.0 mm。

如果磨损量大于最大值，则更换链条张紧器板。

步骤 13：检查 1 号链条张紧器。

（1）用手指提起__________时，检查并确认________移动平稳（见图 3—47）。

（2）松开棘轮爪，检查并确认棘轮爪将______锁止就位，且用______推时不发生移动。

步骤 14：检查凸轮轴。

（1）检查凸轮轴____________，如图 3—48 所示。

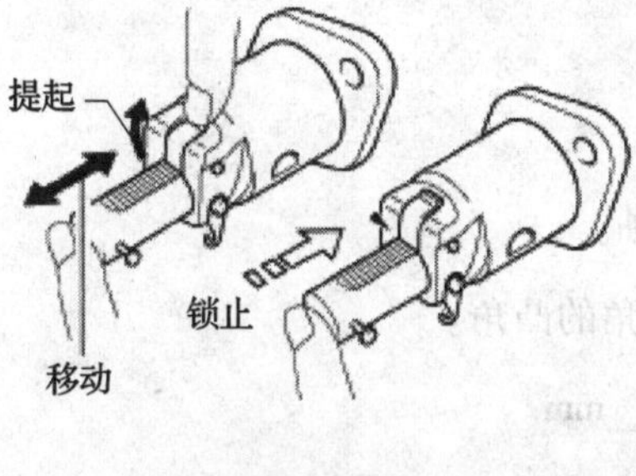

图 3—47

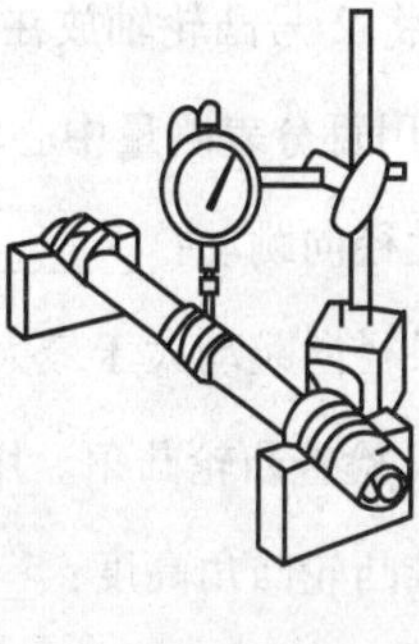

图 3—48

1）将凸轮轴放在______形块上。

2）用__________测量中心轴颈的__________。

最大径向跳动：__________mm。

如果径向跳动大于最大值，则更换凸轮轴。

（2）检查凸轮凸角。用__________测量凸轮凸角的__________，如图 3—49 所示。

标准凸轮凸角高度：_______ ~ _________mm。

最小凸轮凸角高度：__________ mm。

如果凸轮凸角高度小于最小值，则更换凸轮轴。

（3）检查凸轮轴轴颈。用_______测量轴径的直径，如图 3—50 所示。

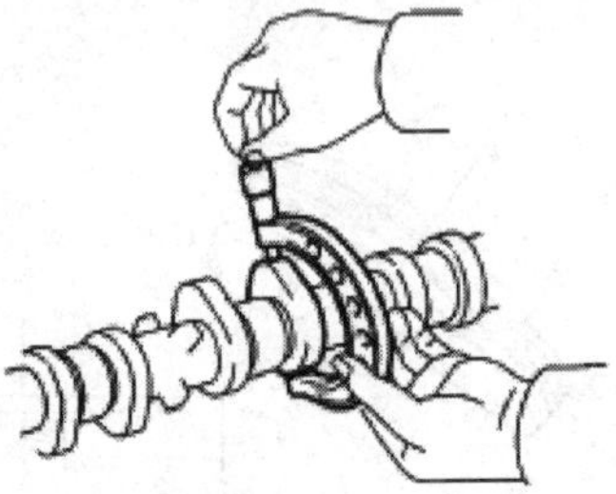

图 3—49

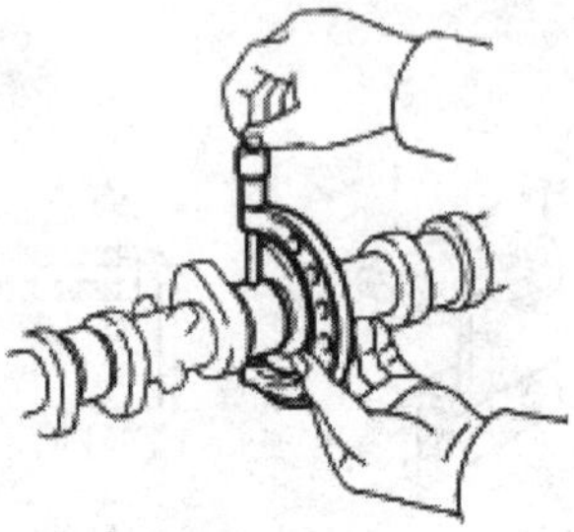

图 3—50

标准轴颈直径：

轴颈位置	规定状态	测量值
1 号	~	
其他	~	

步骤 15：检查 2 号凸轮轴。

（1）检查 2 号凸轮轴的_____ 。

1）将 2 号凸轮轴放在_____ 形块上。

2）用百分表测量中心轴颈的__________。

最大径向跳动：_________ mm。

如果径向跳动大于最大值，则更换 2 号凸轮轴。

（2）检查凸轮凸角。用_______ 测量凸轮凸角的凸角。

标准凸轮凸角高度：_________ ~ _________mm。

最小凸轮凸角高度：__________mm。

如果凸轮凸角高度小于最小值，则更换 2 号凸轮轴。

（3）检查凸轮轴轴颈。用__________测量轴颈的直径。

标准轴颈直径：

轴颈位置	规定状态	测量值
1号	~	
其他	~	

步骤16：检查汽缸盖固定螺栓。

（1）用游标卡尺测量汽缸盖固定螺栓________的长度（见图3—51）。

标准螺栓长度：______ ~ ______ mm。

最大螺栓长度：________mm。

如果螺栓长度大于最大值，则更换汽缸盖固定螺栓。

（2）用游标卡尺在测量点测量细长螺纹的________ 。

标准外径：________ ~ ________ mm。

最小外径：________mm。

如果直径小于最小值，则更换汽缸盖固定螺栓。

步骤17：检查汽缸盖平面度。使用________ 和________，测量汽缸体和歧管接触面的翘曲度，如图3—52所示。

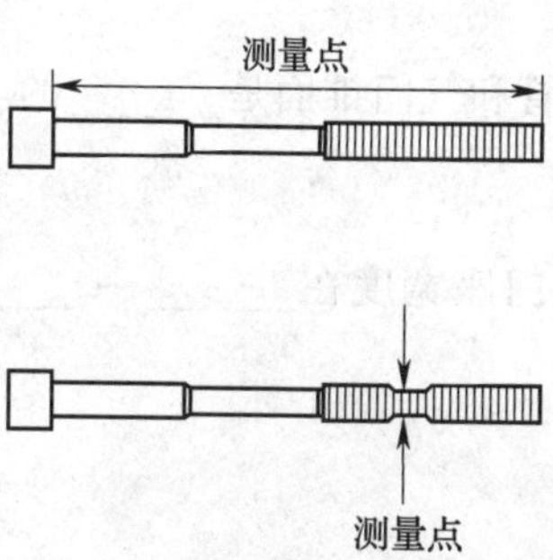

图3—51

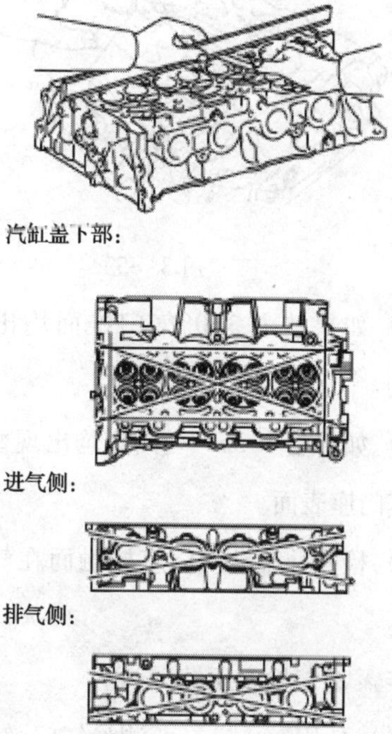

图3—52

最大翘曲度：

项目	规定状态	测量值
汽缸体侧		
进气歧管侧		
排气歧管侧		

如果翘曲度大于最大值，则更换汽缸盖。

步骤 18：检查汽缸盖是否破裂。用________法检查进气口、排气口以及汽缸体表面是否有裂纹，如图 3—53 所示。

如果有裂纹，则更换汽缸盖。

步骤 19：检查气门座。

（1）在________上涂抹一薄层____________。

（2）使气门锥面轻压气门座。

（3）按下列步骤检查气门锥面和气门座（见图 3—54）：

图 3—53

图 3—54

1）如果整个 360°气门锥面均出现普鲁士蓝，则气门锥面是______的。否则，更换气门。

2）如果整个 360°气门座均出现普鲁士蓝，则气门导管和气门锥面是______的。否则，重修气门座表面。

3）检查并确认气门座接触面在气门锥面的中部，气门座宽度在______～______mm 之间。

步骤 20：检查压缩弹簧。

（1）使用__________测量气门弹簧的________（见图 3—55）。

自由长度：____________mm。

如果自由长度不符合规定，则更换气门弹簧。

（2）用________测量气门弹簧的____________（见图3—56）。

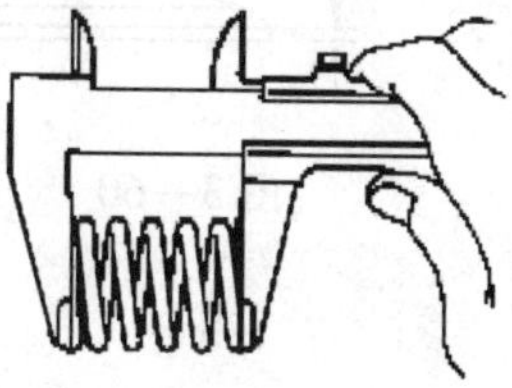

图3—55

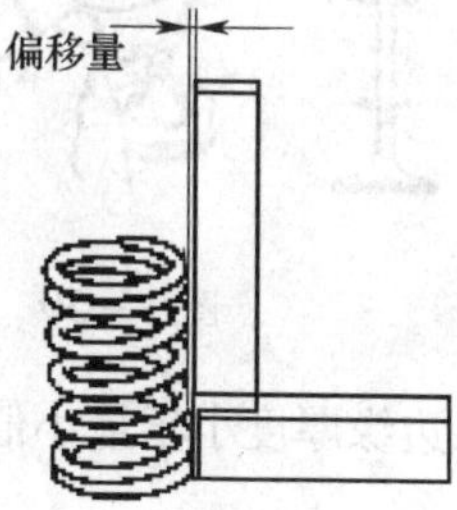

图3—56

最大偏移量：__________mm。

如果偏移量大于最大值，则更换气门弹簧。

步骤21：检查进气门。

（1）使用________刮除进气门头部上的所有________（见图3—57）。

（2）用______________测量进气门的______（见图3—58）。

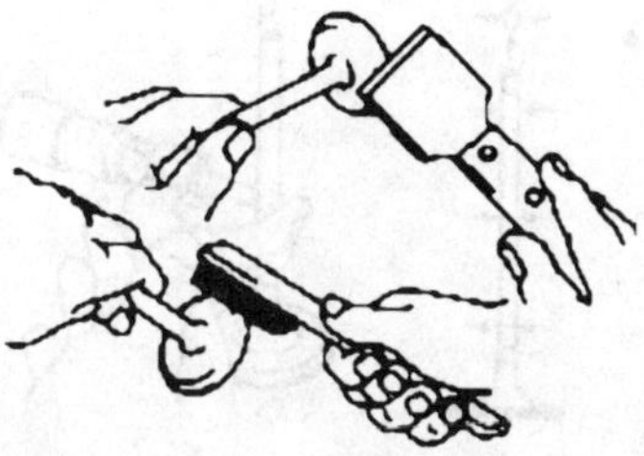

图3—57

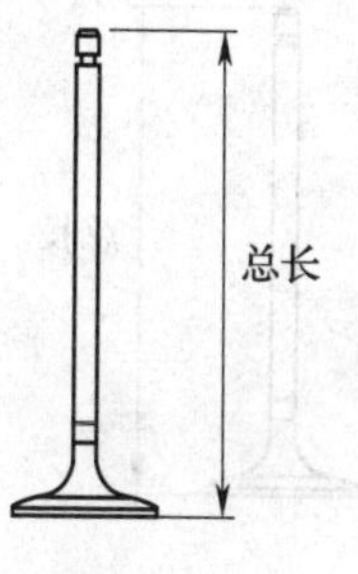

图3—58

标准总长：____________mm。

最小总长：__________mm。

如果总长小于最小值，则更换气门。

（3）用____________测量进气门杆________（见图3—59）。

进气门杆直径：________~________mm。

如果进气门杆直径不符合规定，则检查油膜间隙。

（4）用游标卡尺测量进气门头部边缘厚度（见图3—60）。

标准边缘厚度：________mm。

最小边缘厚度：________mm。

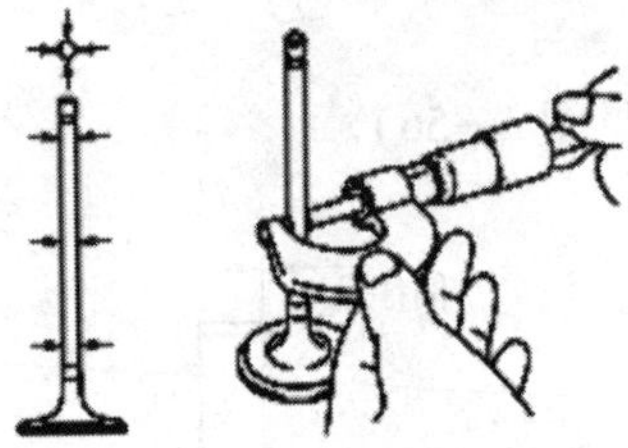

图 3—59

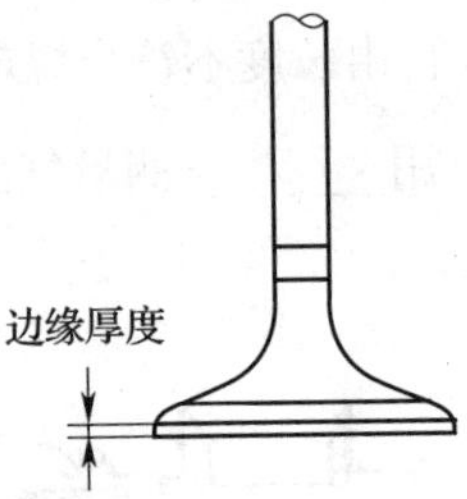

图 3—60

如果边缘厚度小于最小值，则更换进气门。

步骤 22：检查排气门。

（1）使用________ 刮除排气门头部上的所有________。

（2）用________ 测量排气门的________（见图 3—61）。

标准总长：________mm。

最小总长：________mm。

如果总长小于最小值，则更换排气门。

（3）用________ 测量排气门杆直径（见图 3—62）。

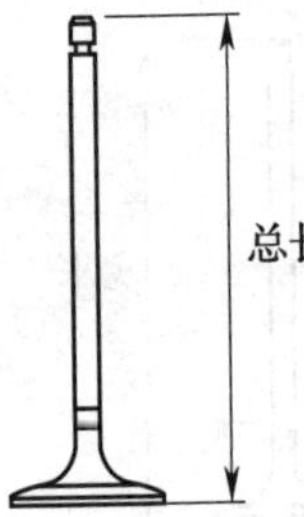

图 3—61

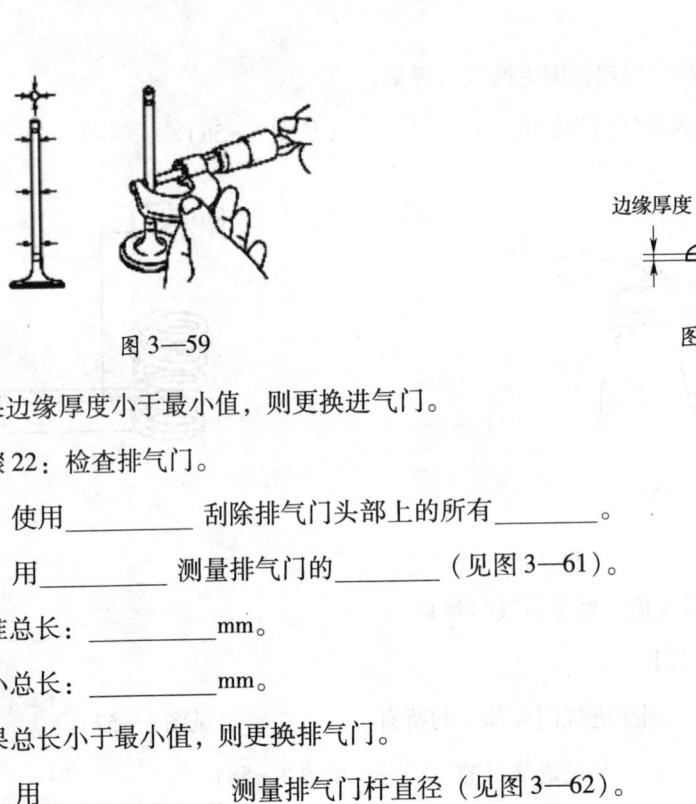

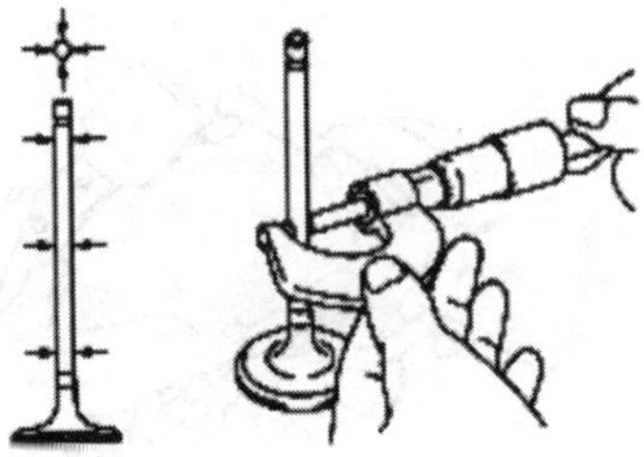

图 3—62

排气门杆直径：________ ~ ________mm。

如果排气门杆直径不符合规定，则检查油膜间隙。

（4）用游标卡尺测量________ 头部边缘________（见图 3—63）。

标准边缘厚度：________mm。

最小边缘厚度：________mm。

如果边缘厚度小于最小值，则更换排气门。

步骤 23：检查气门导管衬套油膜间隙。

（1）用________ 测量气门导管衬套的________（见图 3—64）。

衬套内径：________ ~ ________mm。

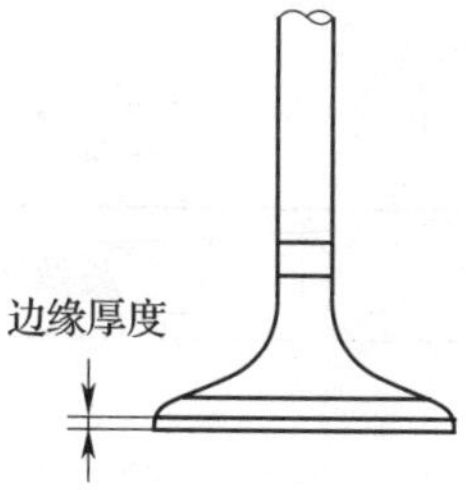

图 3—63

图 3—64

（2）用导管衬套内径测量值减去气门杆直径测量值。

标准油膜间隙：

项目	规定状态	测量值
进气	~	
排气	~	

最大油膜间隙：

项目	规定状态	测量值
进气	~	
排气	~	

如果间隙大于最大值，则更换气门和导管衬套。

（三）更换配气机构零部件

步骤 1：更换进气门导管衬套。

（1）将汽缸盖加热到______ ~ ________°C。

（2）将_________ 放到木块上。

（3）使用_________ 和_________，敲出导管衬套（见图 3—65）。

（4）用测径规测量___________的衬套孔径（见图 3—66）。

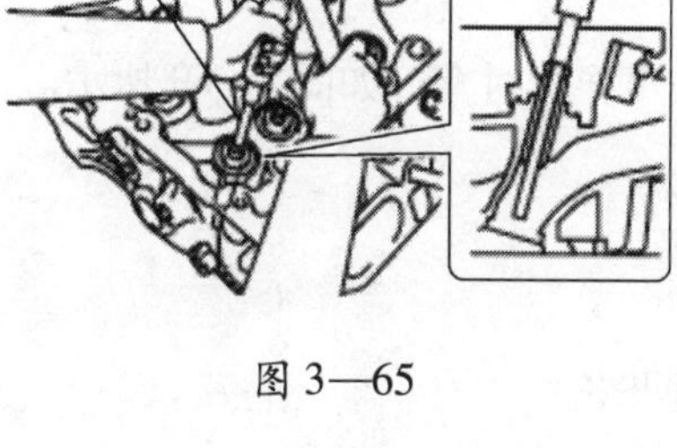

图 3—65

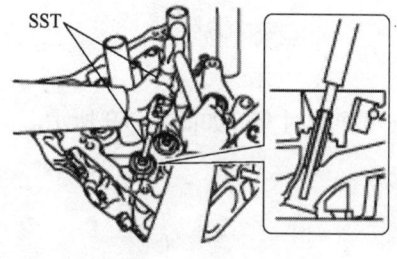

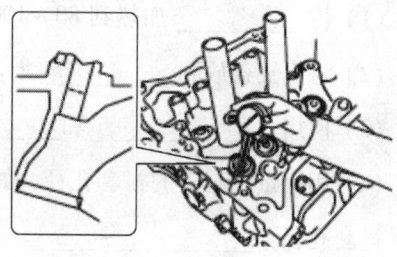

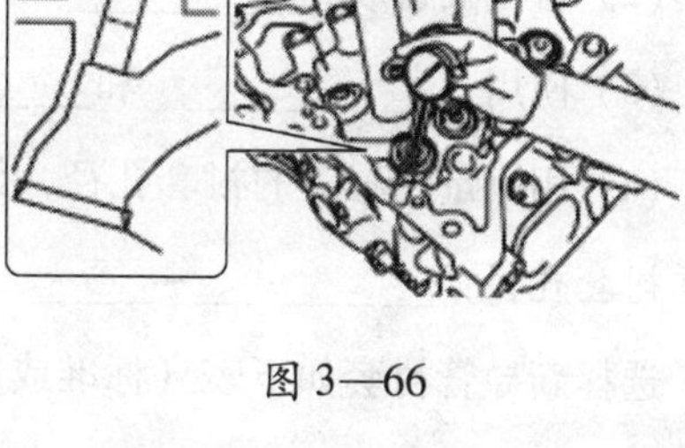

图 3—66

汽缸缸径：__________ 至__________ mm。

选择新导管衬套（标准或加大尺寸 0.05 mm）：

衬套尺寸	衬套孔径	测量值
标准	~	
加大尺寸 0.05 mm	~	

如果汽缸盖衬套孔径大于________mm，则将衬套孔径加工为______ ~ ______mm，以安装加大尺寸 0.05 mm 气门导管衬套。如果汽缸盖衬套孔径大于________ mm，则更换汽缸盖。

（5）将汽缸盖加热到______ ~ ______ °C。

（6）将__________ 放到木块上。

（7）用专用工具 SST 和锤子敲入__________，使之达到规定的凸出部分高度（见图 3—67）。

（8）用________ mm 的锋利铰刀刮气门导管衬套，以使导管衬套与气门杆之间达到标准间隙（见图 3—68）。

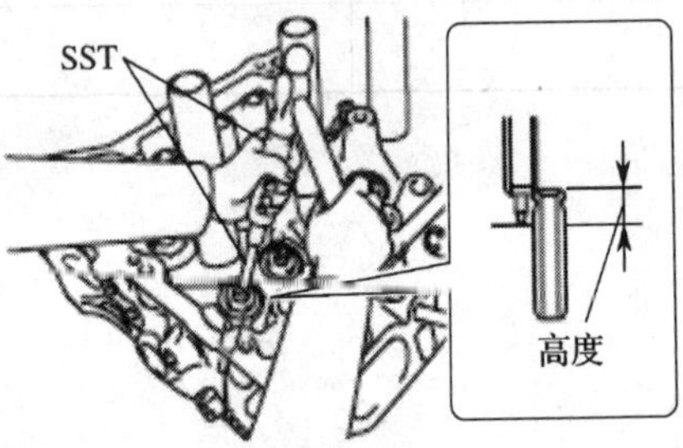

图 3—67

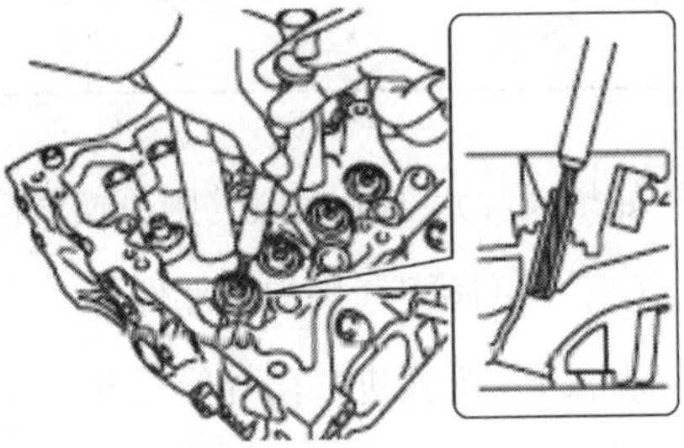

图 3—68

标准油膜间隙：__________ ~ __________mm。

步骤 2：更换排气门导管衬套。

（1）将__________ 加热到 80 ~ 100℃。

（2）将汽缸盖放到__________ 上。

（3）使用______________ 和______________，敲出导管衬套，如图 3—69 所示。

（4）用测量汽缸盖的衬套孔径，如图 3—72 所示。

衬套孔径：__________ ~ __________ mm。

选择新导管衬套如下表（标准或加大尺寸 0.05 mm）：

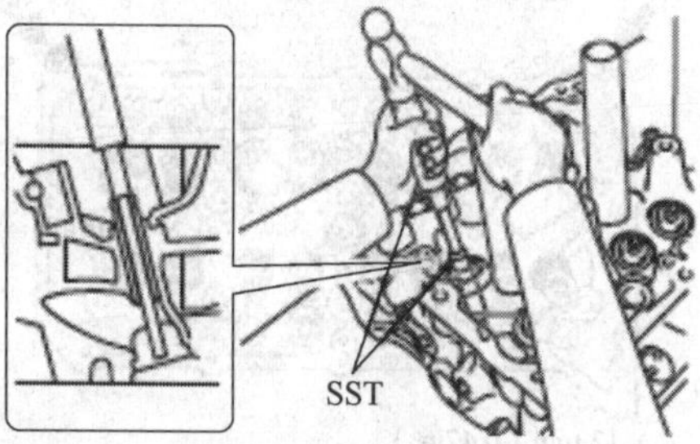

图 3—69

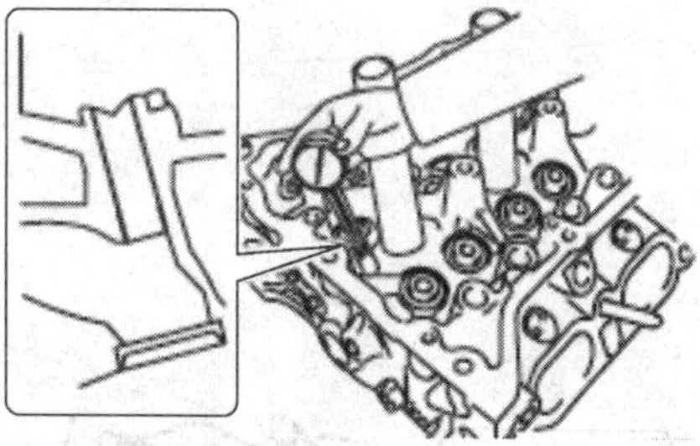

图 3—70

衬套尺寸	衬套孔径	测量值
标准	~	
放大尺寸 0.06 mm	~	

如果汽缸盖衬套孔径大于________mm，则将衬套孔径加工为________ ~ ________mm，以安装加大尺寸 0.05 mm 气门导管衬套。如果汽缸盖衬套孔径大于________mm，则更换汽缸盖。

（5）将汽缸盖加热到______ ~ ______ °C。

（6）将汽缸盖放到木块上。

（7）用专用工具 SST 和锤子敲入新气门导管衬套，使之达到规定的凸出部分高度。

凸出高度：________ ~ ________ mm

（8）用________mm 的锋利铰刀刮气门导管衬套，以使导管衬套与气门杆之间达到标准间隙，如图 3—71 所示。

标准油膜间隙：__________ ~ __________mm。

步骤 3：更换环销。

提示：

如果不更换环销，则无需将其拆下。

（1）拆下________。

（2）用__________敲入新环销，使之达到规定的凸出高度（见图 3—72）。

凸出高度：________ ~ ________ mm。

步骤 4：更换双头螺栓

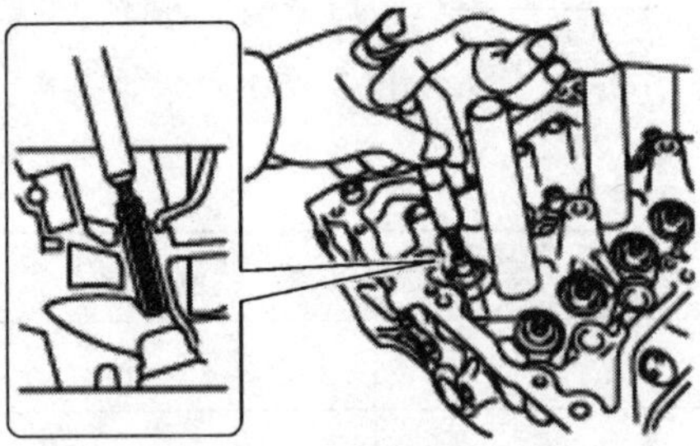

图 3—71

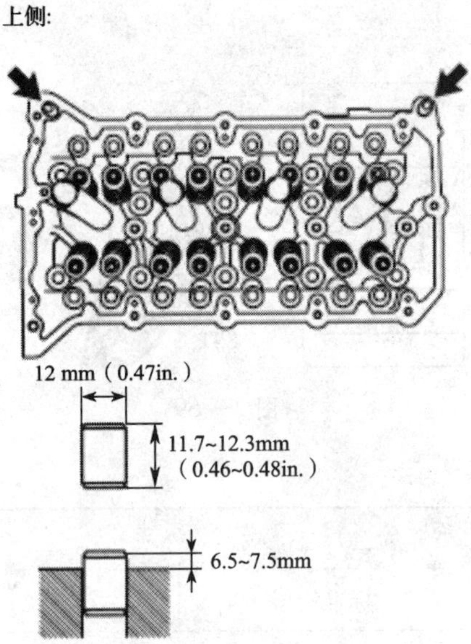

图 3—72

提示：

如果任一双头螺栓变形或螺纹受损，则将其更换。

（1）拆下__________。

（2）用“TORX”梅花套筒________安装双头螺栓（见图 3—73）。

扭矩：____________N · m。

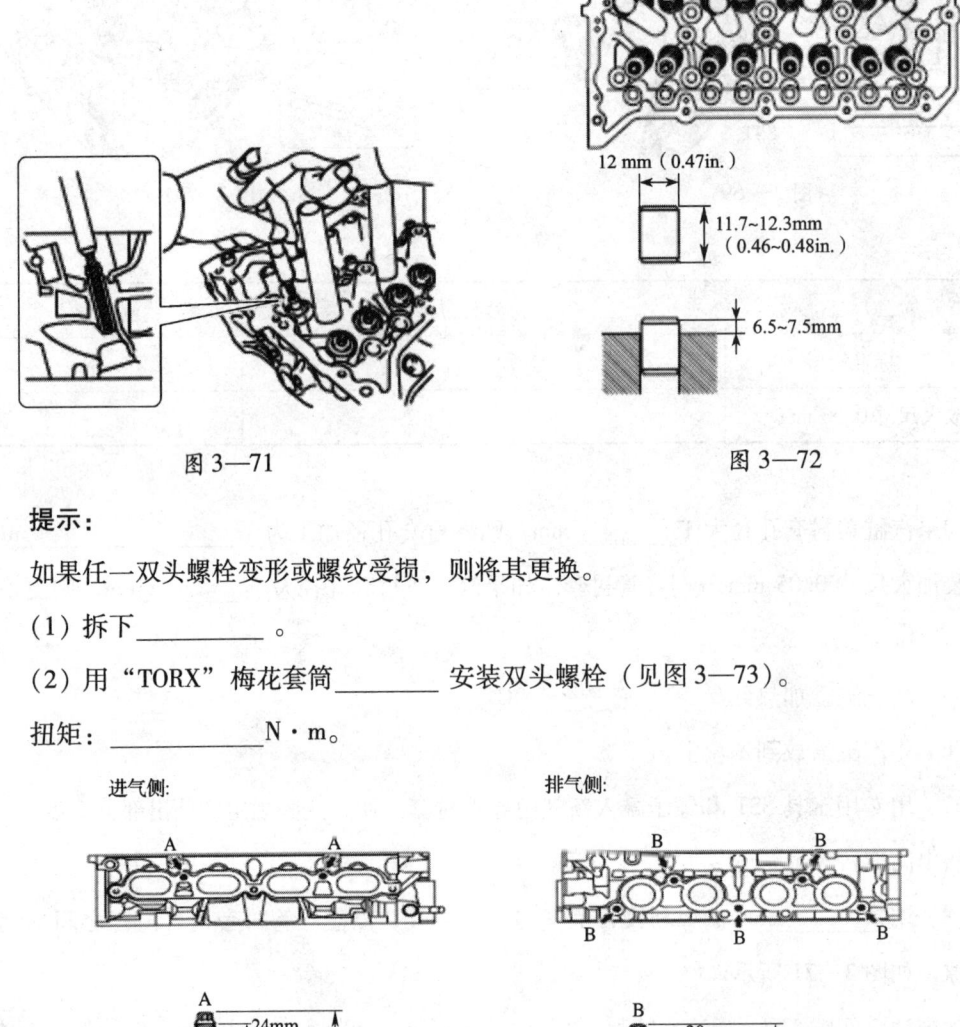

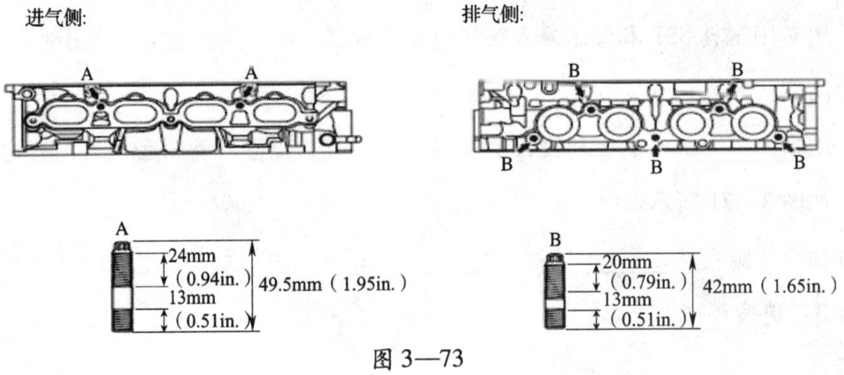

图 3—73

（四）维修气门座

提示：

- 检查气门落座位置的同时维修气门座。
- 使唇口远离异物。

步骤 1：用_____° 铰刀修整气门座__________，使气门座宽度大于规定值。

步骤2：用______°和________°铰刀修整气门座，使气门可以接触到气门座的整个圆周。应在气门座的中心接触，且气门座宽度应保持在气门座整个圆周周围的规定范围内（见图3—74）。

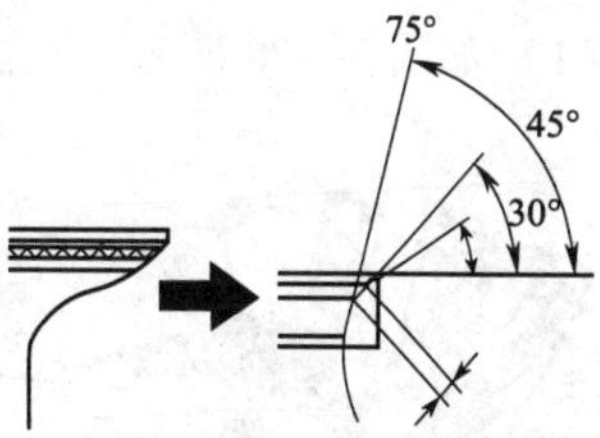

图3—74

气门座宽度：

项目	规定状态	测量值
进气	~	
排气	~	

步骤3：用____________对气门和气门座进行手动研磨。

步骤4：检查__________落座位置。

（五）安装配气机构零部件

步骤1：用______mm直六角扳手安装______个新衬垫和______个2号直螺纹塞（见图3—75）。

扭矩：________ N·m。

步骤2：安装__________到汽缸盖上。

步骤3：安装气门杆油封。

（1）在________油封上涂抹一薄层______________。

提示：

进气门油封为________色，排气门油封为________色，如图3—76所示。

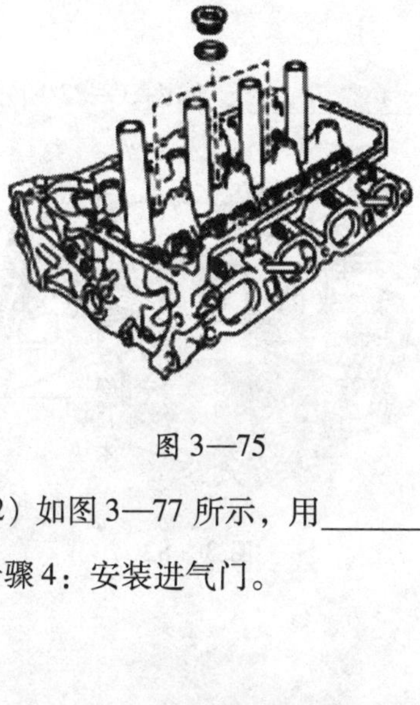
图3—75

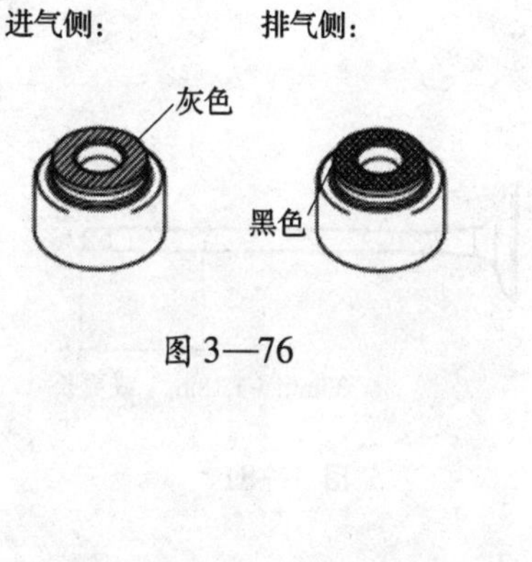

图3—76

（2）如图3—77所示，用________压入油封。

步骤4：安装进气门。

（1）如图 3—78 所示，在进气门顶部涂抹足量____________。

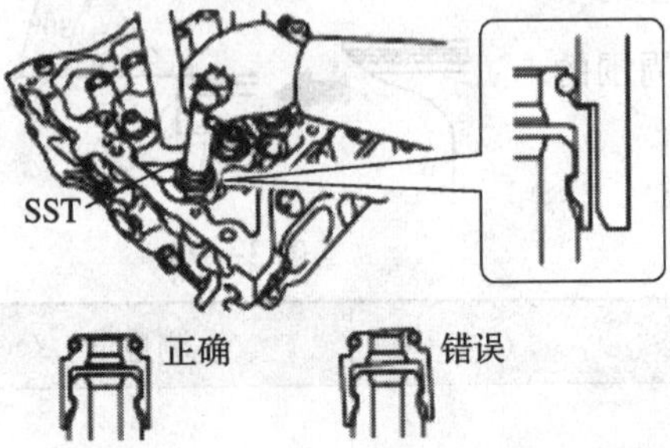

图 3—77

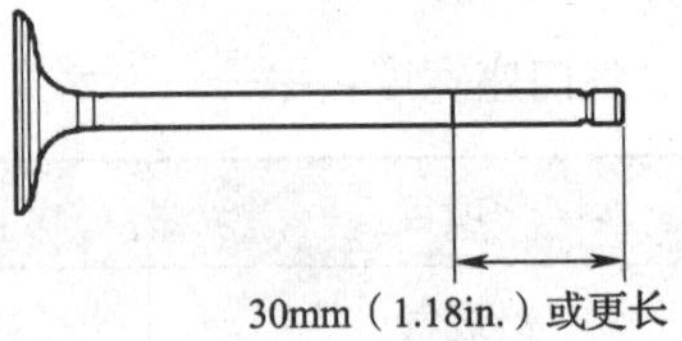

图 3—78

（2）将________、__________ 和__________ 安装到汽缸盖上。

（3）用 SST 和木块压缩弹簧并安装______个座圈锁片，如图 3—79 所示。

（4）用__________轻敲__________顶部以确保安装到位，如图 3—80 所示。

步骤 5：安装排气门。

（1）如图 3—81 所示，在__________的顶部涂抹足量发动机机油。

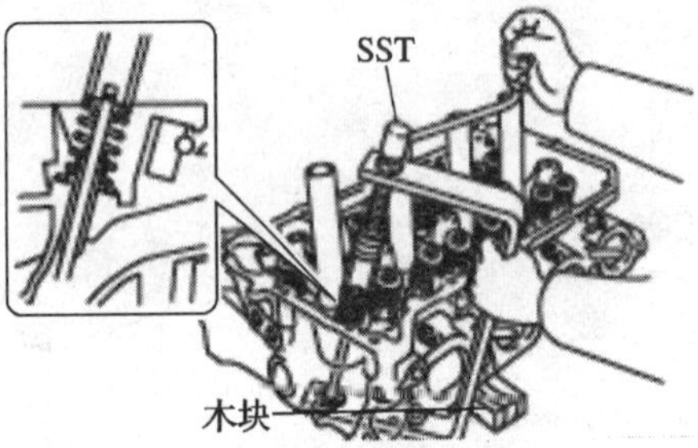

图 3—79

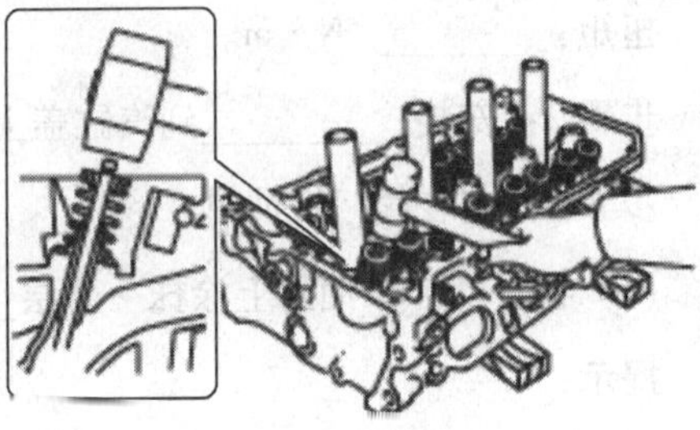

图 3—80

（2）将气门、压缩弹簧和弹簧座圈安装到__________上。

（3）用专用工具 SST 和木块压缩弹簧并安装 2 个__________，如图 3—82 所示。

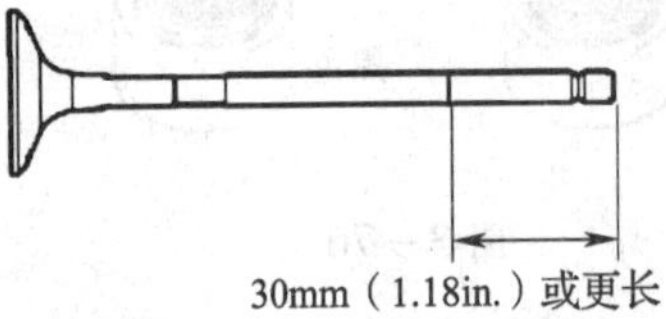

图 3—81

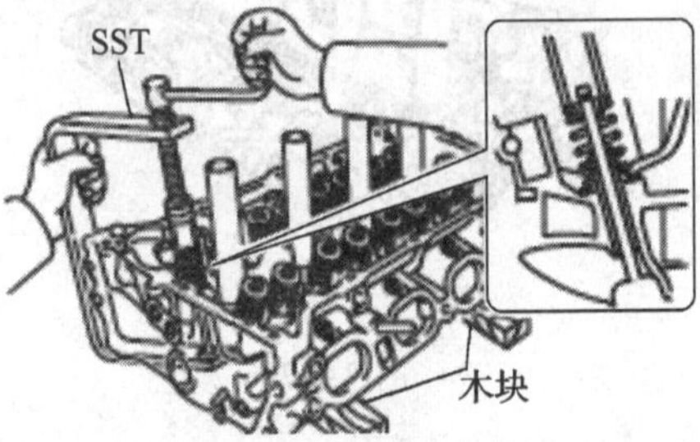

图 3—82

(4) 用__________ 轻敲气门杆________ 以确保安装到位，如图 3—83 所示。

步骤 6：安装气门杆盖。

(1) 在__________ 上涂抹一薄层发动机机油。

(2) 将__________ 安装到汽缸盖上。

步骤 7：安装汽缸盖衬垫。

将______ 衬垫放在汽缸体表面上，并使印有批次号的一面朝______，如图 3—84 所示。

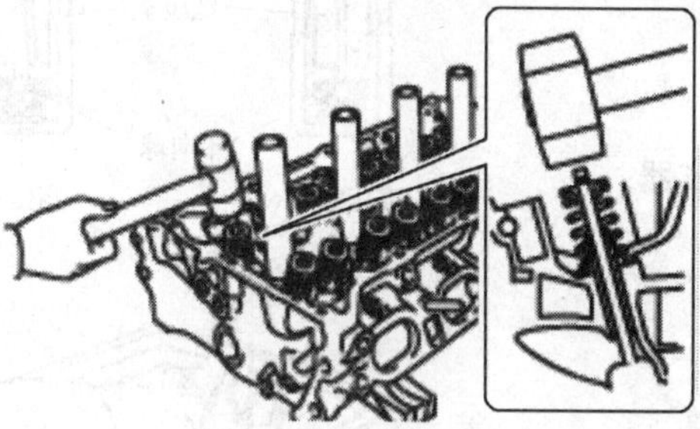

图 3—83

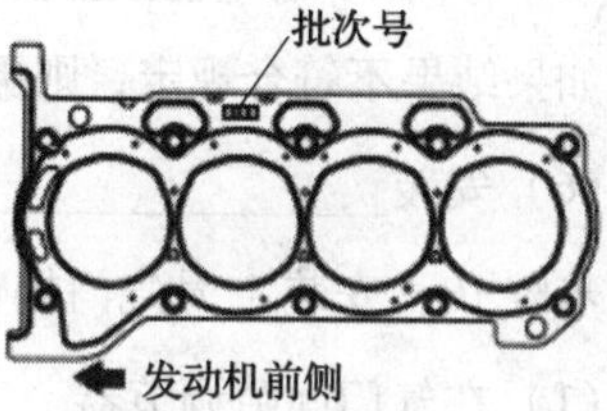

图 3—84

步骤 8：安装汽缸盖分总成。

(1) 在螺栓的______和与______相接触的螺栓头下的部位，涂抹一薄层____________。

(2) 将________和__________安装至汽缸盖。

1) 按图 3—85 所示顺序，用__________ mm 的双六角扳手，分几步均匀地安装并紧固__________个汽缸盖固定螺栓和平垫圈。

扭矩：________N · m。

2) 用________ 在汽缸盖螺栓前端做标记。

3) 如图 3—86 所示，将汽缸盖螺栓再次紧固________°，然后再紧固________°。

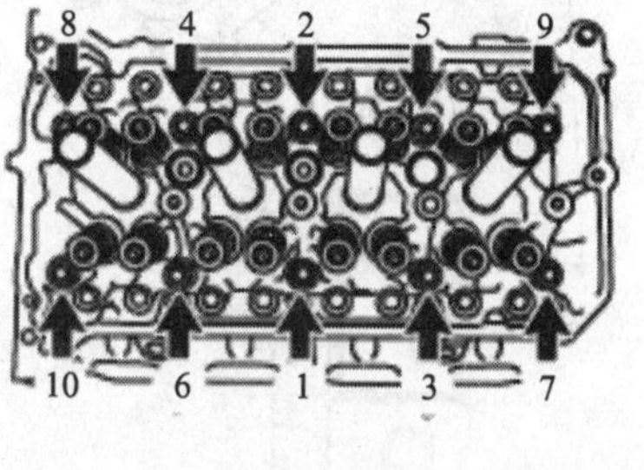

图 3—85

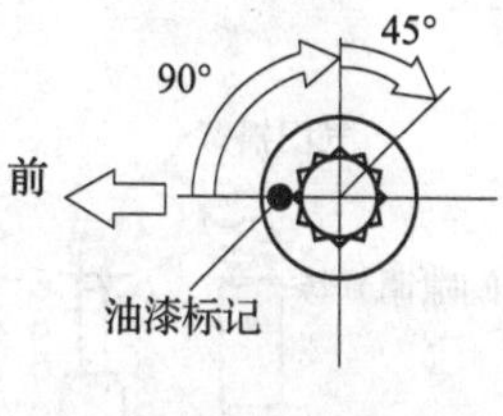

图 3—86

4) 检查并确认油漆标记现在与前端成________ °角。

步骤 9：安装气门间隙调节器总成。

(1) 将______________ 放入装有__________ 的容器中。

（2）将专用工具 SST 顶端插入________的柱塞中，并用顶端挤压柱塞中的________。

（3）将专用工具 SST 和气门间隙调节器压在一起，上下移动柱塞______ ~ ______次，如图 3—87 所示。

（4）检查______的运动情况并放气。

正常：柱塞______ 移动。

（5）放气后，拆下 SST。然后，试着用手指迅速且用力地按压________。

正常：柱塞很难________。

如果结果不符合规定，则更换气门间隙调节器。

（6）安装________________。

步骤 10：安装 1 号气门摇臂分总成。

（1）在气门间隙调节器______ 和气门杆盖________ 涂抹发动机机油。

（2）确保将气门摇臂安装至如图 3—88 所示位置。

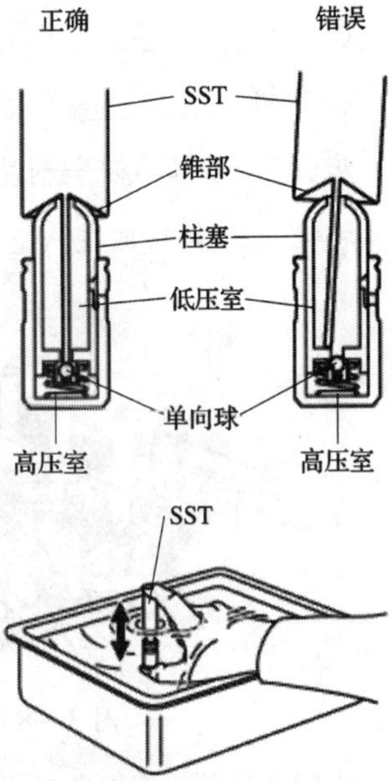

图 3—87

步骤 11：安装 1 号凸轮轴轴承。

（1）清洁轴承的________ 。

（2）安装______ 个 1 号凸轮轴轴承。

（3）用______ 测量轴承盖______和凸轮轴轴承________间的距离（见图 3—89）。

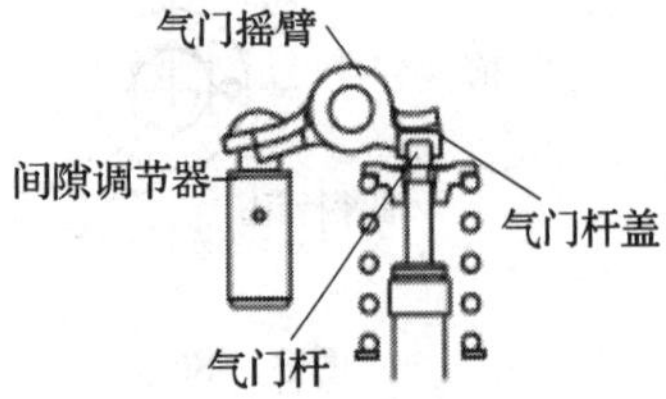

图 3—88

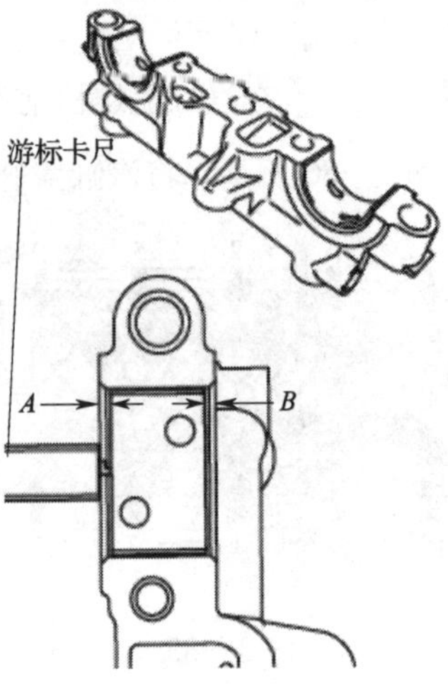

图 3—89

尺寸（*A*—*B*）：________ mm 或更小。

步骤 12：安装机油控制阀滤清器。

(1) 检查并确认滤清器的________上没有异物。

(2) 安装机油控制阀滤清器，如图 3—90 所示。

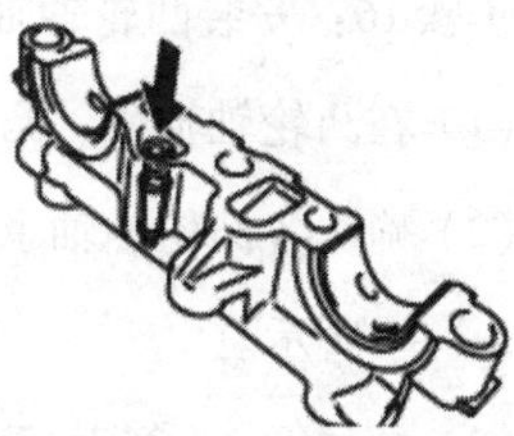

图 3—90

步骤 13：安装 2 号凸轮轴轴承。

(1) 清洁________的双表面。

(2) 安装________个 2 号凸轮轴轴承。

(3) 用游标卡尺测量________ 边缘和__________ 边缘间的距离（见图 3—91）。

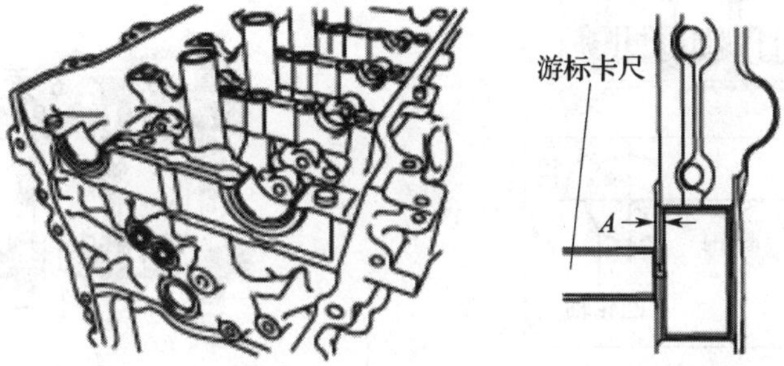

图 3—91

尺寸 (A)：________ ~ ________mm。

步骤 14：安装 2 号凸轮轴。

(1) 清洁__________轴颈。

(2) 在__________ 、______________和__________ 上涂抹一薄层发动机机油。

(3) 将 2 号凸轮轴安装到凸轮轴壳上，如图 3—92 所示。

步骤 15：安装凸轮轴。

(1) 清洁凸轮轴________。

(2) 在凸轮轴轴颈、凸轮轴壳和轴承盖上涂抹一薄层______________。

(3) 将凸轮轴安装到凸轮轴壳上，如图 3—93 所示。

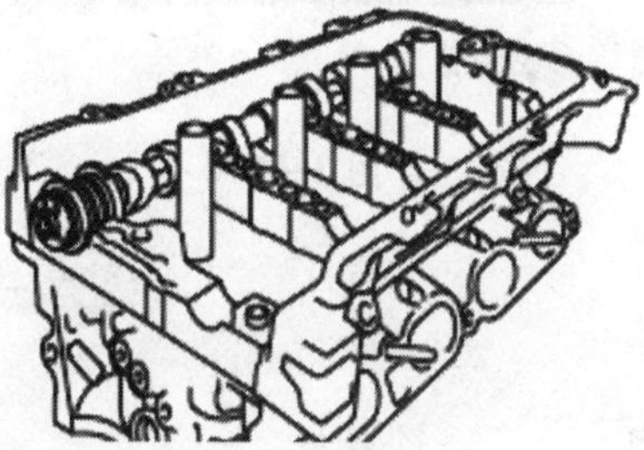

图 3—92

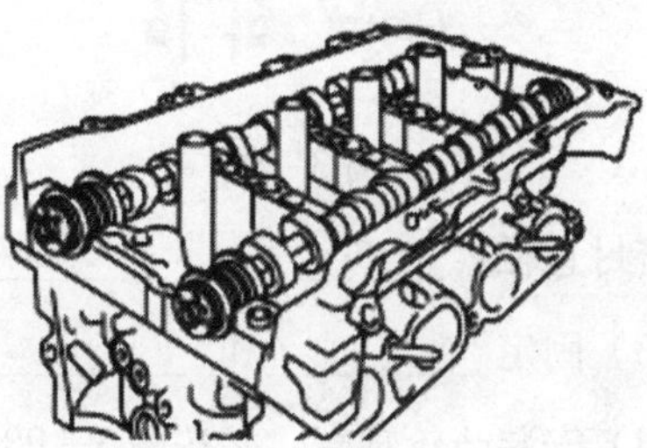

图 3—93

步骤 16：安装凸轮轴轴承盖。

(1) 在凸轮轴轴颈、凸轮轴壳和轴承盖上涂抹发动机机油。

(2) 确认各凸轮轴轴承盖上的______和______，并将其置于正确的______和______，如图 3—94 所示。

(3) 按如图 3—95 所示顺序，紧固______个螺栓。

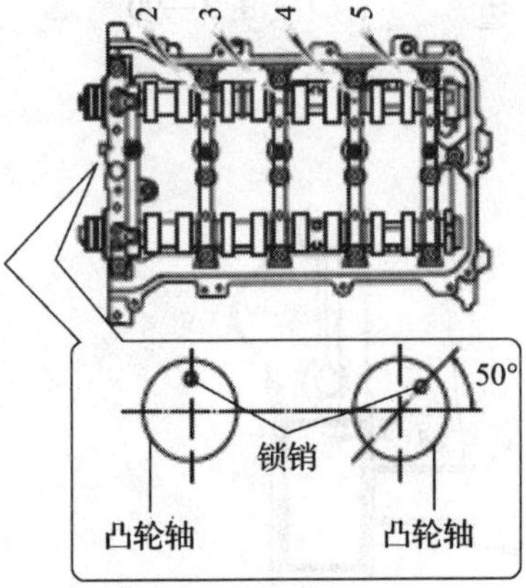

图 3—94

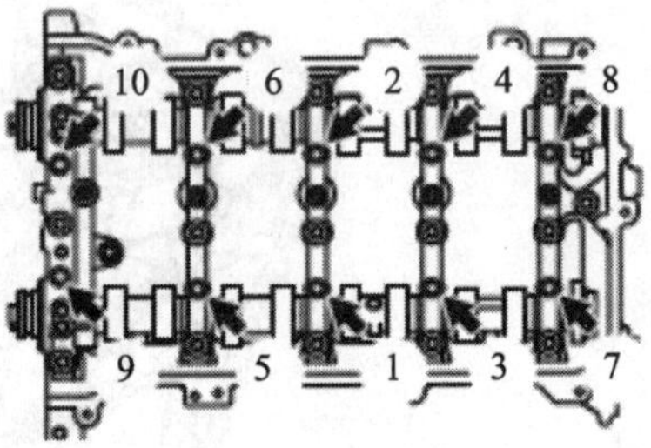

图 3—95

扭矩：________N · m。

步骤 17：安装凸轮轴壳分总成。

(1) 确保将____________按如图 3—96 所示安装。

(2) 如图 3—97 所示，连续涂抹______________。

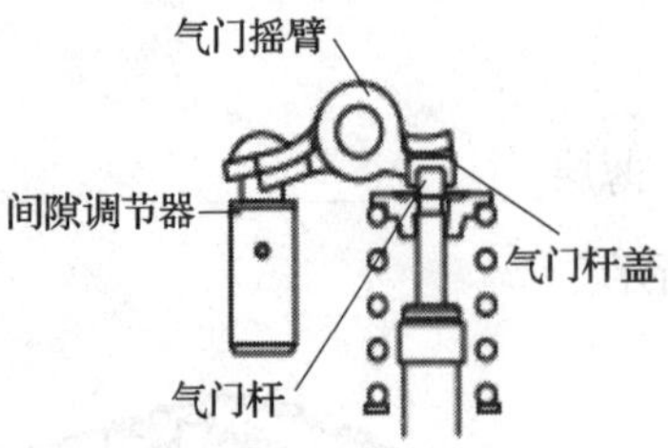

图 3—96

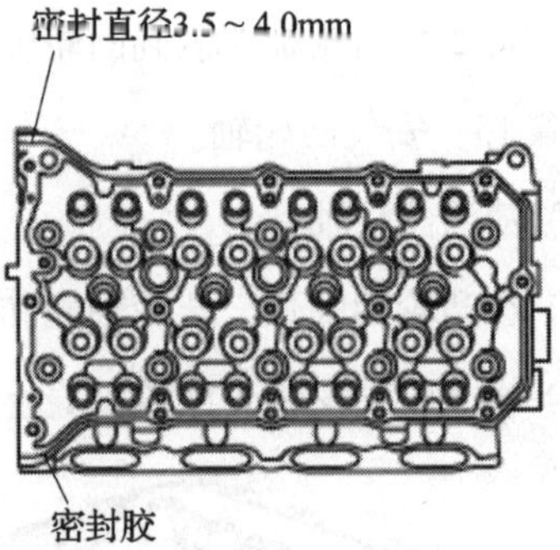

图 3—97

密封直径：________～__________mm。

(3) 固定_________和_________。

(4) 安装凸轮轴壳，并按图 3—98 所示顺序紧固________个螺栓。

扭矩：________N · m。

步骤 18：安装凸轮轴正时齿轮总成。

（1）检查并确认__________已安装在________上。

（2）如图 3—99 所示，使______和______不对准，将凸轮轴正时齿轮和凸轮轴放置在一起。

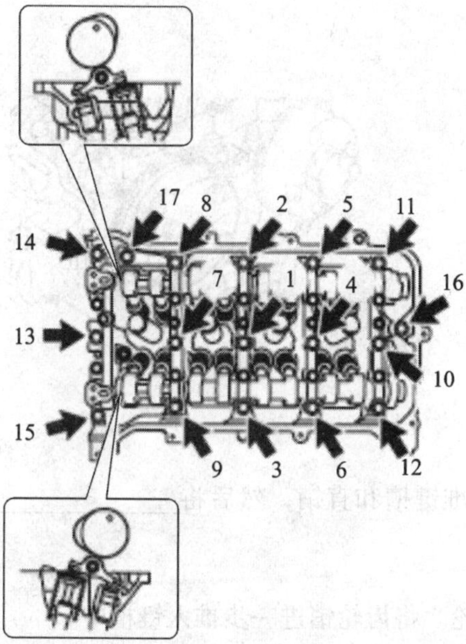

图 3—98

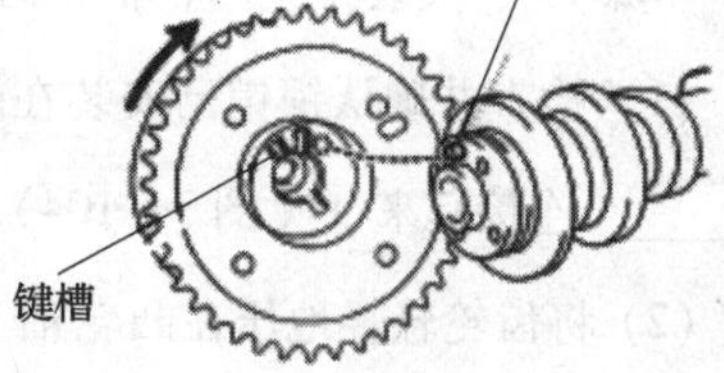

图 3—99

（3）将凸轮轴正时齿轮轻轻推向凸轮轴的同时，按图示 3—100 方向旋转__________。将齿轮销进一步推入键槽中。

（4）测量______和__________的间隙（见图 3—101）。

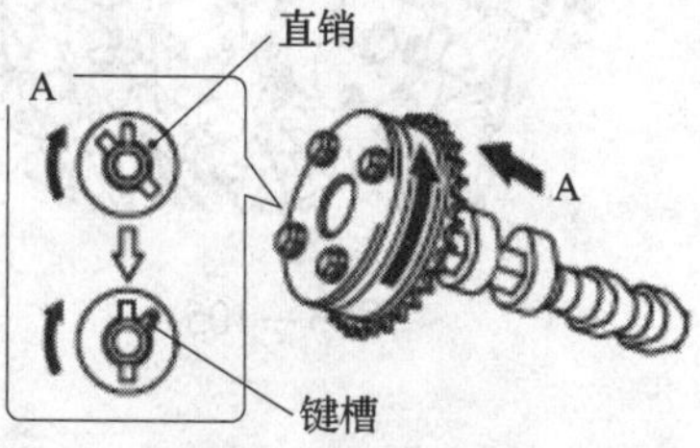

图 3—100

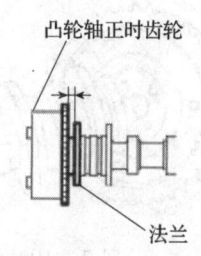

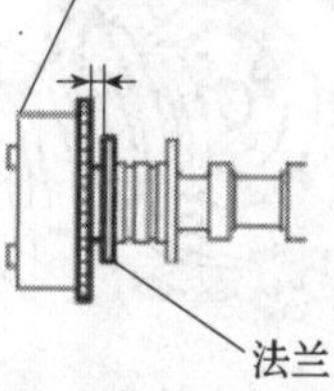

图 3—101

间隙：______~__________mm。

（5）在____________固定就位时，紧固__________（见图 3—102）。

扭矩：________N·m。

(6) 检查并确认__________ 可以朝延迟方向（顺时针）转动，并锁止在最大延迟位置（见图3—103）。

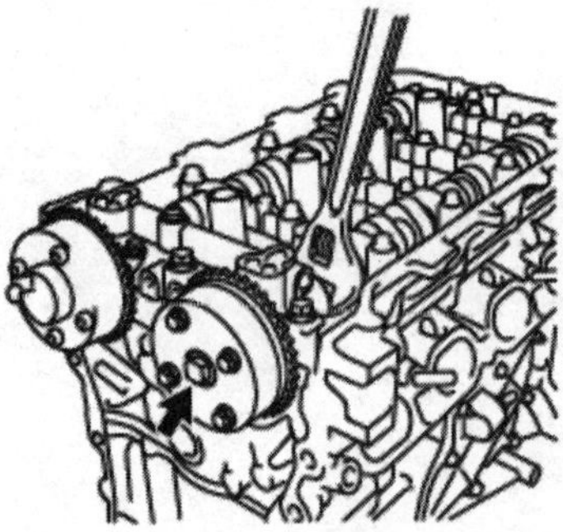

图3—102

图3—103

步骤19：安装排气凸轮轴正时齿轮总成。

(1) 检查并确认锁销已安装在凸轮轴上。对准键槽和直销，然后将______________和______ 连接起来（见图3—104）。

(2) 将齿轮轻轻地压在凸轮轴上，并转动齿轮。将齿轮销进一步推入键槽中。

(3) 检查并确认______ 和________间没有间隙。

(4) 排气凸轮轴正时齿轮固定住时，拧紧_________ （见图3—105）。

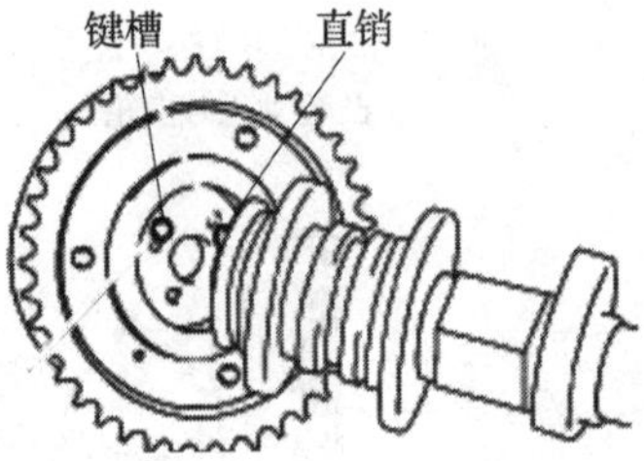

图3—104

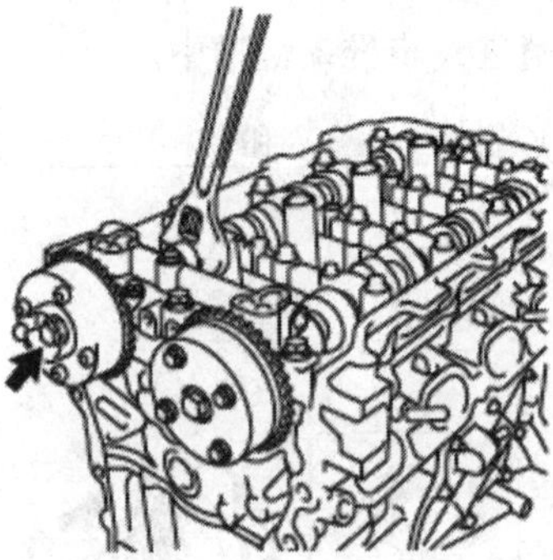

图3—105

扭矩：________ N·m。

(5) 检查排气凸轮轴正时齿轮的________情况，确保排气凸轮轴正时齿轮已锁止。

步骤20：用塑料锤安装______个曲轴正时齿轮键（见图3—106）。

步骤21：安装1号曲轴位置信号盘，使“______”标记朝前（见图3—107）。

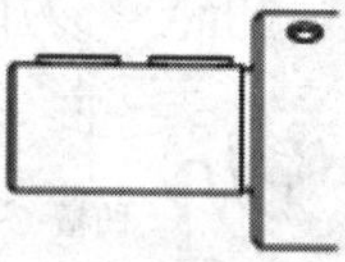

图 3—106

图 3—107

步骤 22　安装 2 号链条分总成。

（1）如图 3—108 所示设置__________ 。

（2）转动驱动轴以便切口朝向右________ 位置。

（3）如图 3—109 所示，使______ 色链条标记对准每个齿轮的正时标记。

图 3—108

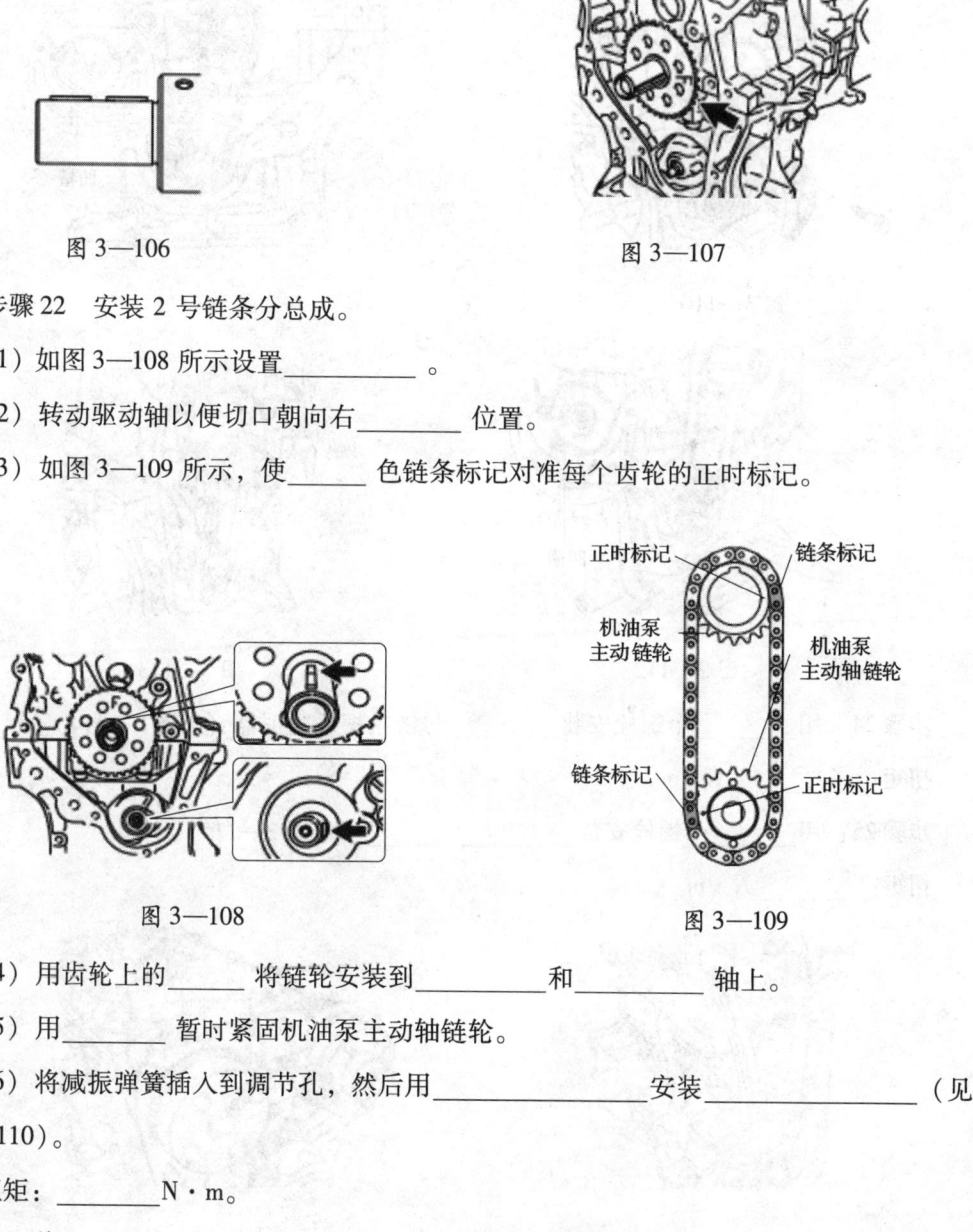

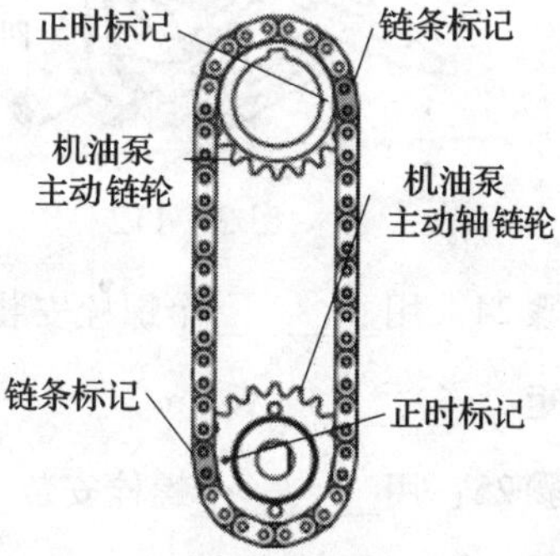

图 3—109

（4）用齿轮上的______ 将链轮安装到__________和__________ 轴上。

（5）用________ 暂时紧固机油泵主动轴链轮。

（6）将减振弹簧插入到调节孔，然后用________________安装________________（见图 3—110）。

扭矩：________N · m。

（7）将____________________的调节孔对准机油泵槽（见图 3—111）。

（8）将一个直径为______ mm 的杆插入机油泵主动轴齿轮的调节孔以便将齿轮锁定就位，然后紧固螺母（见图 3—112）。

扭矩：__________N · m。

步骤 23：安装______________（见图 3—113）。

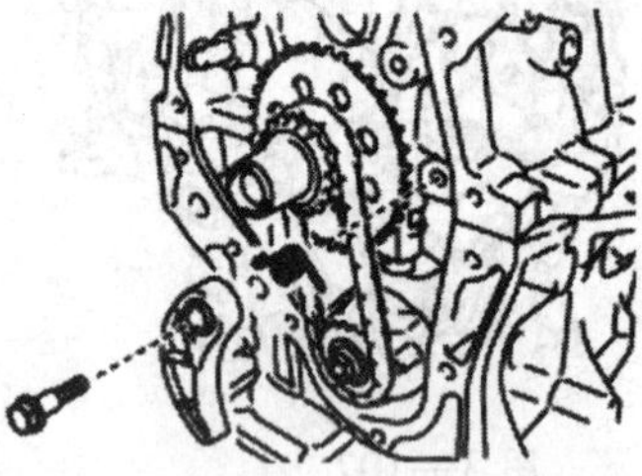

图 3—110

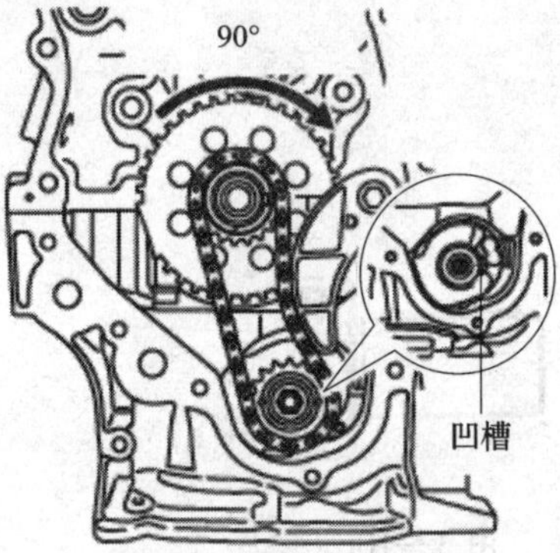

图 3—111

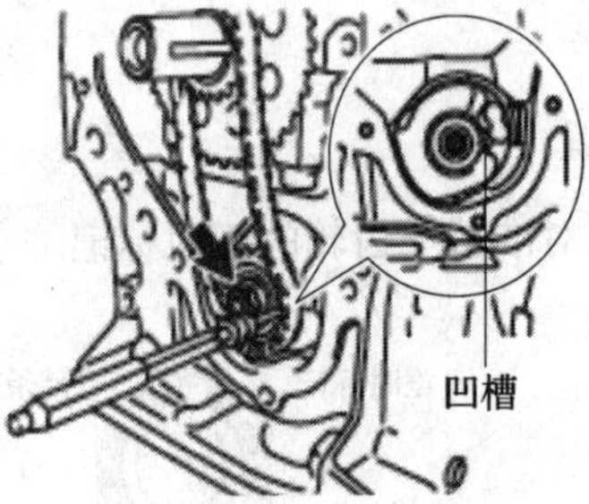

图 3—112

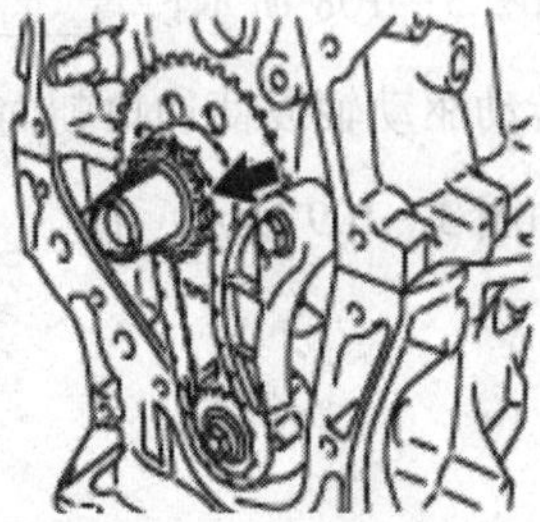

图 3—113

步骤 24：用________个螺栓安装________号链条振动阻尼器（见图 3—114）。

扭矩：__________N · m。

步骤 25：用______个螺栓安装________________（见图 3—115）。

扭矩：________N · m。

图 3—114

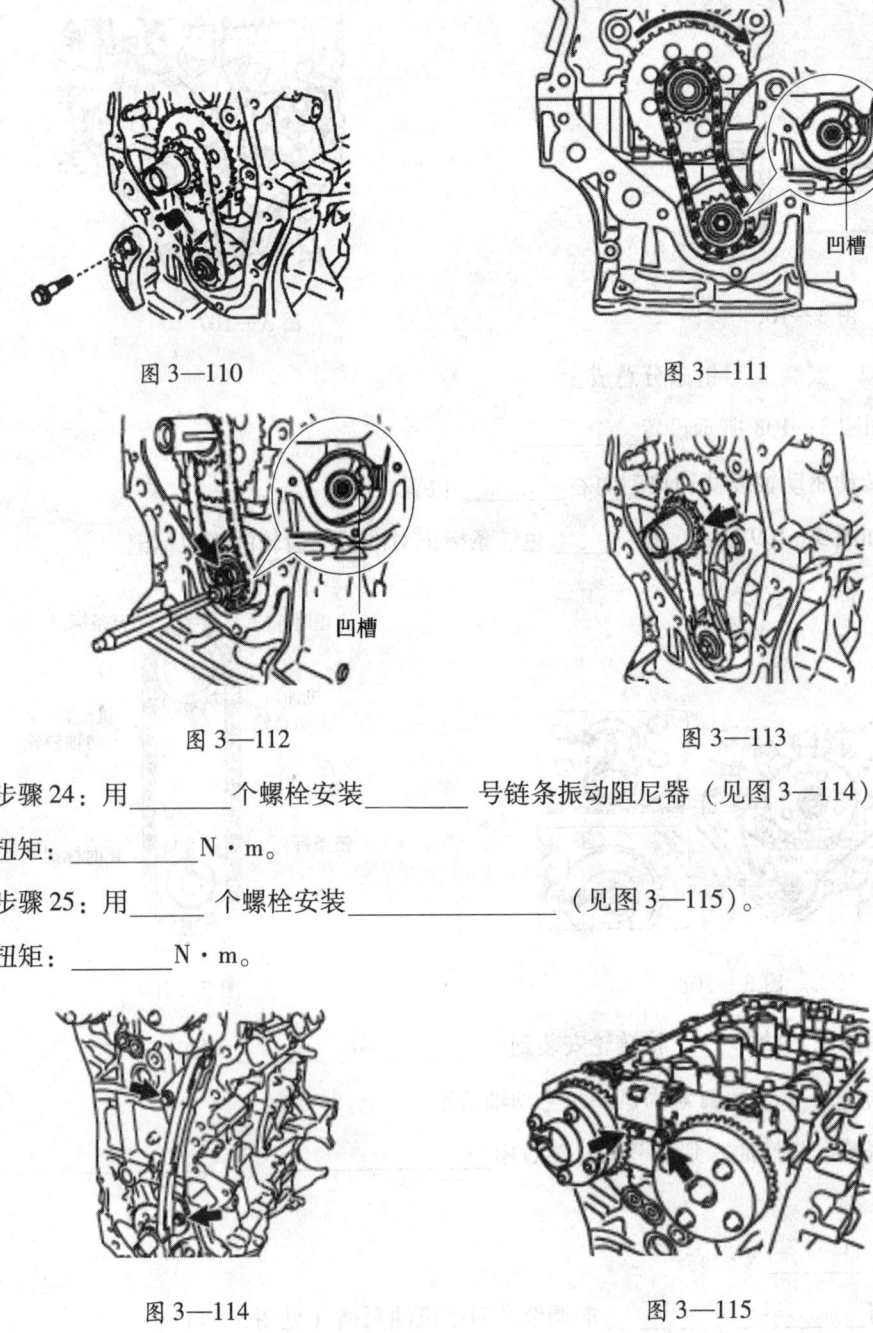

图 3—115

步骤 26：安装链条分总成。

(1) 检查______号气缸 TDC/压缩。

1）暂时紧固________螺栓。

2）逆时针转动曲轴，以使________位于顶部，如图 3—116 所示。

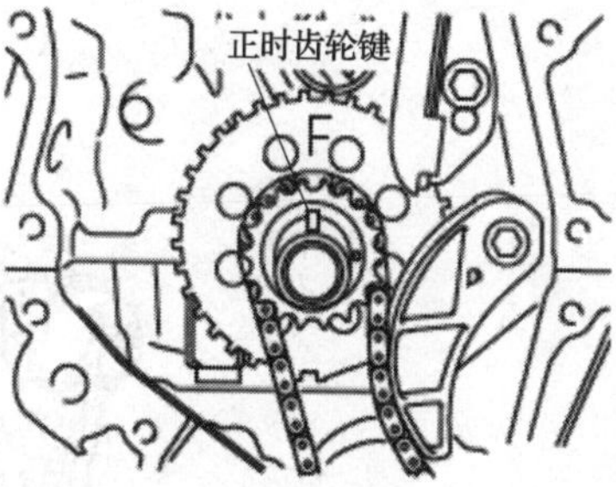

图 3—116

3）拆下___________螺栓。

4）检查每个_______________上的正时标记，如图 3—117 所示。

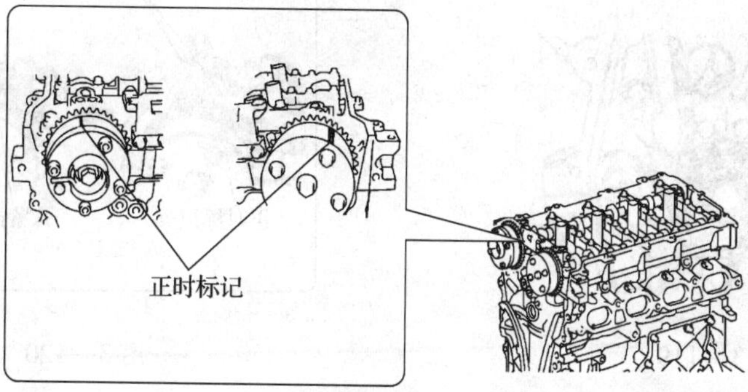

图 3—117

（2）如图 3—118 所示，将________ 标记板和________ 对准并安装链条。

（3）将______ 放在曲轴上，但不要使其缠绕在曲轴周围，如图 3—119 所示。

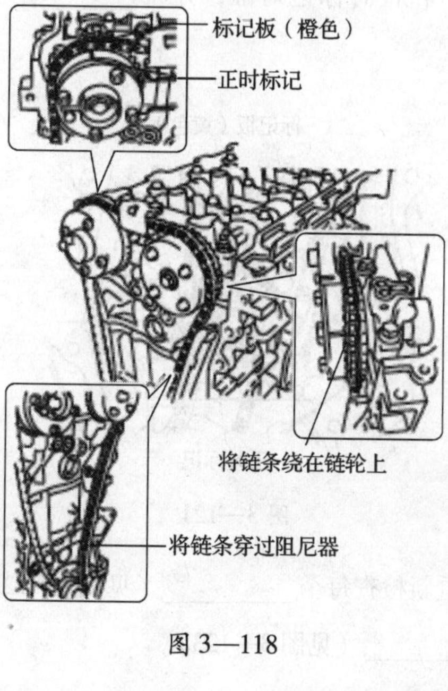

图 3—118

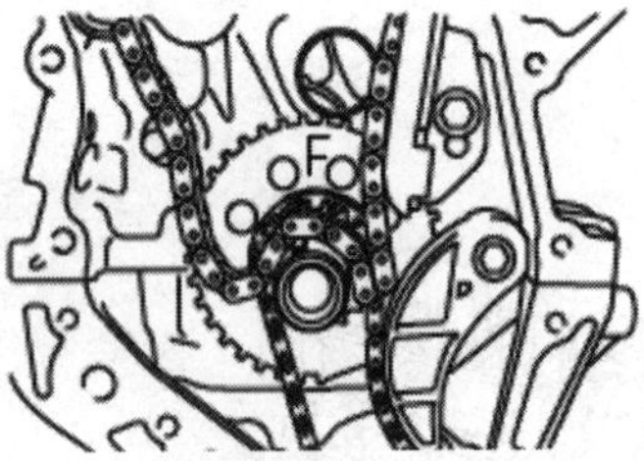

图 3—119

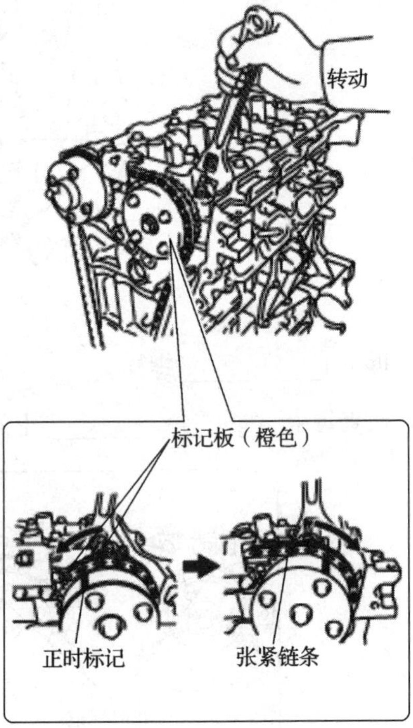

图 3—120

（4）用扳手固定住凸轮轴的六角头部分，并______旋转凸轮轴正时齿轮总成，以使标记板（________）和__________ 对准，如图 3—120 所示。

（5）用扳手固定住凸轮轴的六角头部分，并______ 旋转凸轮轴正时齿轮总成。

（6）将标记板（橙色）和正时标记对准，并将______安装至______，如图 3—121 所示。

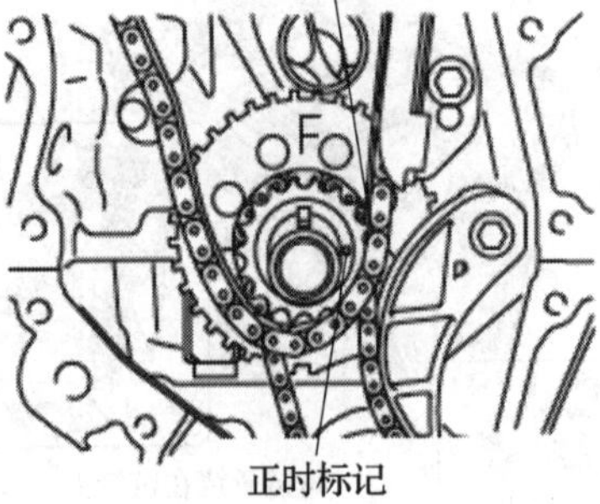

图 3—121

（7）在 TDC/压缩时，重新检查每个__________（见图 3—122）。

步骤 27：安装______________（见图 3—123）。

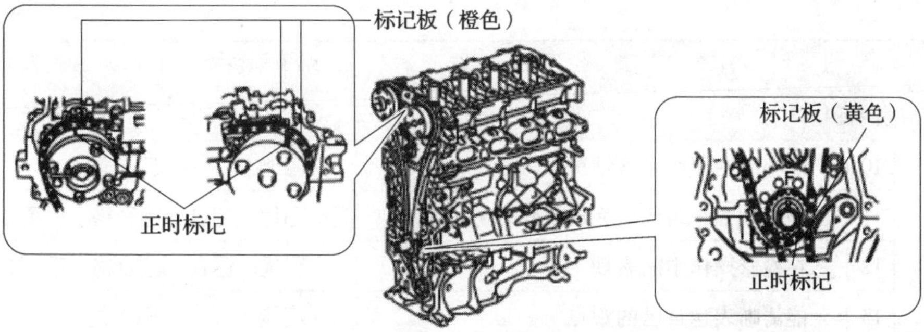

图 3—122

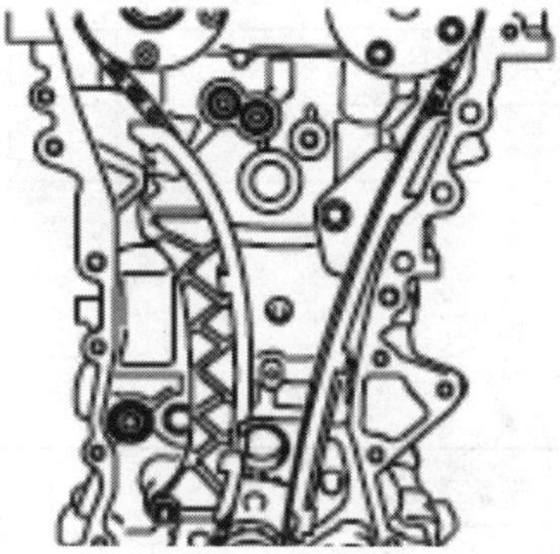

图 3—123

四、 评价与反馈

学习评价与反馈表

班级		姓名		学号		日期	年　月　日
学习任务名称							

自我评价	1	6S 管理	□符合　□不符合
	2	能按时上、下课	□符合　□不符合
	3	着装规范	□符合　□不符合
	4	能独立完成工作页填写	□能　□不能
	5	能利用维修手册、网络资源等查找有效信息	□能　□不能
	6	能正确使用工、量具及设备	□能　□不能
	7	会叙述各部件的结构原理	□能　□不能
	8	会制定维修计划	□能　□不能
	9	学习效果自我评价等级	□优　□良　□合格　□不合格

续表

班级		姓名		学号		日期	年　月　日
学习任务名称							
小组评价	10	在小组内积极发言情况	□能　□不能				
	11	积极配合小组成员完成工作任务情况	□优　□良　□合格　□不合格				
	12	在检修操作中的表现	□优　□良　□合格　□不合格				
	13	能清晰表达自己的观点	□能　□不能				
	14	安全、规范与环保意识	□强　□一般　□较弱				
	15	遵守课堂纪律	□能　□不能				
	16	积极参与汇报展示	□优　□良　□合格　□不合格				
教师评价	17	综合评价等级：	□优　□良　□合格　□不合格				
		评语：					

五、学习拓展：配气机构常见故障诊断与排除

配气机构传动链长、零件多，旋转、往复运动频繁，运动规律特殊，润滑条件相对较差，工作中由于磨损使各配合副、摩擦副的间隙增大，都会影响到发动机的技术性能。配气机构常见的故障有：__________、__________、__________。

1．气门脚响

气门脚响是因为______________________________

______________________________。

（1）故障现象：

（2）故障原因：

（3）诊断与排除：

2. 气门漏气

气门漏气是指____

____。

（1）故障现象：

（2）故障原因：

（3）诊断与排除：

3. 凸轮轴响

（1）故障现象：

（2）故障原因：

（3）诊断与排除：

4. 液力挺柱

（1）故障现象：

（2）故障原因：

（3）诊断与排除：

任务四　曲柄连杆机构的检修

学习目标

1. 熟悉曲柄连杆机构的功用与组成；
2. 熟悉曲柄连杆机构各零部件的结构、装配关系；
3. 学会正确使用工具对曲柄连杆机构进行拆装；
4. 学会曲柄连杆机构常见故障的诊断与排除。

学习准备

每完成一个工作步骤必须在对应“ □”内做上记号“√”，没有完成在对应“ □”内做上记号“×”。

□ 1. 工场要求正确着装。

□ 2. 班长宣贯工作场地文明生产守则。

□ 3. 学生分组各就各位，班长准时考勤。

4. 检查学习资料准备情况：

□（1）《汽车动力总成维修》　　□（2）《汽车构造》

□（3）《汽车发动机构造与维修教程》　　□（4）笔记本、笔

5. 设备与实训用具：

□(1) 发动机实训台　□（2）零件小车　□（3）32 件套装套筒扳手

（4）T 形套筒：□8 mm　□10 mm　□12 mm　□14 mm　□17 mm

□（5）SST（14 mm 梅花套筒）　□（6）磁棒　□（7）尖嘴钳

□（8）游标卡尺　□（9）千分尺　□（10）塞尺　□（11）精密直尺

□（12）钢直尺　□（13）衬垫刮刀　□（14）面纱或抹布

建议学时

12 课时

学习过程

一、情景导入

张先生的一台丰田卡罗拉轿车出现发动机噪声加大，发动机机体振动大的现象。据技师领班的初步判断是曲柄连杆机构中的曲轴轴承存在异响的故障。请以小组为单位组成维修团队对车辆的故障进行诊断与排除。

二、信息收集

引导问题 1　曲柄连杆机构有什么功用？

曲柄连杆机构是发动机将______转变为______的主要机构，其功用是把______________________作用在__________上的____转变为____的转矩，向外输出______。

引导问题 2　曲柄连杆机构由什么零部件组成？

（1）曲柄连杆机构由______、______和______等组成。

（2）机体组主要由______、______、________、______、____、____等组成，如图 4—1 所示。

（3）活塞连杆组主要由____、______、______和____等部件组成。

（4）曲轴飞轮组主要由________、________、______________、________及____________等组成。

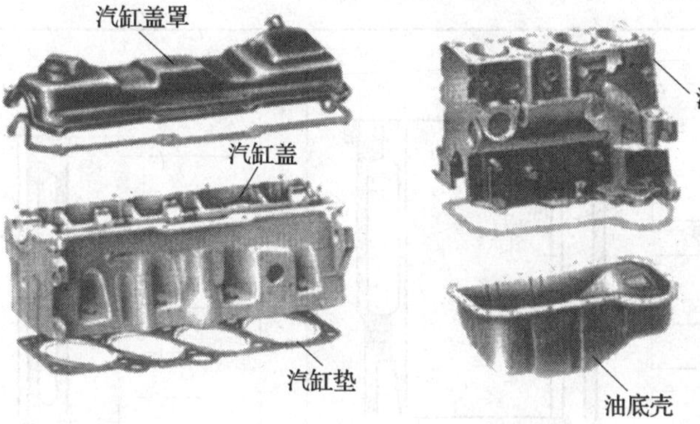

图 4—1　机体组

引导问题 3　汽缸体的类型有哪些种类？其布置如何？

（1）汽缸体的结构类型。在表中列出发动机的类型及汽缸的排列顺序。

发动机结构类型			
汽缸编号	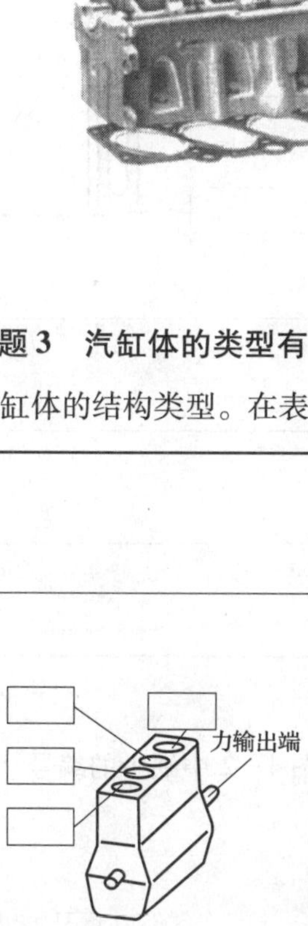	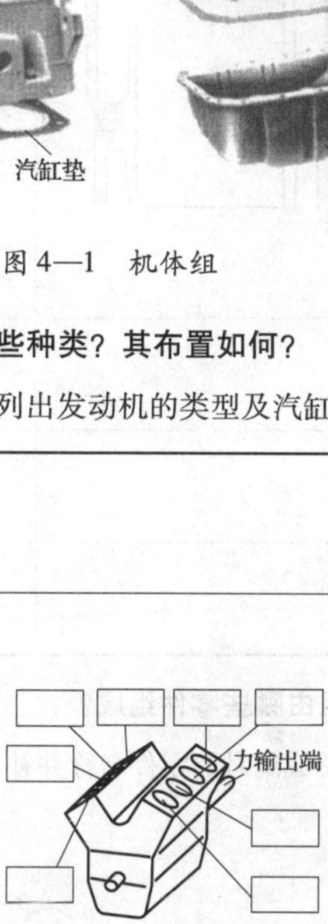	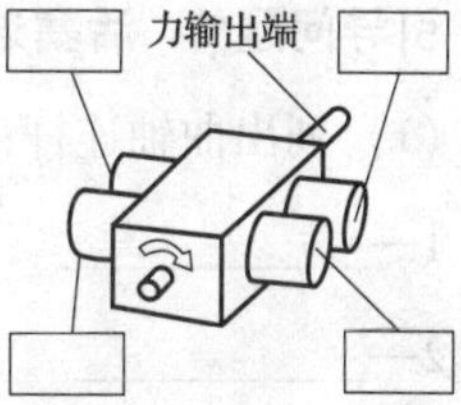

（2）汽缸的结构类型。请填写下表。

汽缸结构类型			
冷却方式			
结构形式			

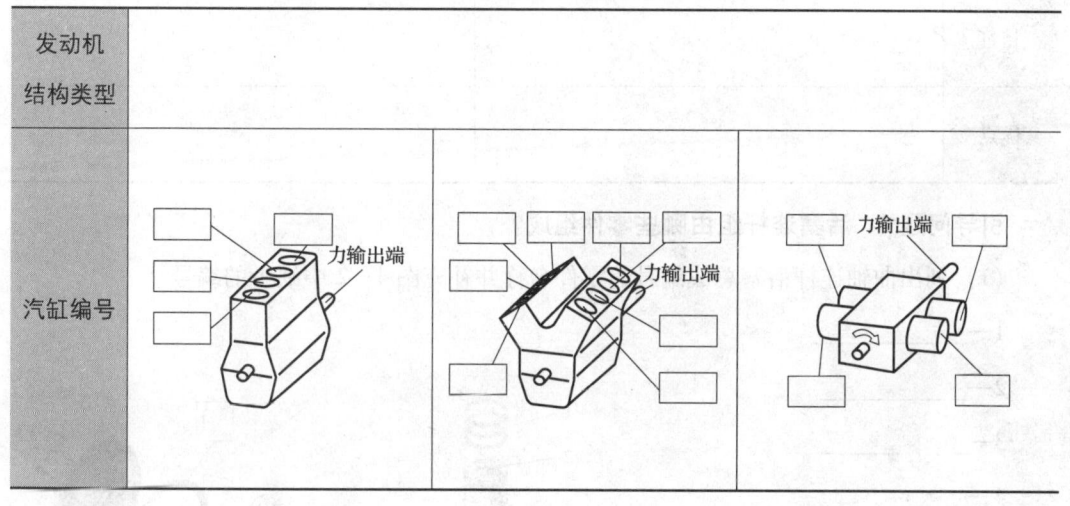

（3）说出汽缸套的名称、汽缸套的特征和优点，补充在图中。

汽缸套	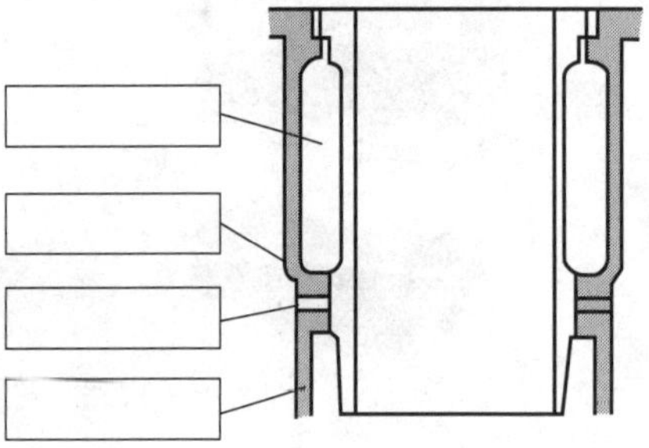	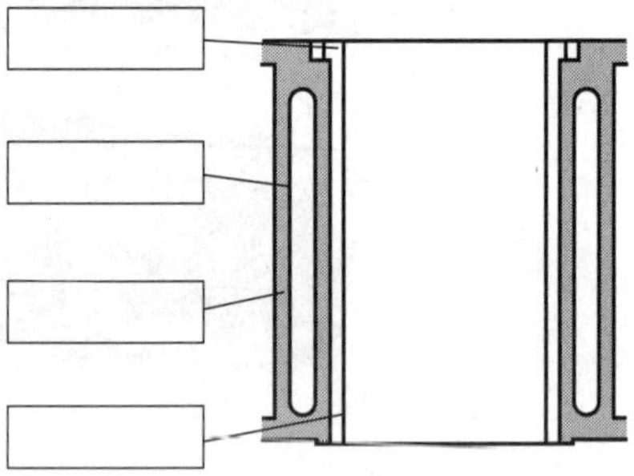
类型		
特征		
优点		

引导问题 4　活塞连杆组由哪些零件组成？

（1）列出曲轴连杆活塞总成编号的零件名称并补充图 4—2 中缺少的编号。

1—__________

2—__________

3—__________

4—__________

5—连杆轴承

6—__________

7—__________

8—曲轴油封

9—__________

10—__________

11—主轴承盖螺栓

12—齿圈

13—带轮

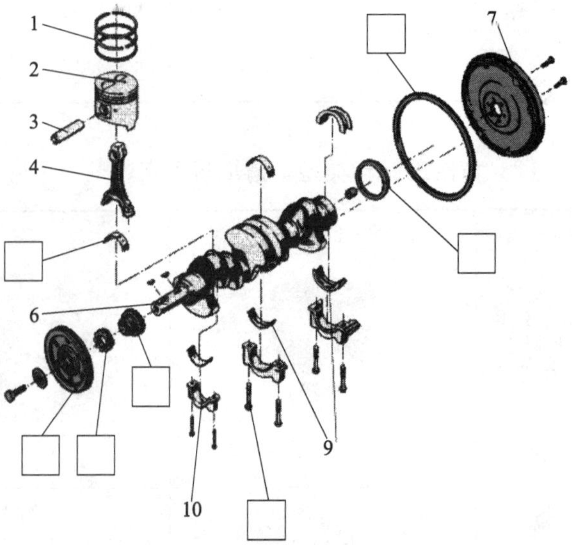

图 4—2　曲轴连杆活塞总成

14—机油泵驱动齿轮

15—正时链轮

（2）列出连杆组编号的零件名称并补充图 4—3 中缺少的编号。

1—__________

2—__________

3—__________

4—__________

5—连杆轴承

6—断面

7—油孔

8—轴承套

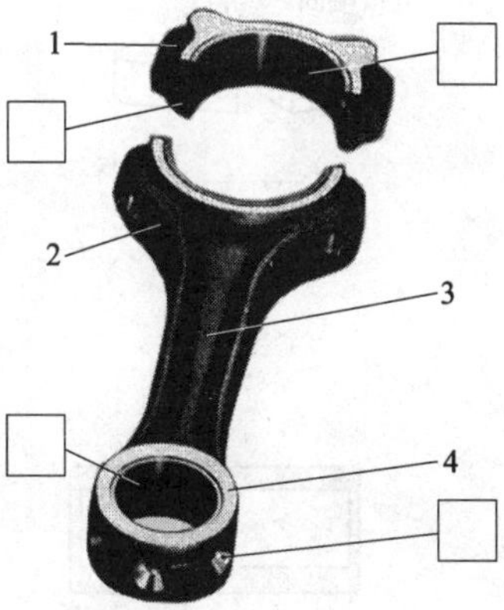

图 4—3　连杆组

（3）列出活塞、活塞环、活塞销的结构，分别完成如图 4—4 ~ 图 4—7 所示的内容。

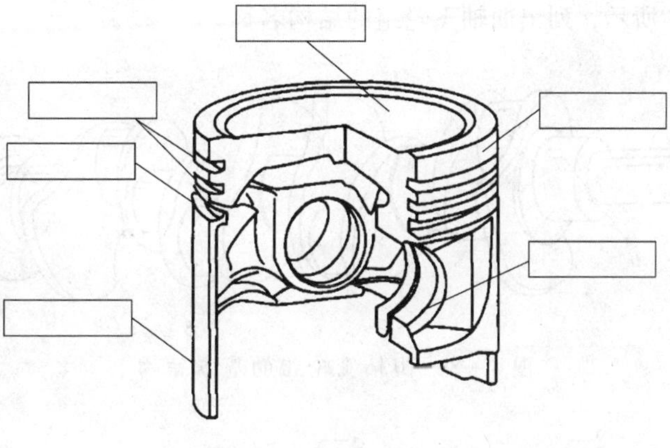

图 4—4　活塞的基本构造

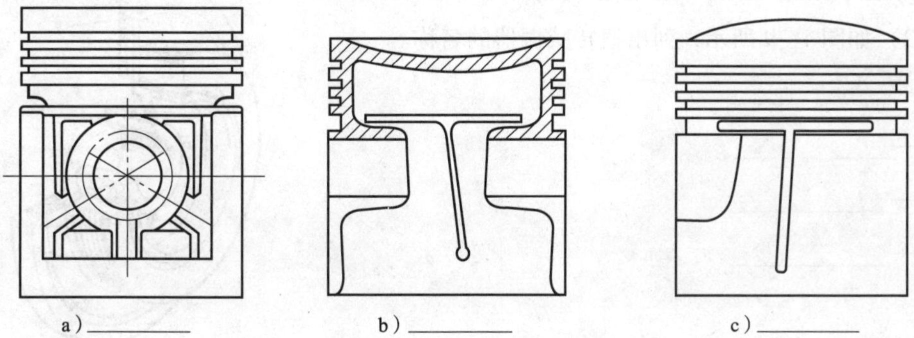

图 4—5　活塞顶的形状

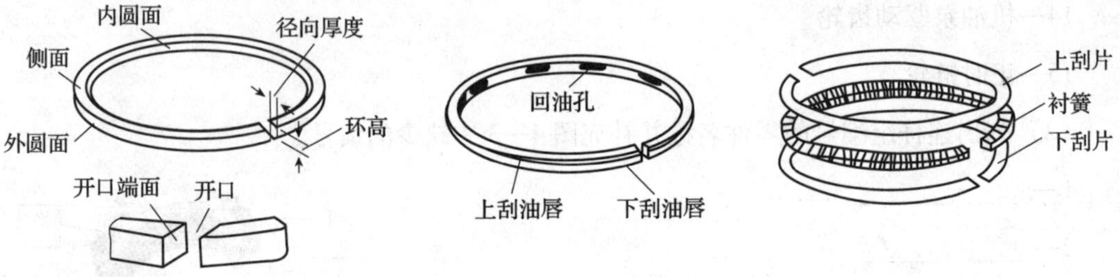

a）________ b）________ c）________

图 4—6 活塞环的结构

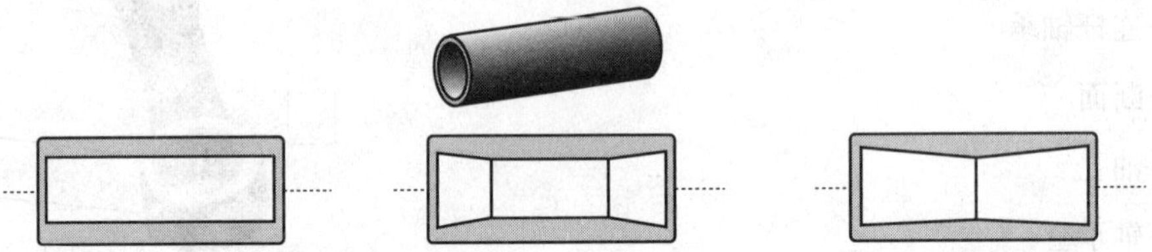

a）________ b）________ c）________

图 4—7 活塞销的结构

引导问题 5 曲轴由什么部分组成?

(1) 如图 4—8 所示，列出曲轴飞轮组的结构名称。

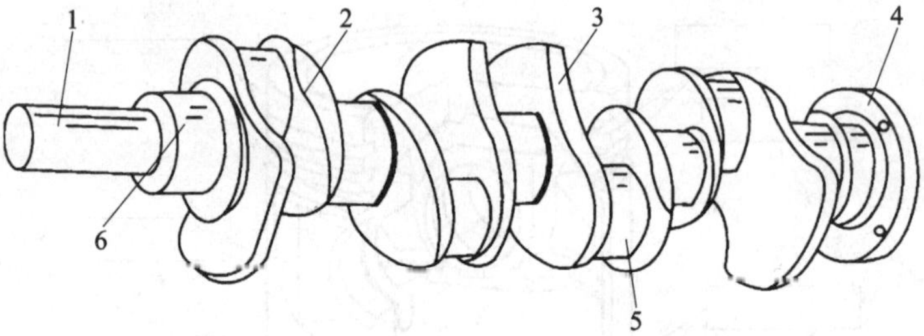

图 4—8 曲轴飞轮组的基本结构

1—____________ 2—____________ 3—____________

4—____________ 5—____________ 6—____________

(2) 如图 4—9 所示，列出扭转减振器的名称。

1—____________

2—____________

3—____________

4—____________

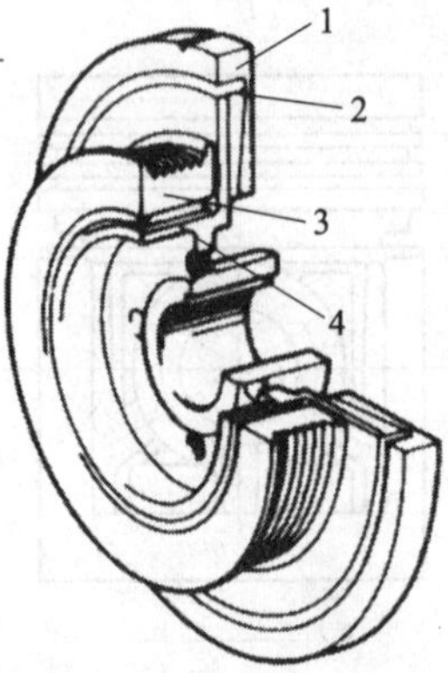

图 4—9 扭转减振器的基本结构

三、 任务实施

（一）分解曲柄连杆机构

步骤 1：拆卸 1 号通风箱。

（1）拆下____个螺栓和____个螺母（见图 4—10）。

（2）如图 4—11 所示，用旋具撬动 1 号通风箱和汽缸体之间的部位，拆下____号通风箱。

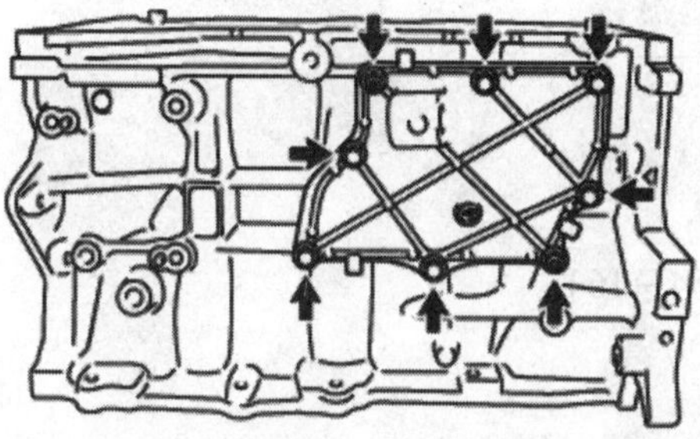

图 4—10

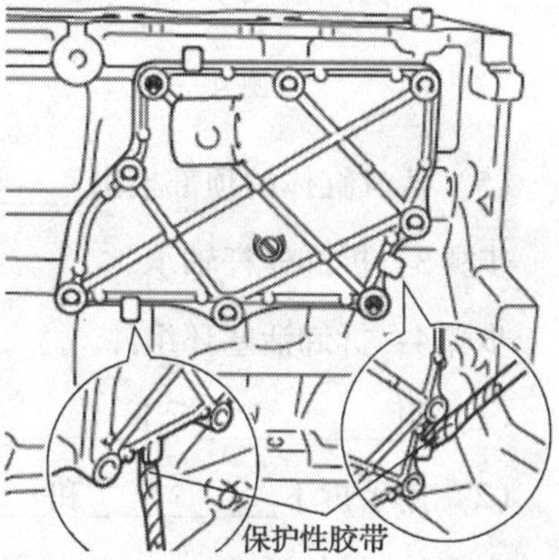

图 4—11

步骤 2：拆卸带连杆的活塞分总成。

（1）用铰刀去除________的所有积炭，如图 4—12 所示。

（2）检查并确认____和________的装配标记相互对准，以确保正确地重新装配（见图 4—13）。

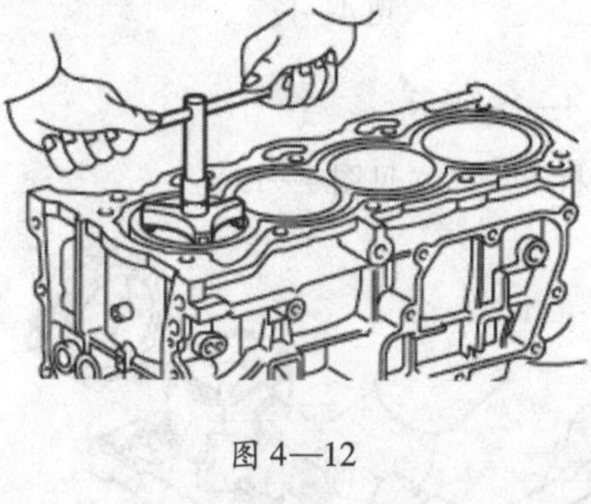

图 4—12

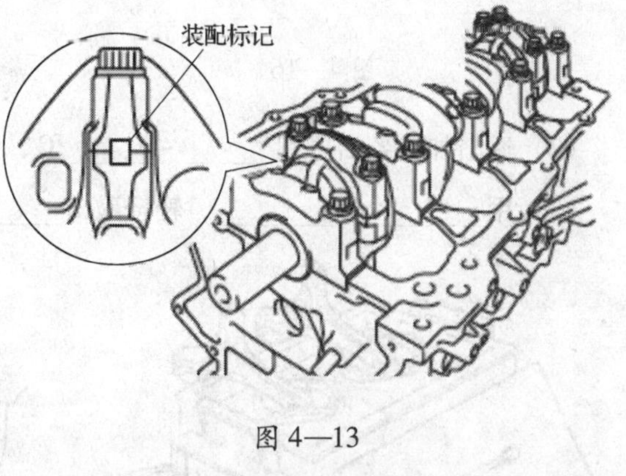

图 4—13

（3）用连杆盖螺栓拆装专业套筒 SST 均匀松开____个螺栓（见图 4—14）。

（4）用____个已拆下的连杆盖螺栓，通过左右摇动连杆盖拆下连杆盖和下轴承（见图 4—15）。

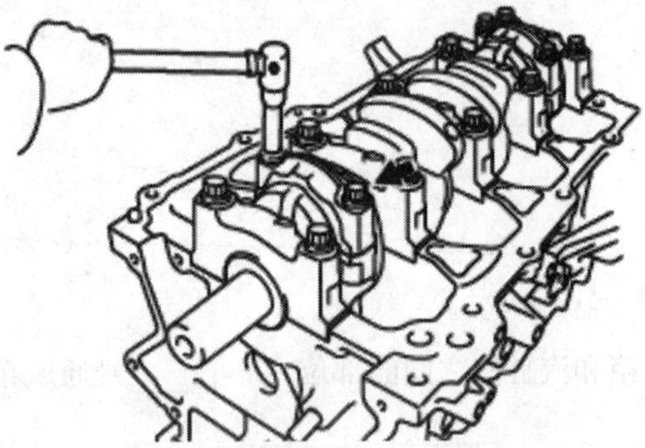

图 4—14

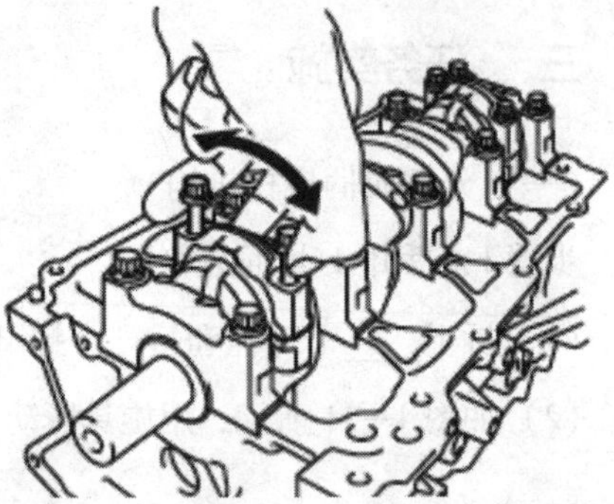

图 4—15

（5）从汽缸体的顶部推出______、________和______。

步骤 3：拆卸连杆轴承。

步骤 4：拆卸活塞环组件。

（1）用__________拆下______个压缩环（见图 4—16）。

（2）用手拆下__________和____________。

步骤 5：拆卸活塞。

（1）使用旋具撬出______个卡环，如图 4—17 所示。

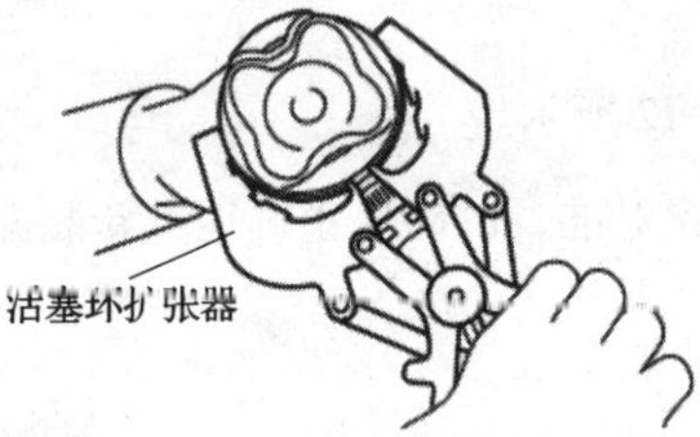

图 4—16

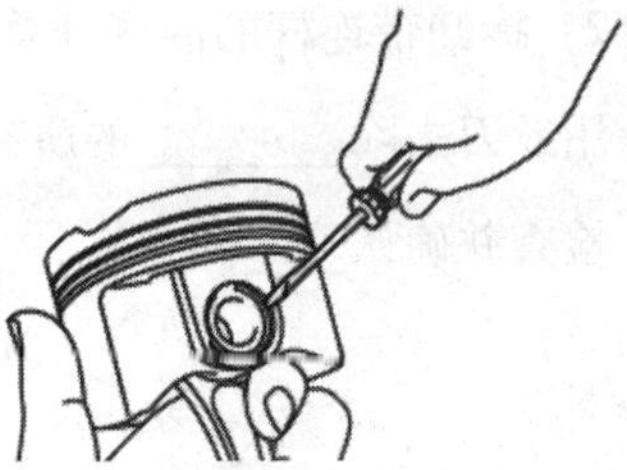

图 4—17

（2）逐渐加热各活塞到______ ~ ______℃，如图 4—18 所示。

（3）用________和________，轻轻敲出______并拆下____（见图 4—19）。

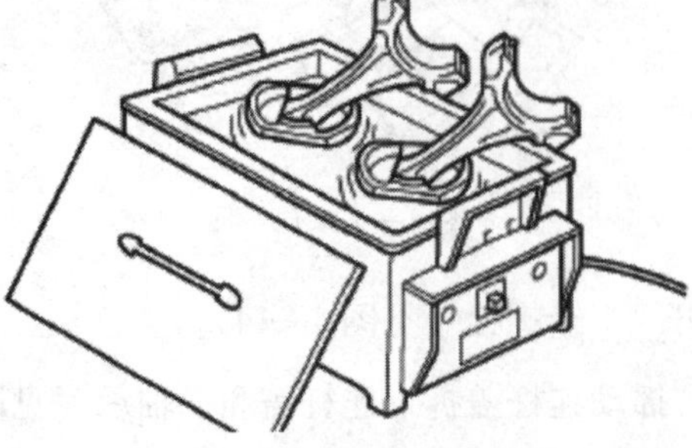

图 4—18

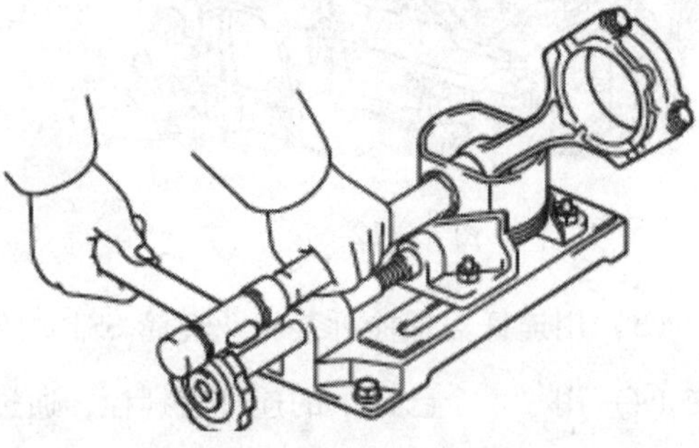

图 4—19

步骤6：拆卸曲轴。

（1）按图4—20所示顺序，均匀地拧松并拆下______个主轴承盖螺栓。

（2）用____个已拆下的主轴承盖螺栓拆下____个主轴承盖和____个下轴承（见图4—21）。

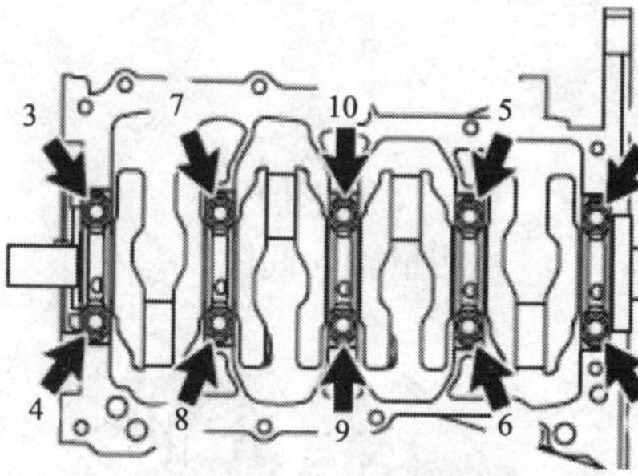

图4—20

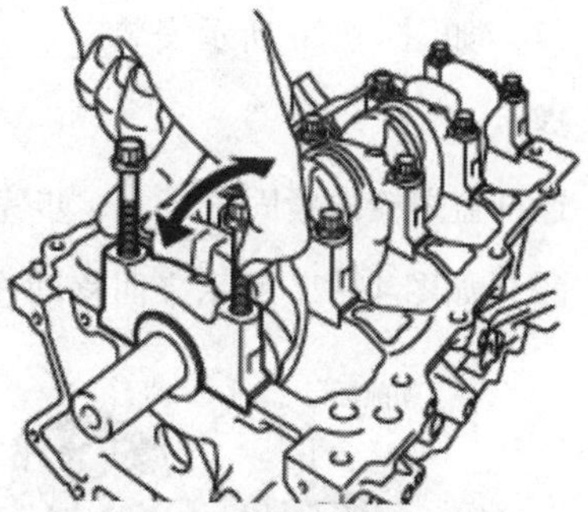

图4—21

（3）提出曲轴。

步骤7：从汽缸体上拆卸________________（见图4—22）。

步骤8：拆卸曲轴轴承。

（1）从汽缸体上拆下______个主轴承，如图4—23所示。

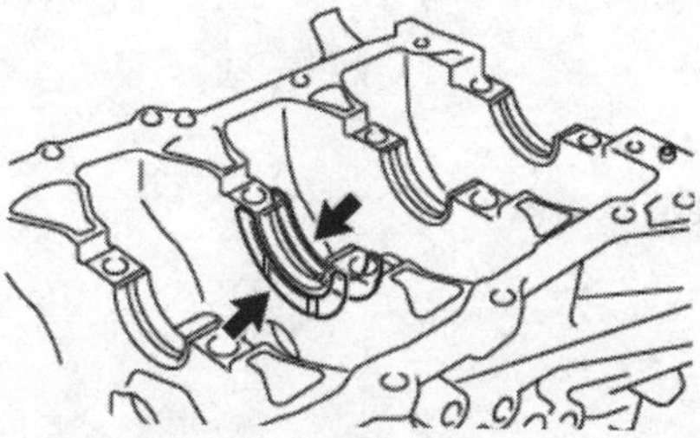

图4—22

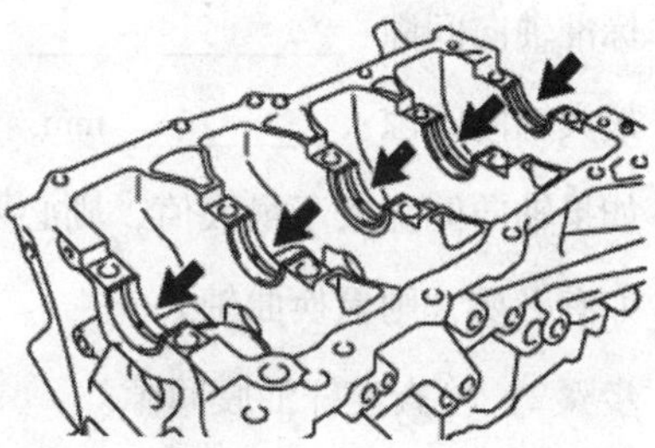

图4—23

（2）从____个主轴承盖上拆下____个下主轴承，如图4—24所示。

步骤9：用____mm六角套筒扳手拆卸螺栓和1号机油喷嘴分总成（见图4—25）。

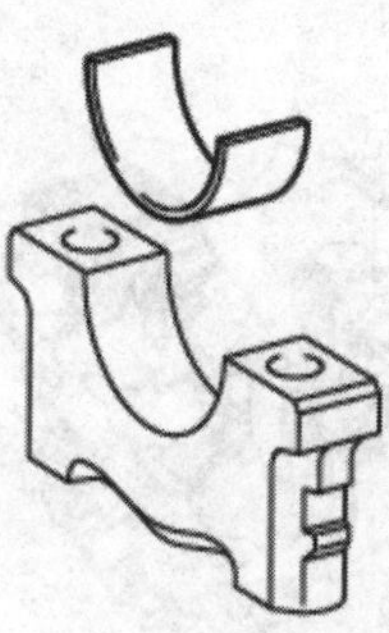

图4—24

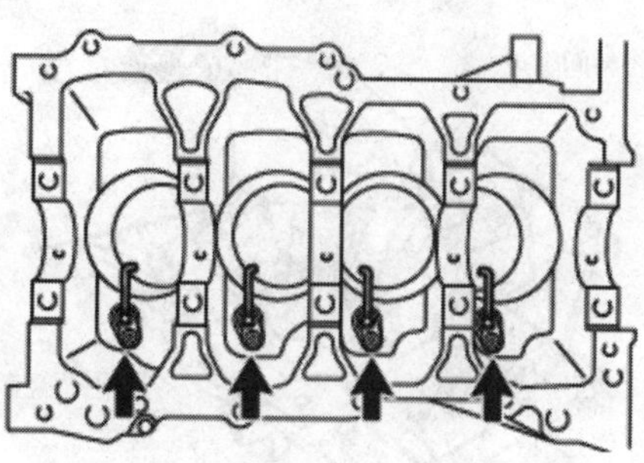

图4—25

步骤 10：清洁________。

（二）检查曲柄连杆机构零部件

步骤 1：检查连杆轴向间隙。

（1）如图 4—26 所示安装________。

提示：

连杆盖螺栓的紧固分______步完成。

（2）如图 4—27 所示来回移动连杆的同时，用__________测量轴向间隙。

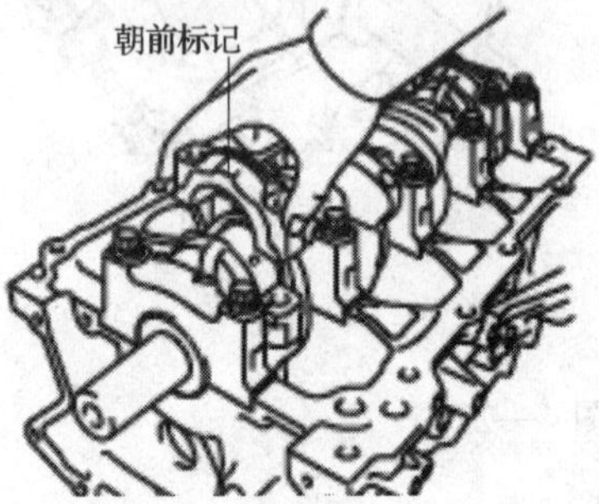

图 4—26

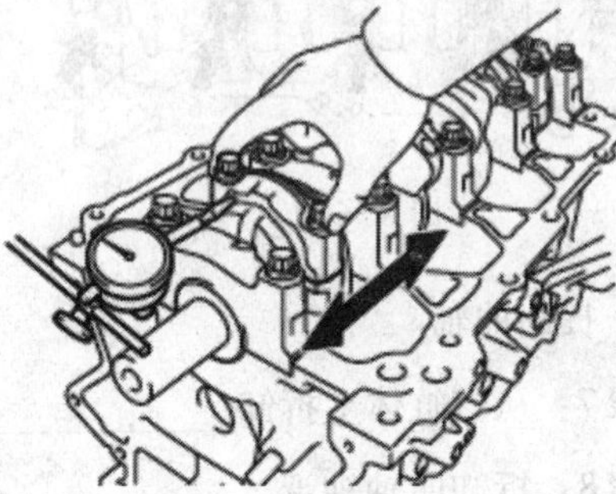

图 4—27

标准轴向间隙：________ ~ ________mm。

最大轴向间隙：__________mm。

如果轴向间隙大于最大值，则必要时更换连杆总成。

如有必要，则更换曲轴。

步骤 2：检查连杆油膜间隙。

（1）清洁________和______。

（2）检查曲柄销和轴承是否有______和______。

（3）将________摆放在曲柄销上，如图 4—28 所示。

（4）检查并确认连杆盖上的朝前标记朝______，如图 4—29 所示。

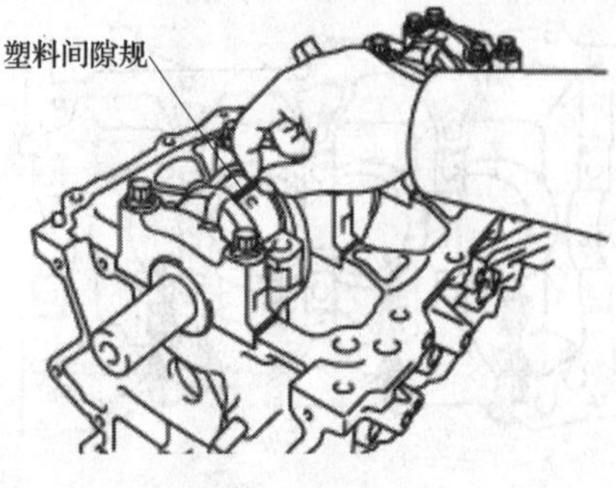

图 4—28

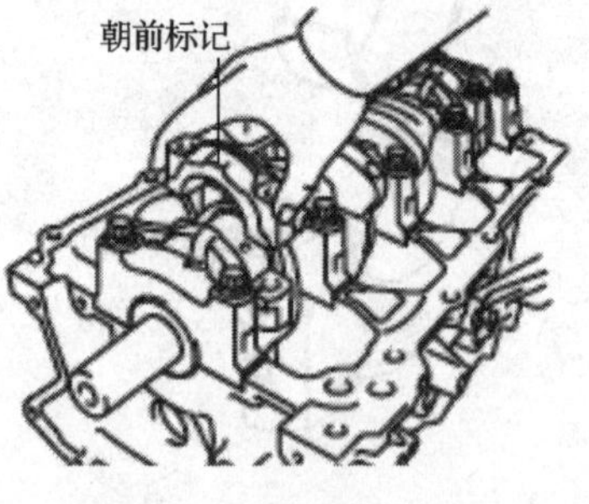

图 4—29

（5）安装__________，如图 4—30 所示。

（6）拆下____个螺栓和连杆盖。

1）用 SST 均匀松开______个螺栓。

2）用______个已拆下的连杆盖螺栓，通过左右摇动连杆盖拆下________和________。

（7）测量塑料间隙规最宽处，如图 4—31 所示。

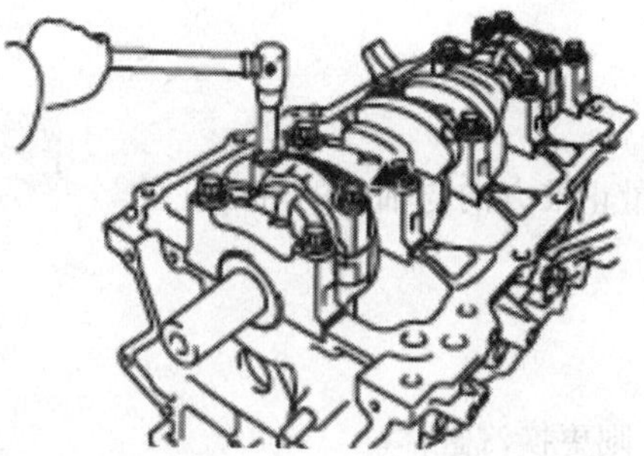

图 4—30

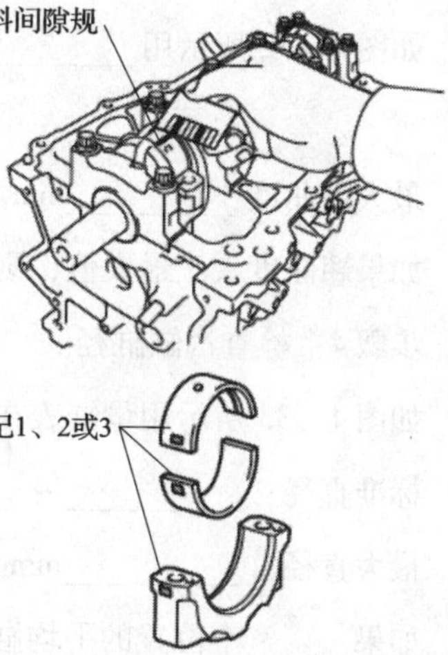

图 4—31

标准油膜间隙：__________ ~ ________mm。

最大油膜间隙：________mm。

如果油膜间隙大于最大值，则更换连杆轴承。如有必要，检查曲轴。

标准连杆大头孔径：

标记	规定状态	测量值
标记 1	~	
标记 2	~	
标记 3	~	

标准连杆轴承厚度：

标记	规定状态	测量值
标记 1	~	
标记 2	~	
标记 3	~	

标准曲柄销直径：

标记	规定状态	测量值
标记 1	~	

步骤 3：检查汽缸体的翘曲度。

如图 4—32 所示用________和______，测量______与汽缸盖衬垫接触的表面的翘曲度。

最大翘曲度：________mm。

如果翘曲度大于最大值，则更换汽缸体。

步骤 4：检查汽缸缸径。

如图 4—33 所示用量缸表在位置 *A* 和 *B* 处测量止推方向与轴向的汽缸缸径。

标准直径：__________ ~ ________mm。

最大直径：__________mm。

如果______个位置的平均缸径值大于最大值，则更换汽缸体。

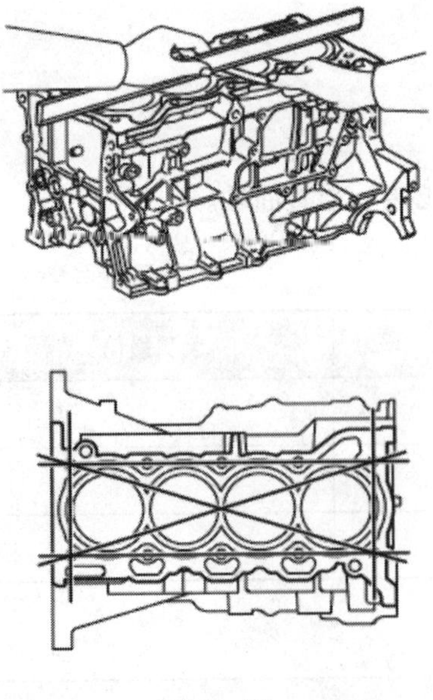

图 4—32

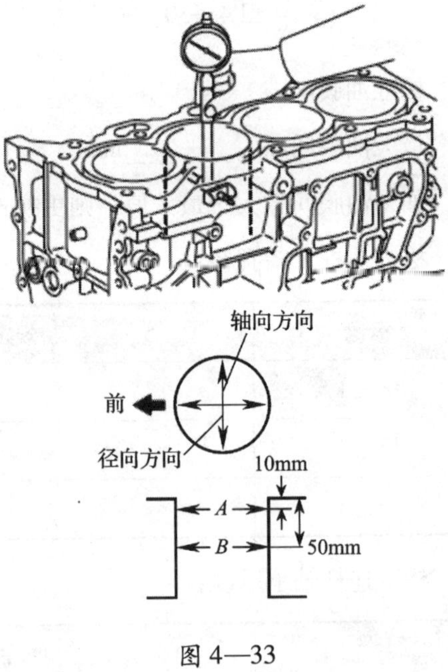

图 4—33

步骤 5：检查活塞。

（1）如图 4—34 所示，用________去除活塞顶部的______。

（2）如图 4—35 所示用______________或______清洁活塞环槽。

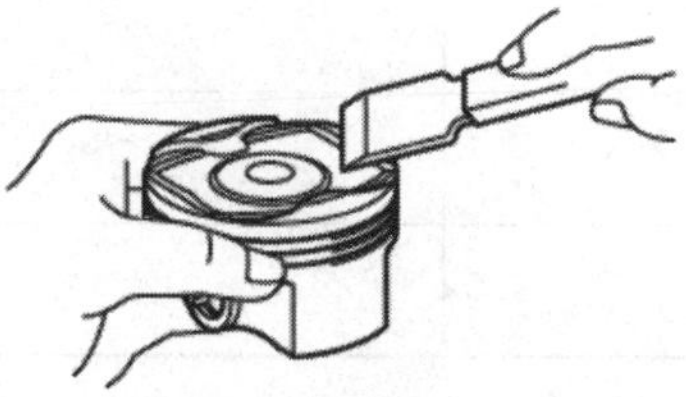

图 4—34

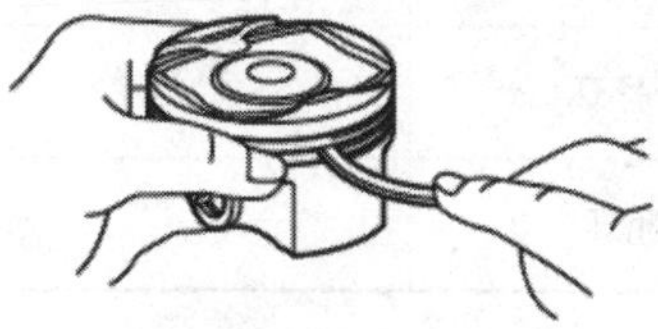

图 4—35

（3）如图 4—36 用________和________彻底清洁活塞。

提示：

不要使用钢丝刷。

（4）如图 4—37 所示在距活塞顶部______mm 处，用螺旋测微器测量与活塞销孔成直角的活塞直径。

标准活塞直径：________ ~ ________mm。

如果直径不符合规定，则更换活塞。

步骤 6：检查活塞油膜间隙。

用_________测量值减去________测量值为油膜间隙。

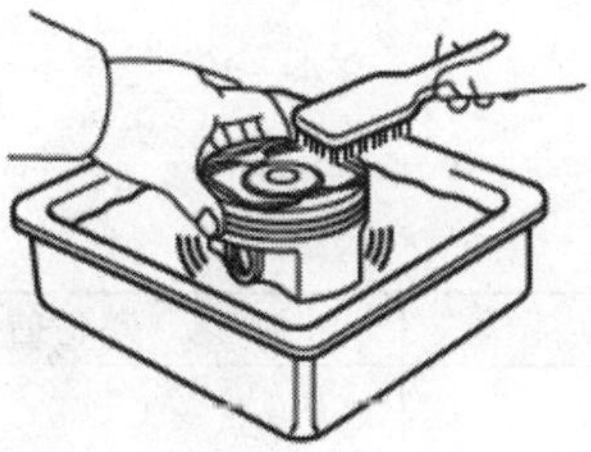

图 4—36

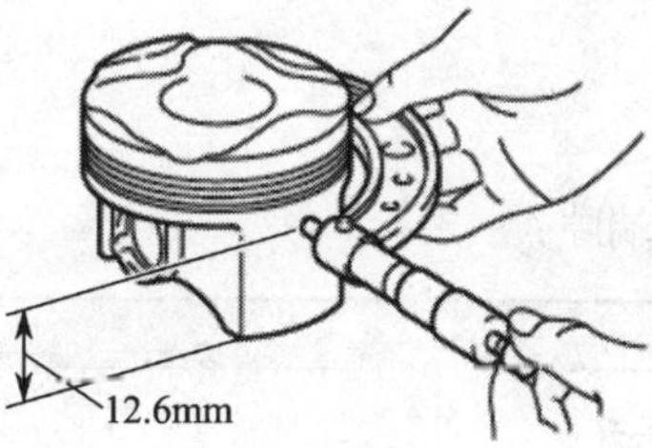

图 4—37

标准油膜间隙：________ ~ ________mm。

最大油膜间隙：________mm。

如果油膜间隙大于最大值，则更换所有活塞。如有必要，更换汽缸体。

步骤 7：检查环槽间隙。

如图 4—38 所示使用测隙规测量___________和________间的间隙。

标准环槽间隙：

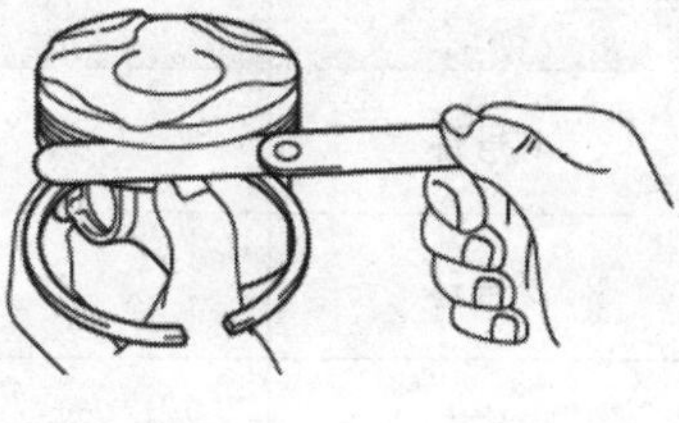

图 4—38

标记	规定状态	测量值
1 号环	~	
2 号环	~	
油环	~	

如果环槽间隙不符合规定，则更换活塞。

步骤 8：检查活塞环端隙。

（1）用活塞从汽缸体的顶部将活塞环推至活塞环塞环底部，使其行程超过____mm，如图 4—39 所示。

（2）如图 4—40 所示用__________测量端隙。

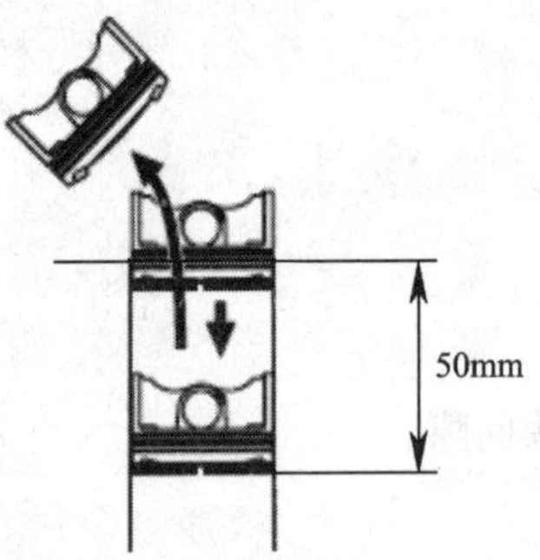

图 4—39

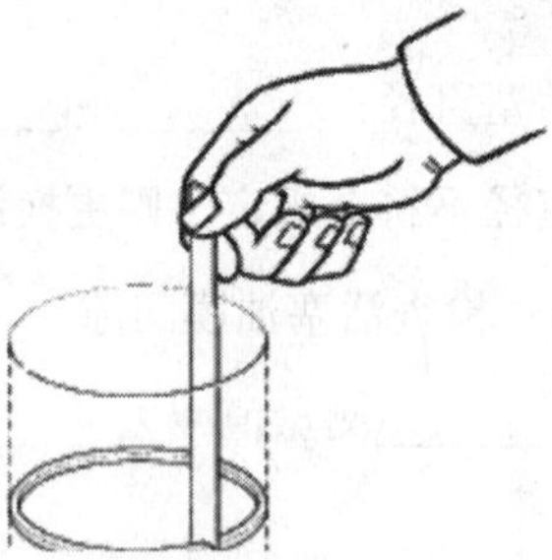

图 4—40

标准端隙：

标记	规定状态	测量值
1 号环	~	
2 号环	~	
油环	~	

最大端隙：

标记	规定状态	测量值
1 号环	~	
2 号环	~	
油环	~	

如果端隙大于最大值，则更换活塞环。换上新的活塞环后，如果端隙仍大于最大值，则更换汽缸体。

步骤 9：检查活塞销油膜间隙。

（1）如图 4—41 所示，用测径规分三段测量活塞销孔径。

标准活塞销孔径见下表：__________ ~ __________mm。

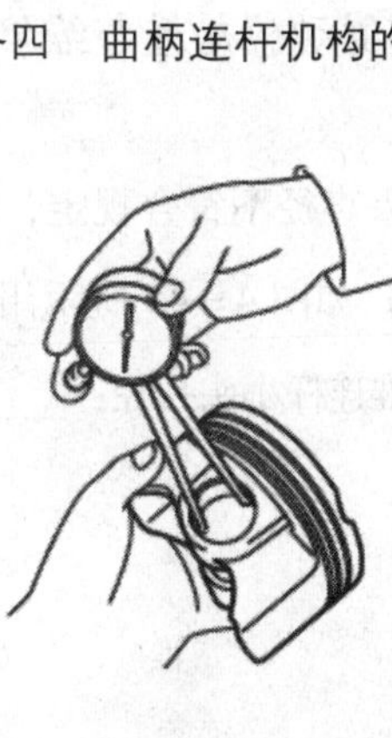

图 4—41

标记	规定状态	测量值
A	~	
B	~	
C	~	

如果直径不符合规定，则更换活塞。

（2）如图 4—42 所示，用螺旋测微器测量活塞销直径。

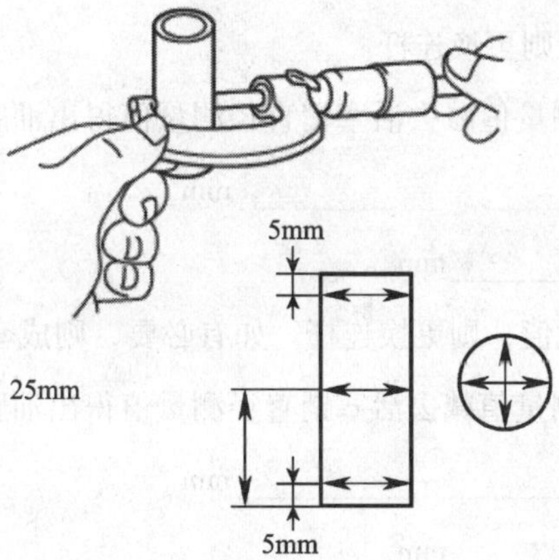

图 4—42

标准活塞销直径见下表：__________ ~ __________mm。

标记	规定状态	测量值
A	~	
B	~	
C	~	

如果直径不符合规定，则更换活塞销。

(3) 如图 4—43 所示用测径规测量连杆小头孔径。

标准连杆小头孔径：__________ ~ __________mm

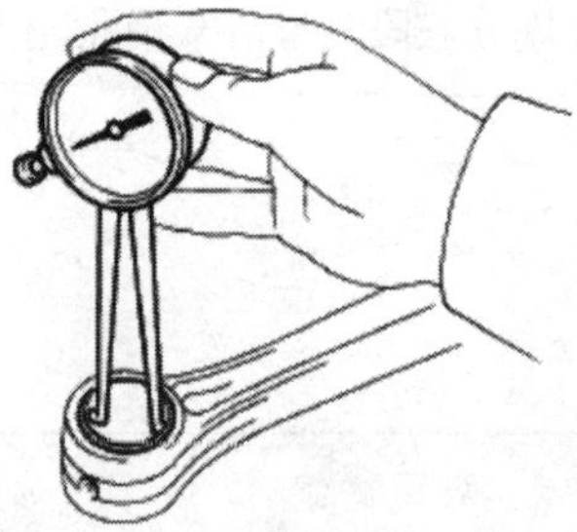

图 4—43

标记	规定状态	测量值
A	~	
B	~	
C	~	

如果直径不符合规定，则更换连杆。

(4) 用活塞销孔直径测量值减去活塞销直径测量值得出油膜间隙。

标准油膜间隙：__________ ~ __________mm。

最大油膜间隙：__________mm。

如果油膜间隙大于最大值，则更换连杆。如有必要，则成套更换活塞和活塞销。

(5) 用连杆小头孔径测量值减去活塞销直径测量值得出油膜间隙。

标准油膜间隙：__________ ~ __________mm。

最大油膜间隙：__________mm。

如果油膜间隙大于最大值，则更换连杆。如有必要，则成套更换连杆和活塞销。

步骤 10：检查连杆螺栓。

如图 4—44 所示，用游标卡尺测量螺栓受力部分的直径。

标准直径：________ ~ ______mm。

最小直径：________mm。

如果直径小于最小值，则更换连杆螺栓。

步骤 11：检查连杆分总成。

如图 4—45 所示，用连杆校准器和测隙规检查连杆弯曲度。

（1）检查偏差。最大偏差：________ ~ ______mm。

如果偏差大于最大值，则更换连杆。

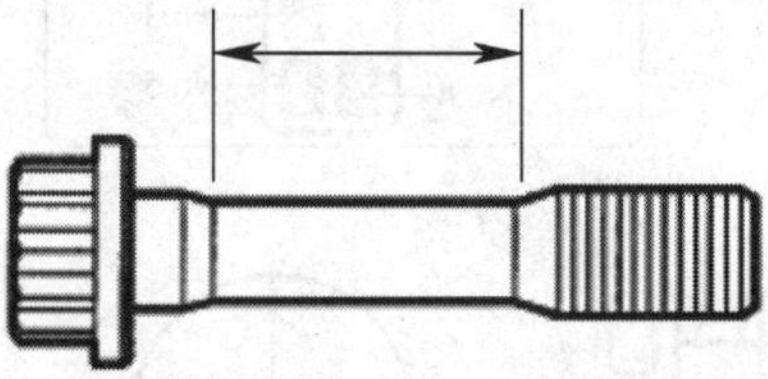

图 4—44

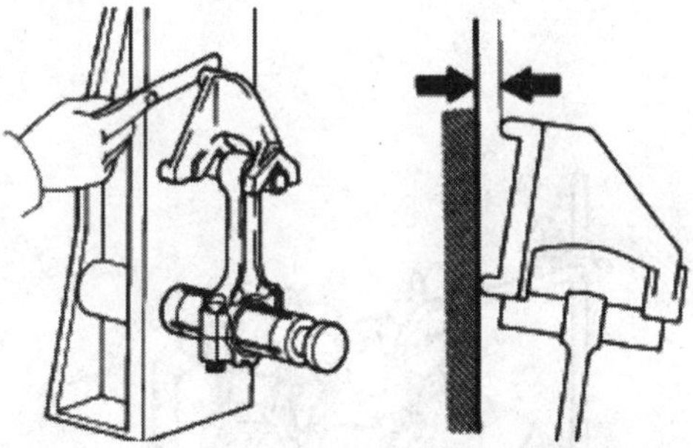

图 4—45

（2）如图 4—46 所示检查扭曲度。

最大扭曲度：________ ~ ________mm。

如果扭曲度大于最大值，则更换连杆。

步骤 12：检查曲轴。

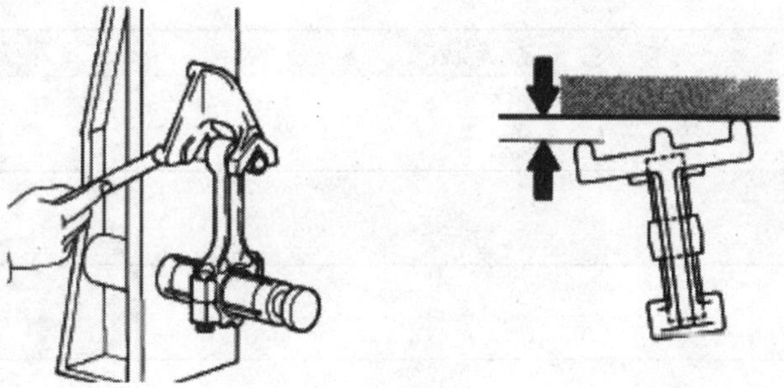

图 4—46

（1）如图 4—47 所示用百分表和 V 形块测量径向跳动值。

最大径向跳动：__________mm。

如果锥度和变形程度大于最大值，则更换曲轴。

（2）用螺旋测微器测量各主轴颈的直径。

标准直径：____________至__________mm。

如果直径不符合规定，则检查曲轴油膜间隙。

（3）如图 4—48 所示，检查各主轴颈的锥度和变形程度。

最大锥度和变形程度：____________mm。

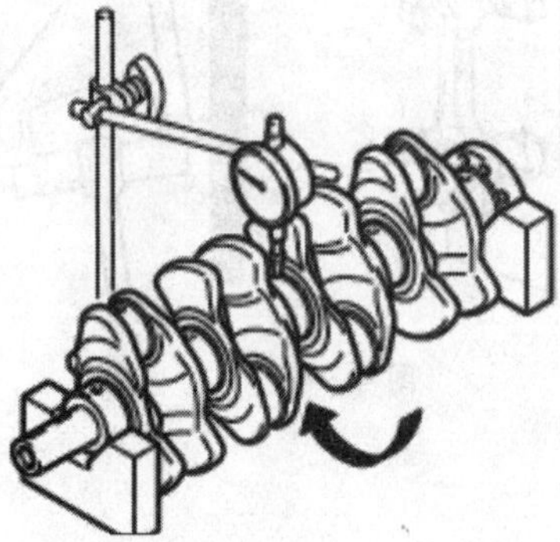

图 4—47

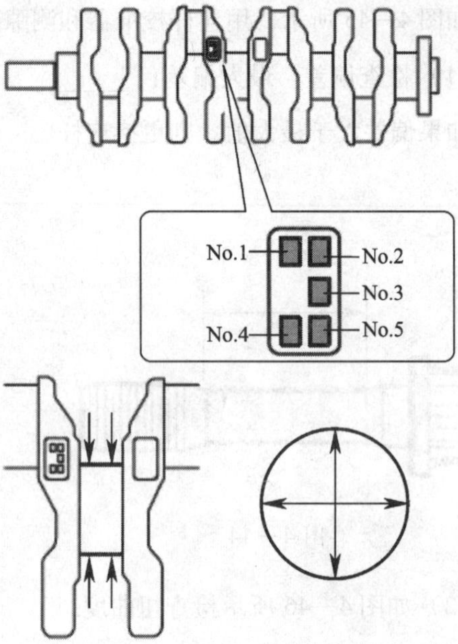

图 4—48

如果锥度和变形程度大于最大值，则更换曲轴。

标准直径（参考）与测量值：

标记	规定状态	测量值
0	~	
1	~	
2	~	
3	~	
4	~	
5	~	

（4）用螺旋测微器测量各曲柄销的直径。

标准直径：__________ ~ ________mm。

如果直径不符合规定，则检查连杆油膜间隙。

（5）如图 4—49 所示，检查各曲柄销的锥度和变形程度。

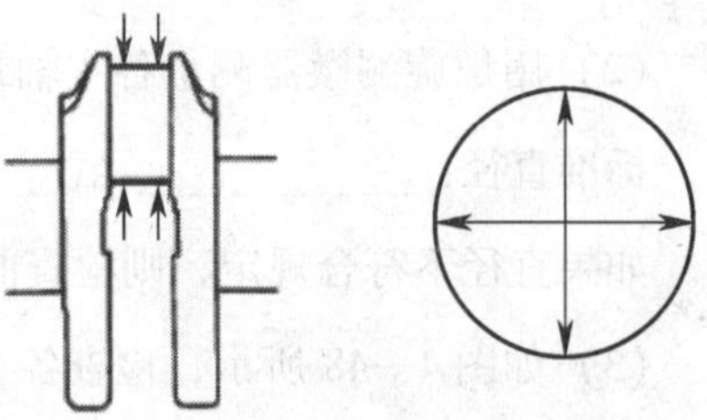

图 4—49

最大锥度和变形程度：__________mm。

如果锥度和变形程度大于最大值，则更换曲轴。

步骤 13：检查曲轴轴向间隙。

（1）安装主轴承盖。

1）在_______上涂抹发动机机油，并将_____安装到_______上。

2）在_______上涂抹发动机机油。

3）如图 4—50 所示，检查_____标记，并将_____安装到_______上。

4）在轴承盖螺栓的_____上和轴承盖螺栓下涂抹一薄层发动机机油。

5）如图 4—51 所示，暂时安装_____个主轴承盖螺栓。

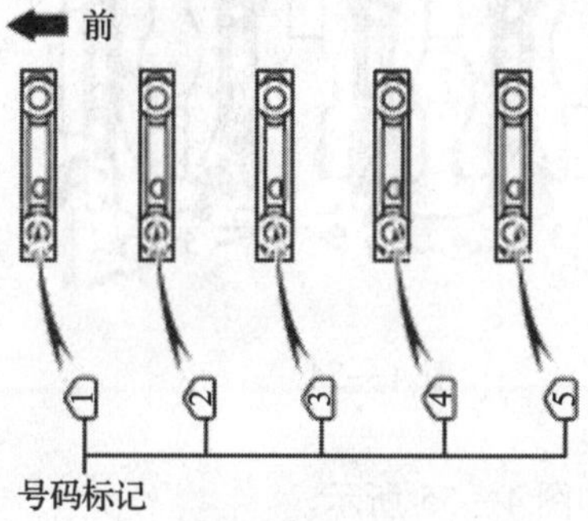

图 4—50

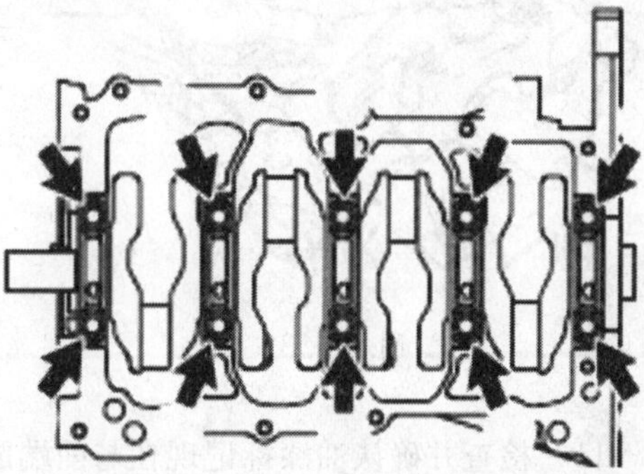

图 4—51

6）标记_____个内轴承盖螺栓并以此为导向，用手插入_______，直到主轴承盖和汽缸体间的间隙小于_____mm，如图 4—52 所示。

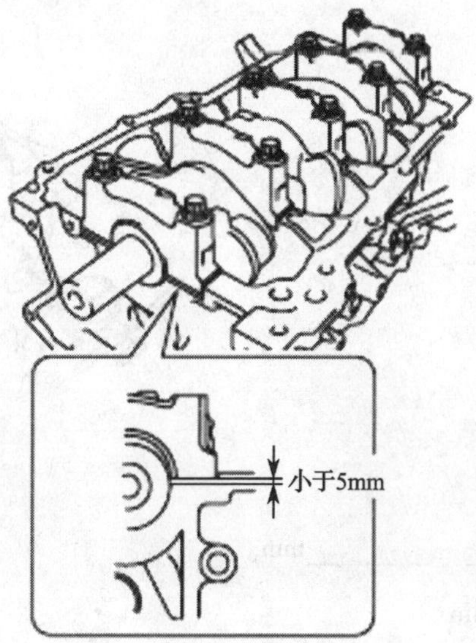

图 4—52

7）如图 4—53 所示用________轻轻敲击________以确保正确安装。

8）安装曲轴轴承盖________。

9）按如图 4—54 所示顺序，安装并均匀紧固______个主轴承盖螺栓。

扭矩：________N·m。

10）用______在轴承盖螺栓前端做标记，按前图 4—54 所示数字顺序，将轴承盖螺栓再紧固________°。

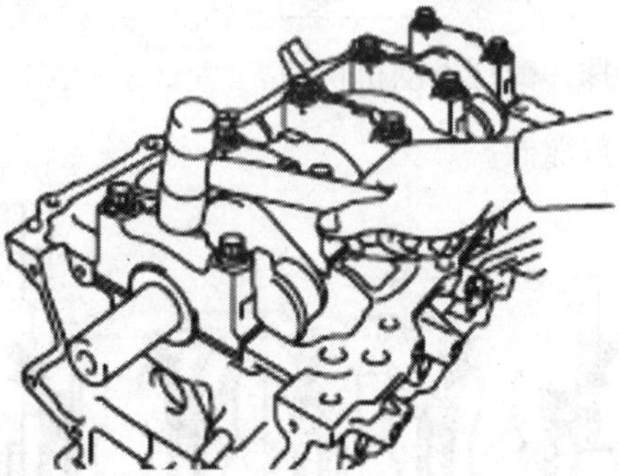

图 4—53

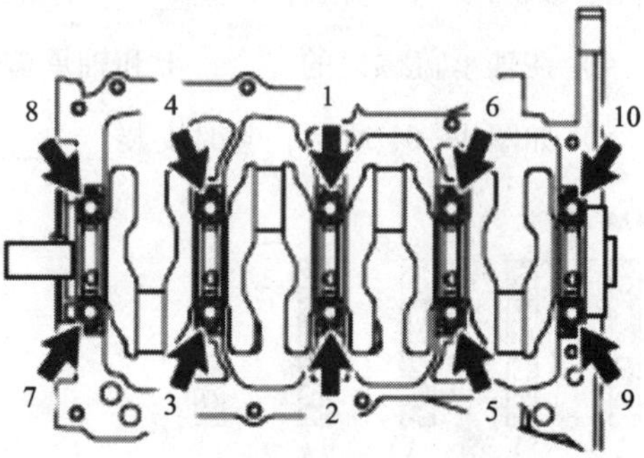

图 4—54

11）检查并确认油漆标记现在与前端成______°角，如图 4—55 所示。

12）检查并确认曲轴转动顺畅。

2. 用旋具来回撬动曲轴的同时，用百分表测量轴向间隙，如图 4—56 所示。

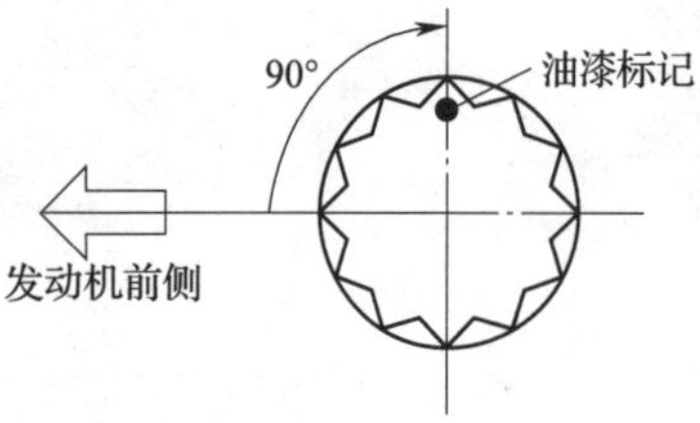

图 4—55

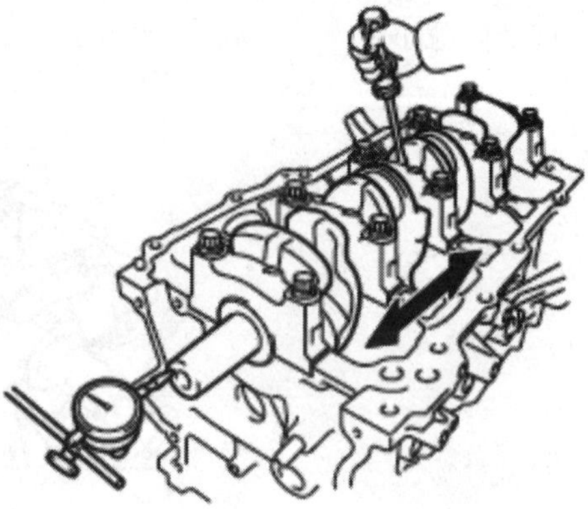

图 4—56

标准轴向间隙：________ ~ ________mm。

最大轴向间隙：______mm。

如果轴向间隙大于最大值，则成套更换止推垫圈。

提示：

止推垫圈厚度在 2.43 ～ 2.48 mm。

步骤 14：检查曲轴油膜间隙。

（1）检查曲轴轴颈和轴承是否有________和________。

（2）安装曲轴轴承。

1）安装__________（除 3 号轴颈外）。将__________的上轴承安装到汽缸体上，用________测量汽缸体边缘和上轴承边缘间的距离，如图 4—57 所示。

尺寸（A）：______ ~ ________mm。

2）安装上轴承（3 号轴颈）。将带机油槽的__________安装到汽缸体上，用________测量汽缸体边缘和上轴承边缘间的距离，如图 4—58 所示。

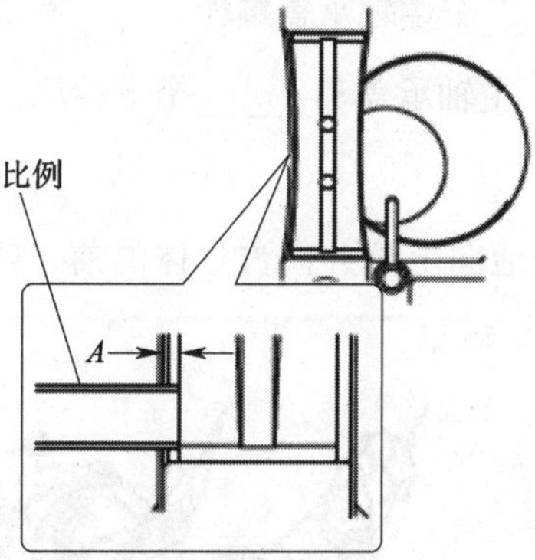

图 4—57

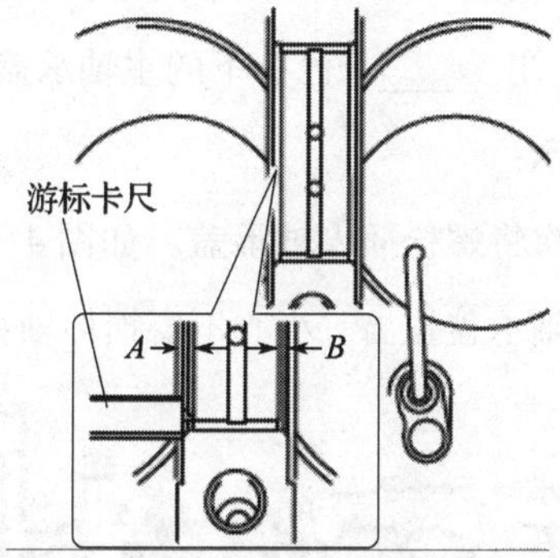

图 4—58

提示：

不要在轴承和接触表面上涂抹发动机机油。

尺寸（$A-B$）：0.7 mm 或更小。

3）安装下轴承。将下轴承安装到轴承盖上，用游标卡尺测量轴承盖边缘和________边缘间的距离，如图 4—59 所示。

尺寸（$A-B$）：__________mm 或更小。

提示：

不要在轴承和接触表面上涂抹发动机机油。

（3）将________放到________上。

（4）如图 4—60 所示，将__________摆放在各轴颈上。

（5）检查朝前标记和数字，并将____________安装到汽缸体上。

（6）安装__________。

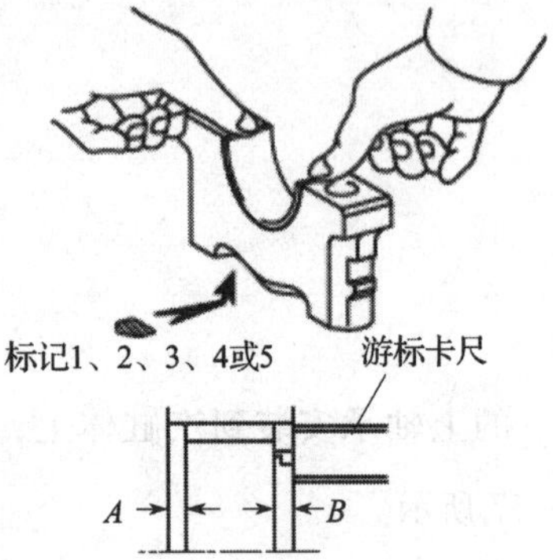

图 4—59

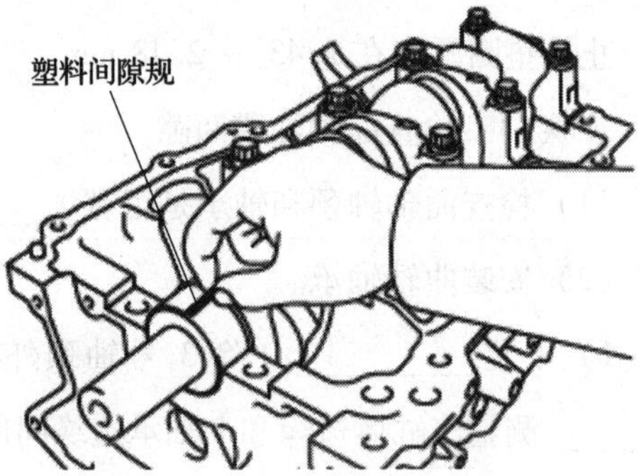

图 4—60

（7）拆下主轴承盖。

1）按图 4—61 所示顺序，均匀地拧松并拆下______个主轴承盖螺栓。

2）用______个已拆下的主轴承盖螺栓拆下____个主轴承盖和______个下轴承。

提示：

依次将螺栓插入轴承盖。如图 4—62 所示，轻轻地向上拉并向汽缸体的前、后侧施加力，将轴承盖拉出。小心不要损坏轴承盖和汽缸体的接触面。

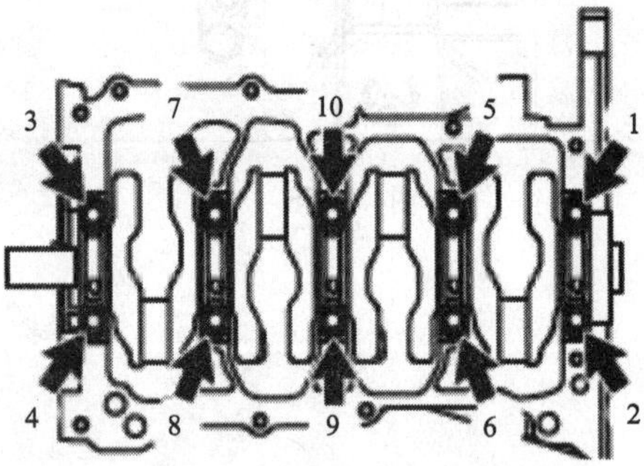

图 4—61

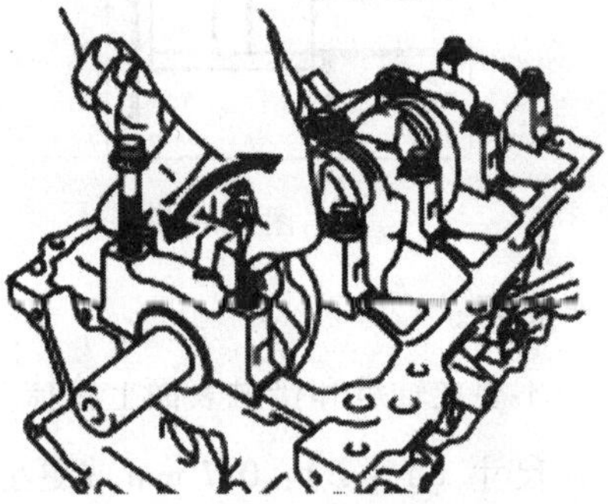
图 4—62

（8）测量塑料间隙规最宽处，如图 4—63 所示。

标准油膜间隙：________ ~ ________mm。

最大油膜间隙：________mm。

如果油膜间隙大于最大值，则更换曲轴轴承。如有必要，则更换曲轴。

步骤 15：检查汽缸盖固定螺栓。

（1）如图 4—64 所示，用游标卡尺测量螺栓________部分的直径。

标准螺栓长度：______ ~ ______mm。

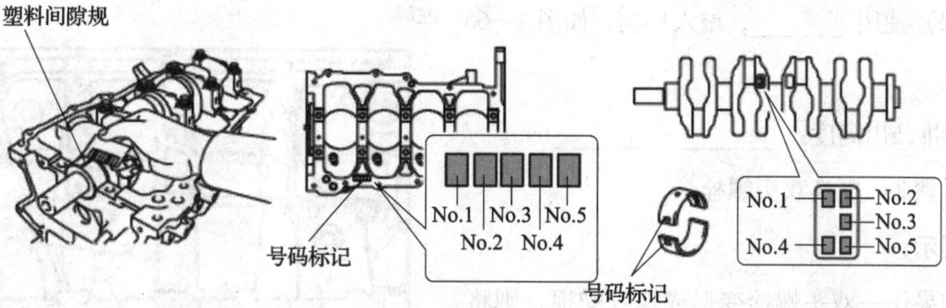

图 4—63

最大螺栓长度：________mm。

如果螺栓长度大于最大值，则更换螺栓。

（2）如图 4—65 所示，用________在测量点测量细长螺纹的最小直径。

标准外径：__________ ~ ________mm。

最小外径：________mm。

如果直径小于最小值，则更换螺栓。

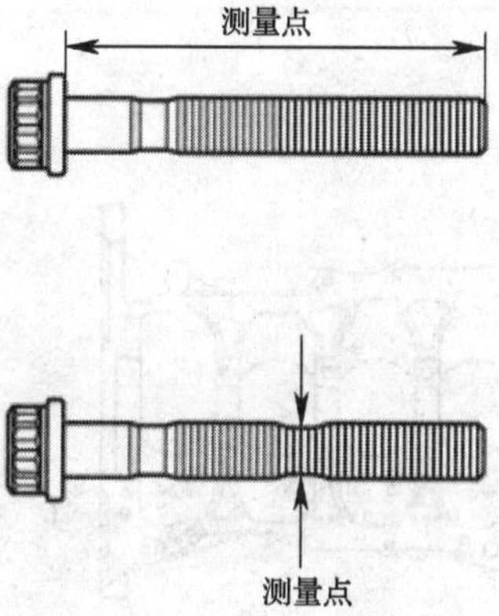

图 4—64

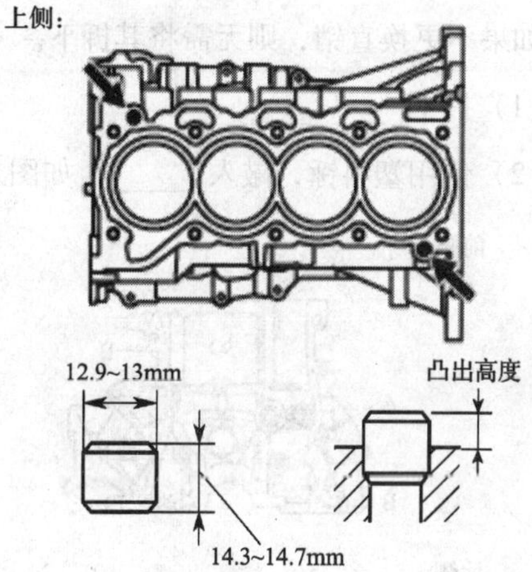

图 4—65

步骤 16：检查 1 号机油喷嘴分总成。

检查机油喷嘴是否________或________。如果出现损坏或阻塞，则更换机油喷嘴。

（三）更换曲柄连杆机构部分零件

步骤 1：更换环销。

提示：

如果不更换环销，则无需将其拆下。

（1）拆下环销。

（2）使用________，敲入环销，如图 4—66 所示。

标准凸出高度：________ ~ ________mm。

步骤 2：更换双头螺栓。

提示：

如果任一双头螺栓变形或螺纹受损，则将其更换。

（1）拆下双头螺栓。

（2）如图 4—65 所示，用“TORX”梅花套筒______安装双头螺栓。

扭矩：________N · m。

步骤 3：更换________。

提示：

如果不更换直销，则无需将其拆下。

（1）拆下________。

（2）使用塑料锤，敲入______，如图 4—67 所示。

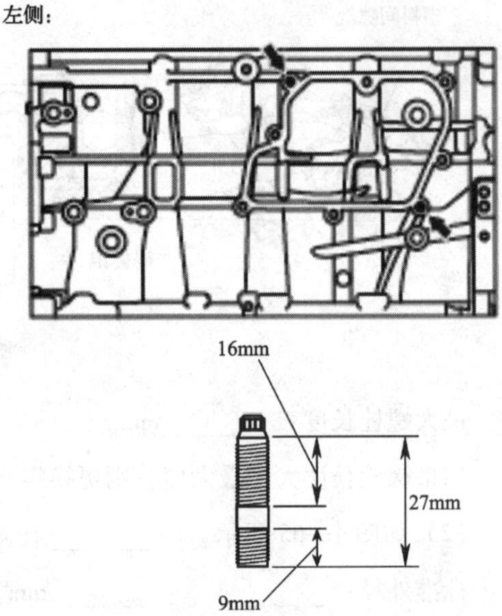

图 4—66

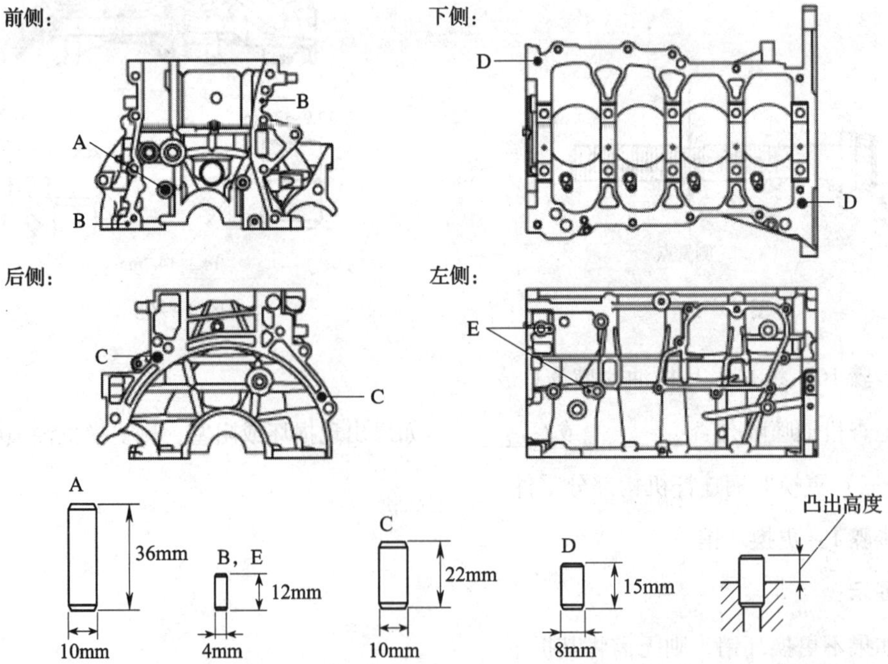

图 4—67

标准凸出高度：

项目	标准凸出高度	测量值
销 A	~	
销 B	~	
销 C	~	
销 D	~	
销 E	~	

（四）重新装配曲柄连杆机构

步骤 1：安装 1 号机油喷嘴分总成。

如图 4—68 所示，用______mm 六角套筒扳手和螺栓安装__________。

扭矩：________N · m。

步骤 2：安装活塞。

（1）如图 4—69 所示，用旋具将________安装到__________的一端。

（2）逐渐加热活塞到约______ ~ ________℃。

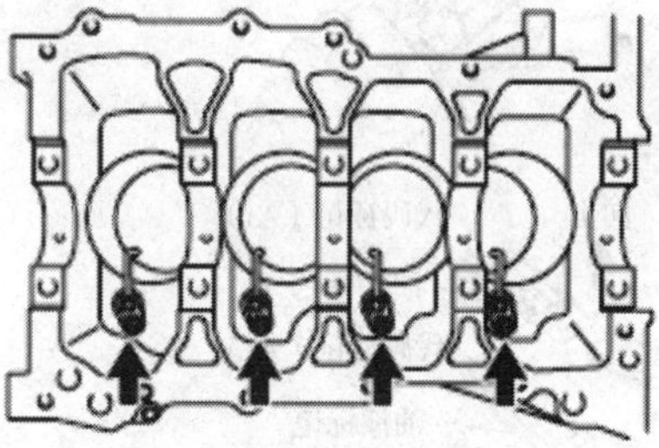

图 4—68

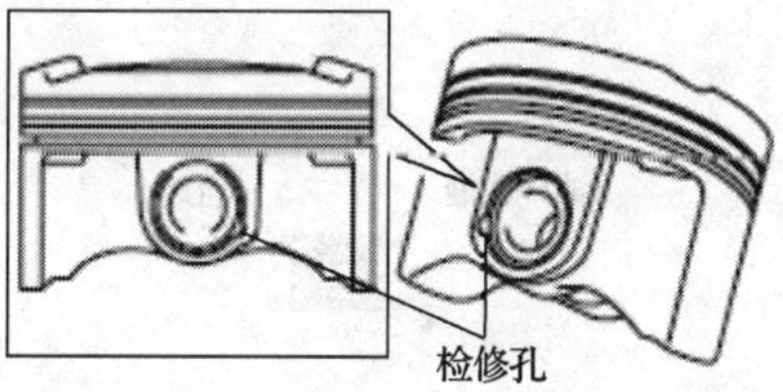

图 4—69

（3）如图 4—70 所示，对准活塞和连杆上的朝______标记，并用______推入活塞。

（4）使用________在活塞销孔的另一端安装一个新卡环。

（5）如图 4—71 所示，在活塞销上来回移动______，检查______和______间的安装情况。

步骤 3：安装活塞环组件。

（1）如图 4—72 所示，用手安装________和__________。

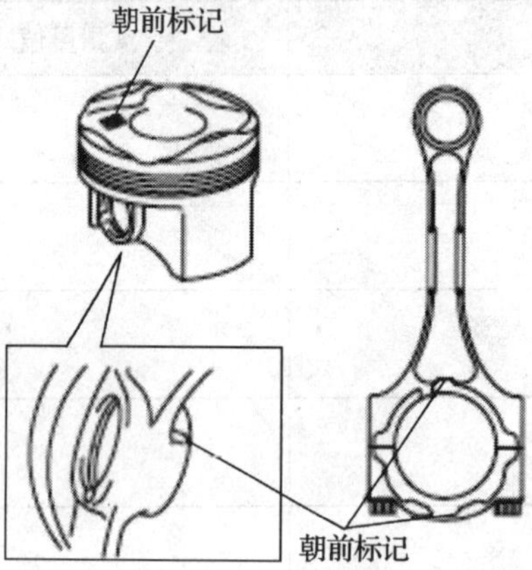

图 4—70

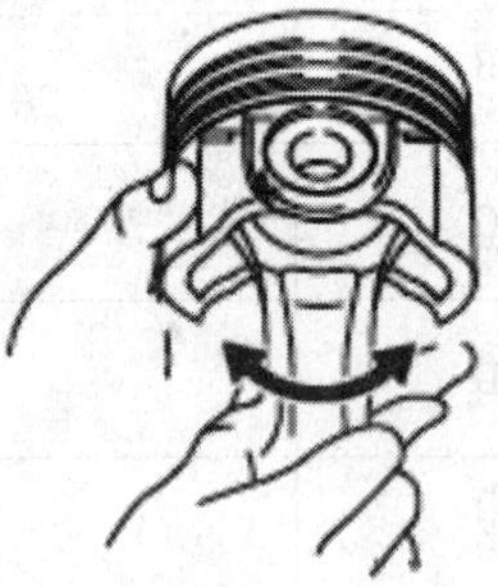

图 4—71

提示：

- 安装胀圈和油环，使其环端处于相反的两侧。
- 将胀圈牢固安装至油环的内槽。

（2）用__________安装______个压缩环，使油漆标记处于图示 4—73 位置。

图 4—72

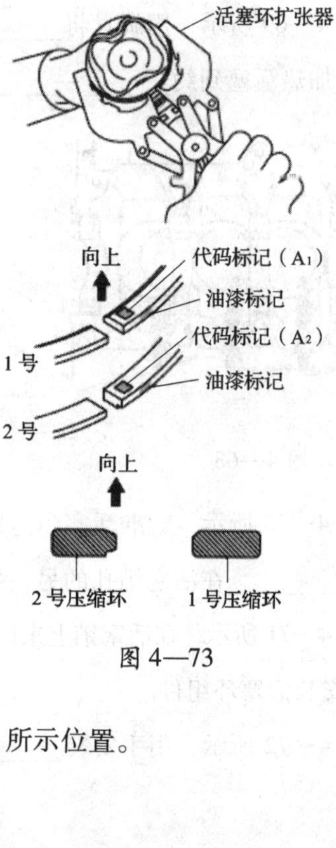

图 4—73

（3）放置活塞环以使活塞环端处于如图 4—74 所示位置。

（4）安装曲轴轴承

1）安装_________（除 3 号轴颈外）。将_________的上轴承安装到汽缸体上，如图 4—75 所示，用刻度尺测量汽缸体边缘和上轴承边缘间的距离。

尺寸 *A*：_______ ~ _______mm。

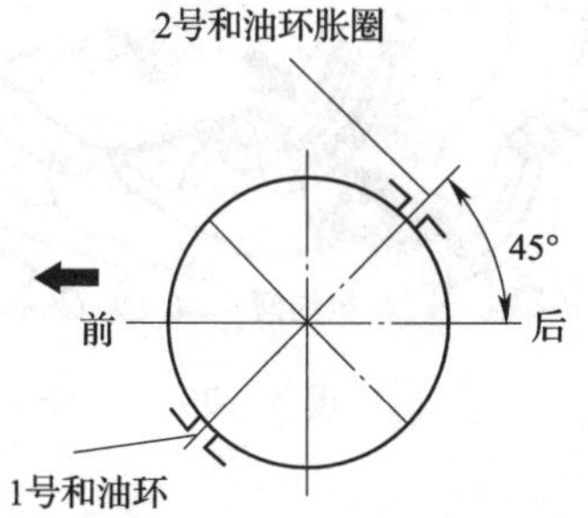

图 4—74

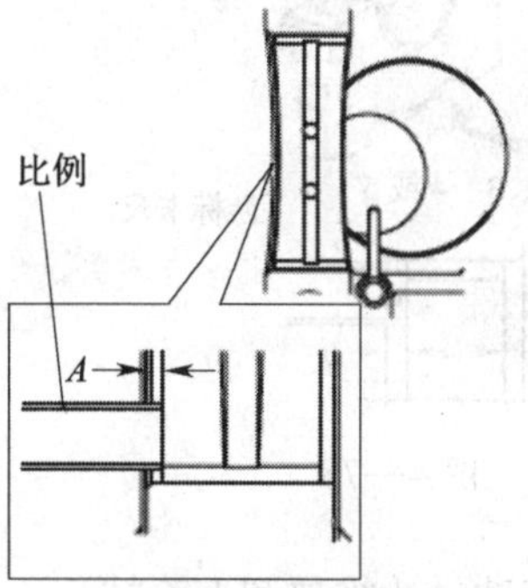

图 4—75

2）安装_________（3 号轴颈）。如图 4—76 所示，将带机油槽的_________安装到_________上。如图 4—77 所示，用游标卡尺测量汽缸体边缘和上轴承边缘间的距离。

尺寸（*A* - *B*）：_______或更小。

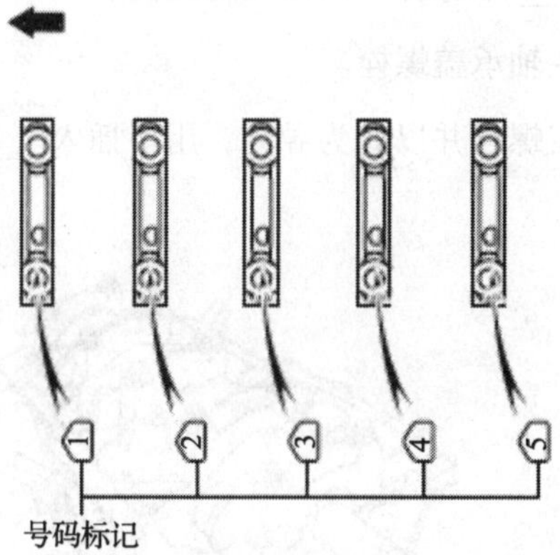

图 4—76

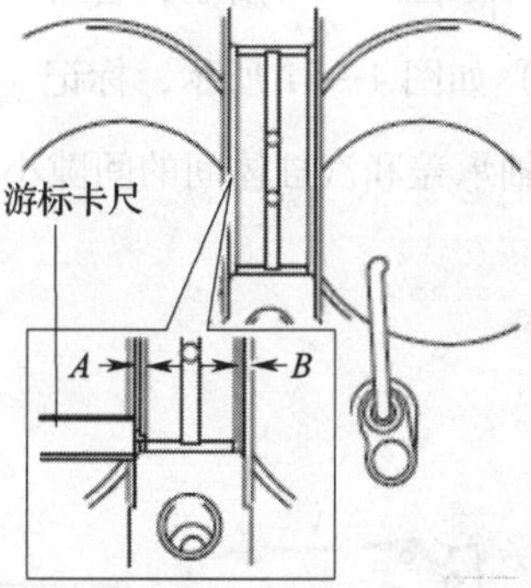

图 4—77

3）安装下轴承。将下轴承安装到轴承盖上。如图 4—78 所示，用游标卡尺测量轴承盖边缘和下轴承边缘间的距离。

尺寸（*A* - *B*）：_____mm 或更小。

步骤 5：安装曲轴上止推垫圈。

（1）如图 4—79 所示，使机油槽向外，将_____个止推垫圈安装到汽缸体的_____号轴颈下方。

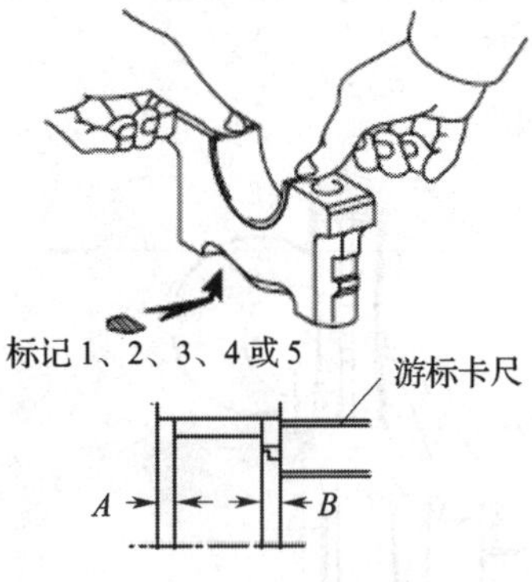

图 4—78

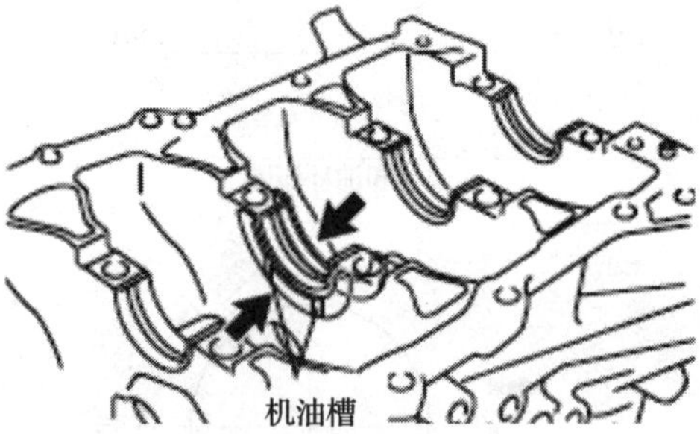

图 4—79

（2）在曲轴止推垫圈上涂抹______________。

步骤6：安装曲轴。

（1）在______上涂抹发动机机油，并将曲轴安装到汽缸体上。

（2）在______上涂抹发动机机油。

（3）检查数字标记，并将________安装到________上。

（4）在轴承盖螺栓的______上和轴承盖________下涂抹一薄层发动机机油。

（5）如图4—80所示，暂时安装________个主轴承盖螺栓。

（6）如图4—81所示，标记______个内轴承盖螺栓并以此为导向，用手插入________，直到主轴承盖和汽缸体间的间隙小于______mm。

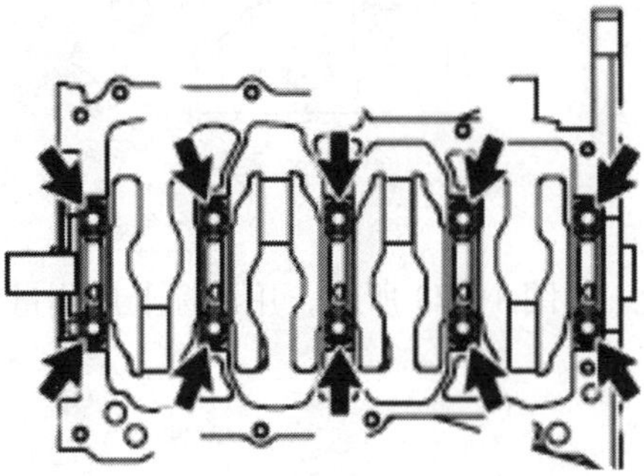
图 4—80

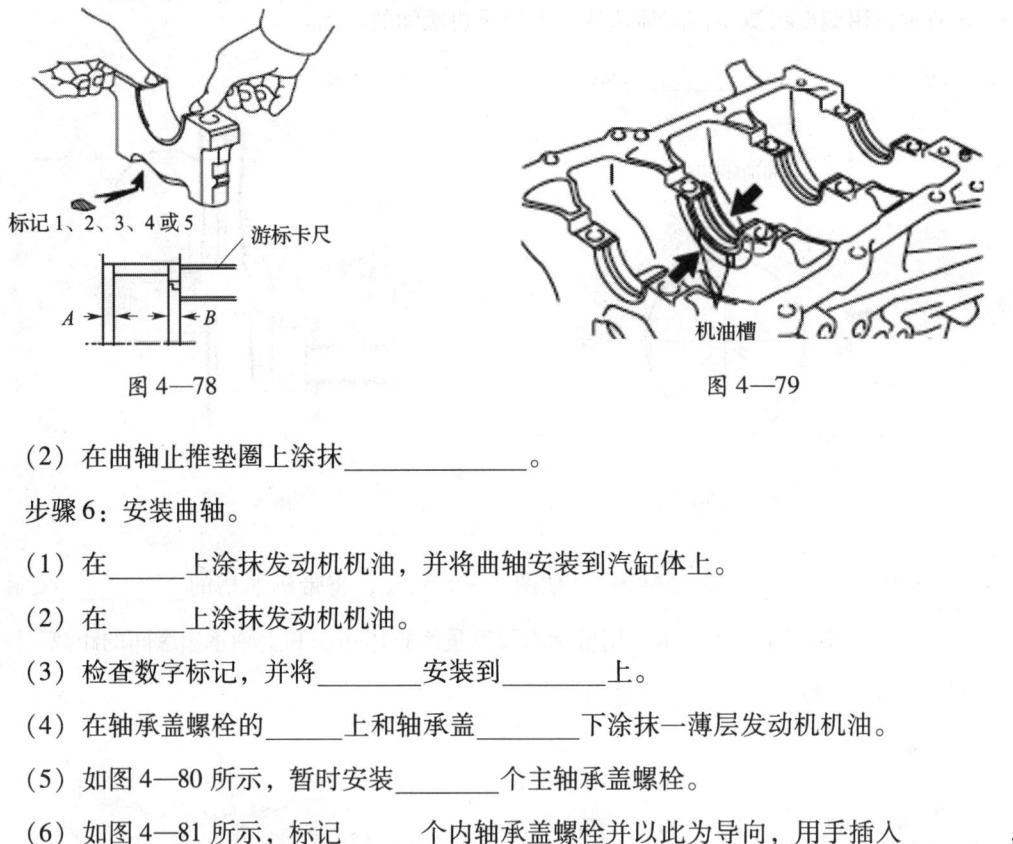

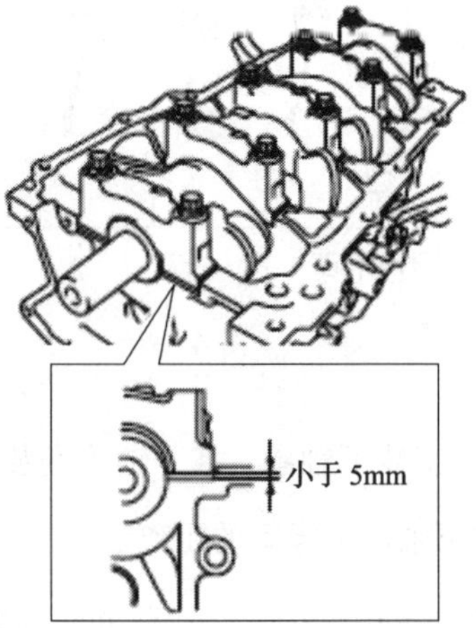

图 4—81

（7）如图4—82所示，用塑料锤轻轻敲击__________以确保正确安装。

（8）安装曲轴轴承盖__________。

提示：

主轴承盖螺栓的紧固分两步完成。

（9）首先，按如图 4—83 所示顺序，安装并均匀紧固______个主轴承盖螺栓。

扭矩：________N · m。

然后，用________在轴承盖螺栓前端做标记，按前图 4—83 所示数字顺序，将轴承盖螺栓再紧固______°。

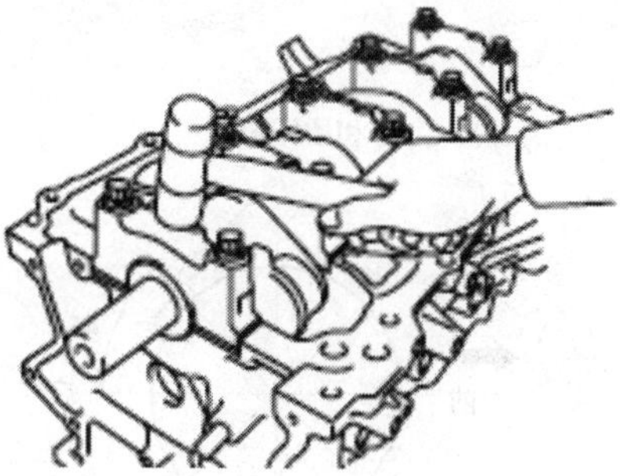

图 4—82

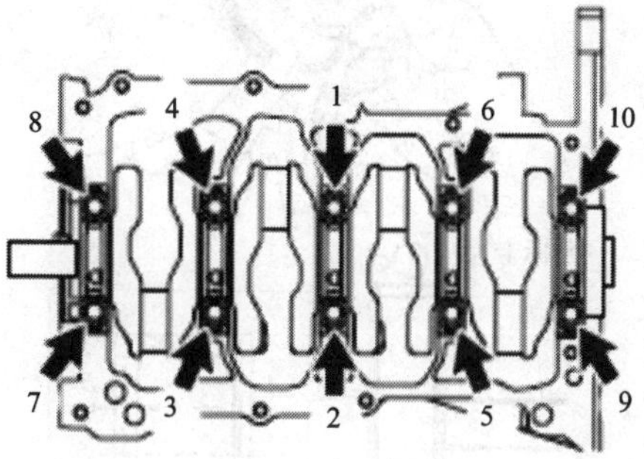

图 4—83

（10）如图 4—84 所示，检查并确认油漆标记现在与前端成______°角，并确认____转动顺畅。

（11）检查曲轴轴向间隙。

1）如图 4—85 所示，用______来回撬动曲轴的同时，用百分表测量__________。

标准轴向间隙：________ ~ ________mm。

最大轴向间隙：__________mm。

如果轴向间隙大于最大值，则成套更换止推垫圈。

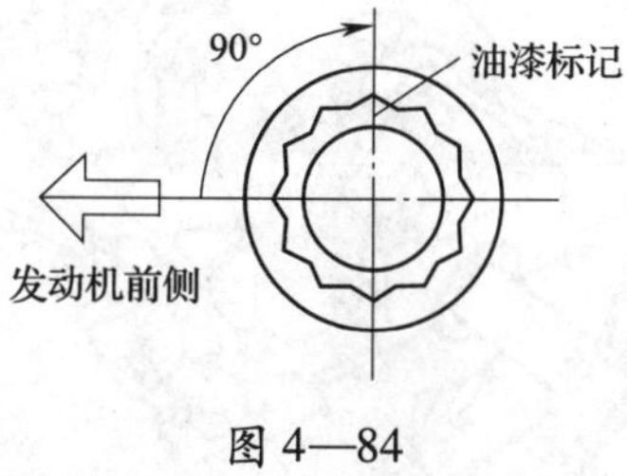

图 4—84

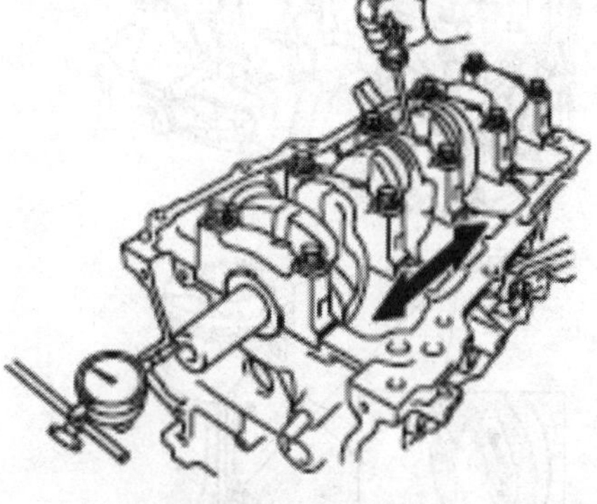

图 4—85

步骤 7：安装连杆轴承。

（1）将__________安装到________和________上。

（2）如图 4—86 所示，用游标卡尺测量连杆边缘和轴承盖边缘与连杆轴承边缘间的距离。

尺寸（$A - B$）：________mm 或更小。

步骤 8：安装带连杆的活塞分总成。

（1）在______、____、________表面上涂抹发动机机油。

（2）放置______以使活塞环端处于如图 4—87 所示位置。

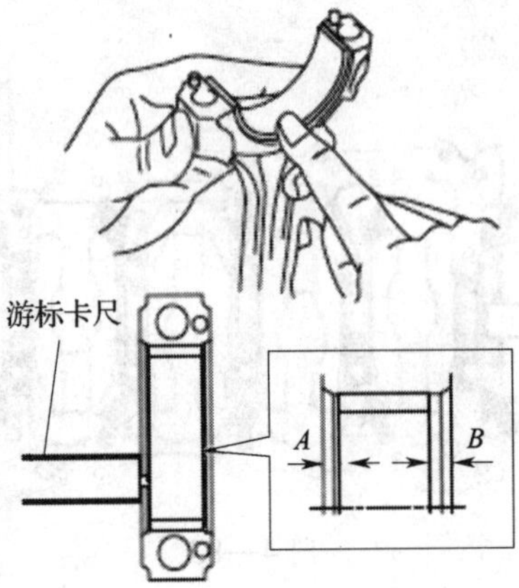

图 4—86

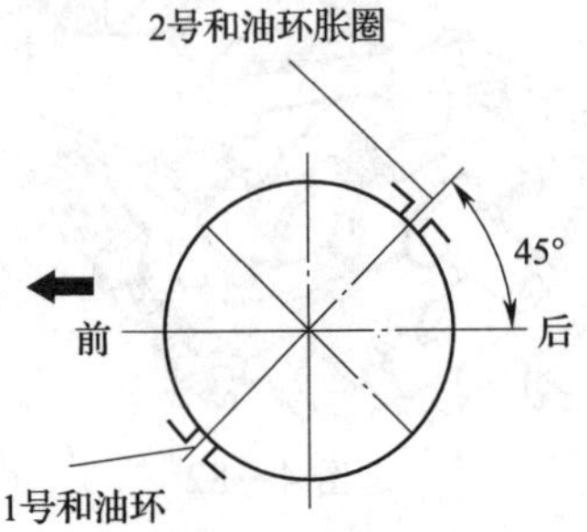

图 4—87

（3）如图 4—88 所示，使________朝前标记朝前，用_____________将相应号的活塞和连杆总成压入汽缸内。

（4）如图 4—89 所示，检查并确认连杆盖的____________朝向正确的方向。

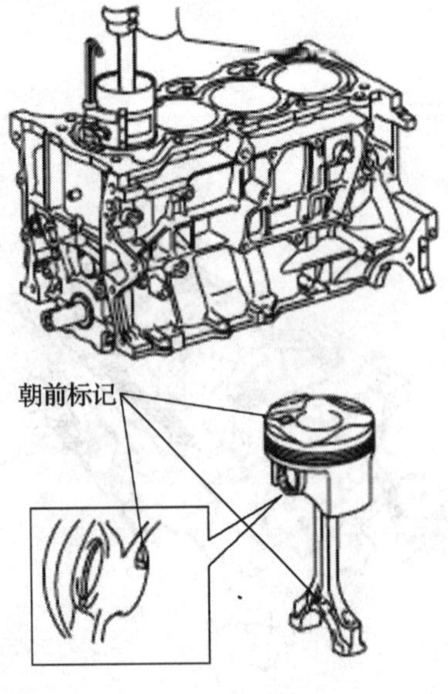

图 4—88

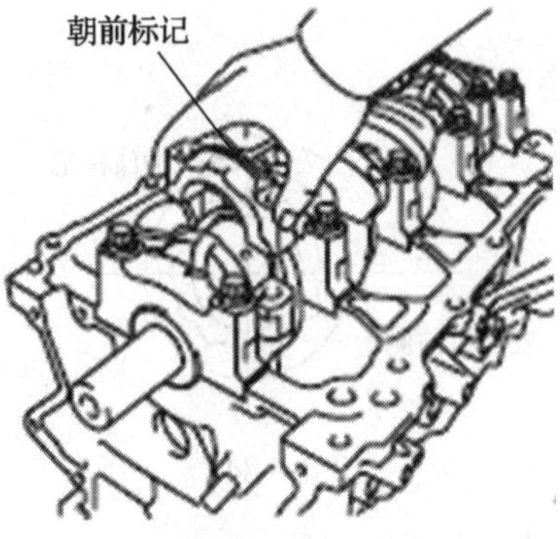

图 4—89

（5）在连杆盖螺栓的螺纹上和螺栓头下部涂抹一薄层＿＿＿＿＿＿。

（6）安装＿＿＿＿＿＿螺栓。

提示：

连杆盖螺栓的紧固分＿＿＿步完成。

（7）如图 4—90 所示，用专用工具 SST，安装并分几次＿＿＿拧紧连杆盖螺栓。

扭矩：＿＿＿N · m。

（8）用＿＿在连杆盖螺栓前端作标记，如图 4—91 所示，将连杆盖螺栓再紧固＿＿°。

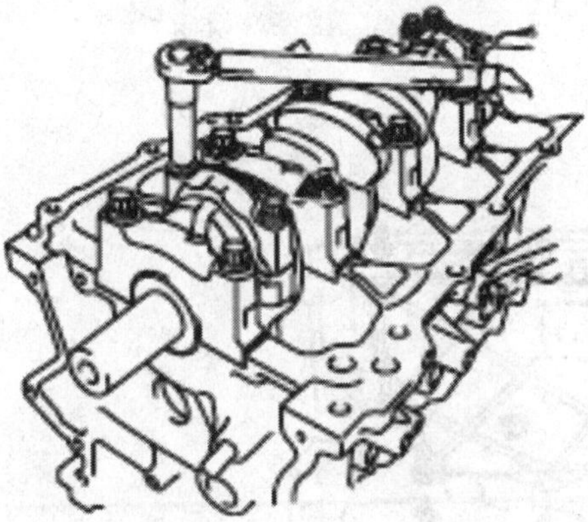

图 4—90

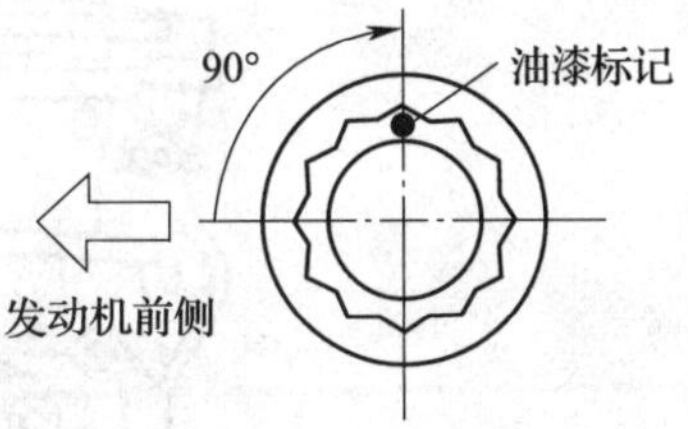

图 4—91

（9）检查并确认＿＿＿转动顺畅。

（10）检查连杆轴向间隙。

如图 4—92 所示，来回移动＿＿＿的同时，用百分表测量轴向间隙。

标准轴向间隙：＿＿＿＿ ~ ＿＿＿＿mm。

最大轴向间隙：＿＿＿mm。

如果轴向间隙大于最大值，则必要时更换连杆总成。

如有必要，则更换曲轴。

步骤 9：安装 1 号通风箱。

（1）如图 4—93 所示，连续涂抹＿＿＿＿＿。

密封直径：＿＿＿mm。

（2）如图 4—94 所示，用＿＿＿个螺栓和＿＿＿螺母安装 1 号通风箱。

扭矩：＿＿＿N · m。

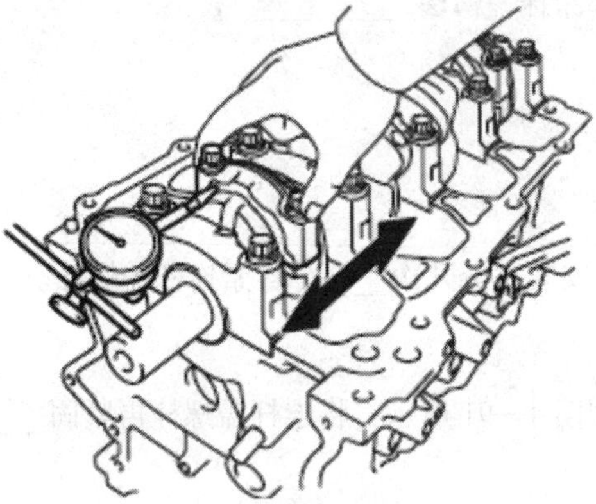

图 4—92

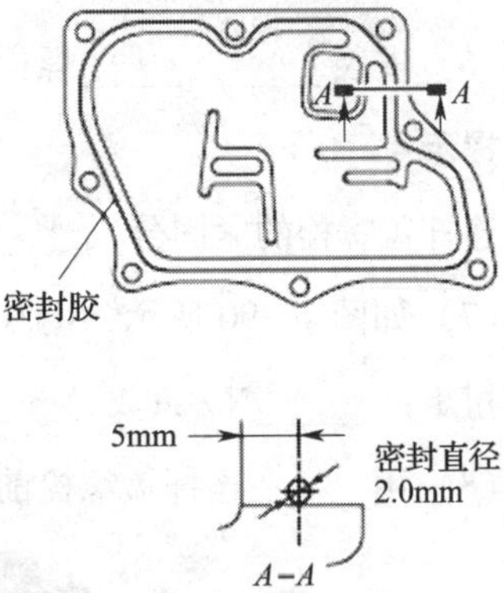

图 4—93

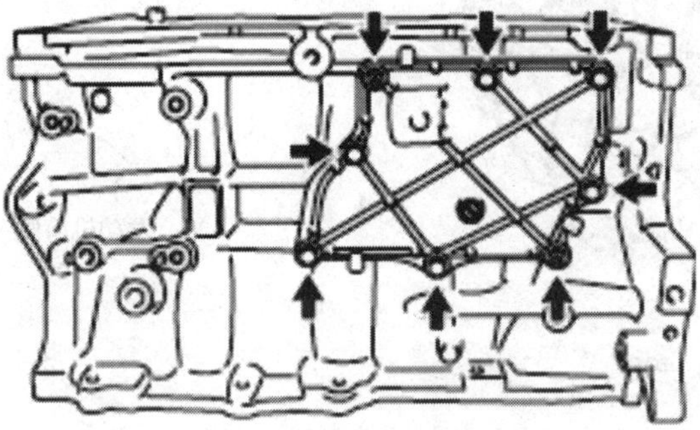

图 4—94

四、 评价与反馈

学习评价与反馈表

班级		姓名		学号		日期	年 月 日
学习任务名称							
自我评价	1	6S 管理				□符合	□不符合
	2	能按时上、下课				□符合	□不符合
	3	着装规范				□符合	□不符合
	4	能独立完成工作页填写				□能	□不能
	5	能利用维修手册、网络资源等查找有效信息				□能	□不能
	6	能正确使用工、量具及设备				□能	□不能
	7	会叙述各部件的结构原理				□能	□不能

续表

班级		姓名		学号		日期	年　月　日
学习任务名称							
自我评价	8	会制定维修计划				□能　□不能	
	9	学习效果自我评价等级				□优　□良　□合格　□不合格	
小组评价	10	在小组内积极发言情况				□能　□不能	
	11	积极配合小组成员完成工作任务情况				□优　□良　□合格　□不合格	
	12	在检修操作中的表现				□优　□良　□合格　□不合格	
	13	能清晰表达自己的观点				□能　□不能	
	14	安全、规范与环保意识				□强　□一般　□较弱	
	15	遵守课堂纪律				□能　□不能	
	16	积极参与汇报展示				□优　□良　□合格　□不合格	
教师评价	17	综合评价等级：				□优　□良　□合格　□不合格	
		评语：					

五、学习拓展：曲柄连杆机构常见故障诊断与排除

曲柄连杆机构的故障多是____类故障，此类故障是以____出现为主。曲柄连杆机构的异响，往往反映着不同______和不同____的故障。异响的判断是一项技术性较强的工作，为能准确、迅速地判断异响故障，可根据异响的产生________、______、________、________，以及尾气排放的________、______等情况，并借助______，找出产生故障的原因并排除。

1. 曲轴主轴承响

（1）现象：

（2）原因：

（3）故障诊断与排除：

2. 连杆轴承响

（1）现象：

（2）原因：

（3）诊断与排除：

3. 活塞敲缸响

（1）现象：

（2）原因：

（3）故障诊断与排除：

4. 活塞销响

（1）现象：

（2）原因：

（3）故障诊断与排除：

任务五　润滑系的检修

学习目标

1. 熟悉润滑系的功用与组成；
2. 能正确说出发动机润滑系的润滑方式和润滑油路；
3. 能够对润滑系各零件进行正确的检修；
4. 学会正确使用工具对润滑系进行拆装；
5. 学会润滑系一级、二级维护作业；
6. 学会润滑系常见故障的诊断与排除。

学习准备

每完成一个工作步骤必须在对应“ □”内做上记号“√”，没有完成在对应“ □”内做上记号“×”。

□ 1. 工场要求正确着装。

□ 2. 班长宣贯工作场地文明生产守则。

□ 3. 学生分组各就各位，班长准时考勤。

4. 检查学习资料准备情况：

□（1）《汽车动力总成维修》 □（2）《汽车构造》

□（3）《汽车发动机构造与维修教程》 □（4）笔记本、笔

5. 设备与实训用具：

□（1）发动机实训台 □（2）零件小车 □（3）32 件套装套筒扳手

（4）T 形套筒：□8 mm □10 mm □12 mm □14 mm □17 mm

□（5）SST（14 mm 梅花套筒） □（6）磁棒 □（7）尖嘴钳

□（8）游标卡尺 □（9）千分尺 □（10）塞尺 □（11）精密直尺

□（12）钢直尺 □（13）衬垫刮刀 □（14）面纱或抹布

建议学时

12 课时

学习过程

一、 情景导入

陈先生的一台丰田卡罗拉轿车出现仪表机油压力警告灯不断闪亮，据技师领班的初步判断是润滑系油压过低的故障。请以小组为单位组成维修团队对车辆的故障进行诊断与排除。

二、 信息收集

引导问题 1 润滑系有什么功用？

（1）润滑系的基本作用就是将__________和__________的机油不断地供到各零件的______，以起到减少零件______和______的润滑作用。

（2）润滑油主要有以下______功能：

1）________：润滑运动零件表面，减小摩擦阻力和磨损，减小发动机的功率消耗。

2）________：润滑油在润滑系内不断循环，清洗摩擦表面，带走磨屑和其他异物。

3）________：润滑油在润滑系内循环带走摩擦产生的热量，起到冷却作用。

4）________：在运动零件之间形成油膜，提高它们的密封性，有利于防止漏气或漏油。

5）________：在零件表面形成油膜，对零件表面起保护作用。

另外，润滑系还有液压作用（润滑油可用作液压油，起液压作用，如液压挺柱）、减振缓冲作用（在运动零件表面形成油膜，吸收冲击并减小振动，起减震缓冲作用）。

引导问题 2　润滑系由什么组成？

（1）润滑系由______、____________、__________、机油喷嘴、油路等组成，如图 5—1 所示。

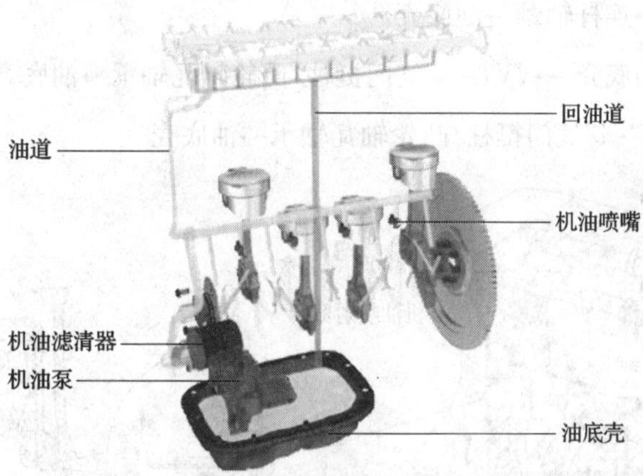

图 5—1　润滑系统组成

（2）补充图 5—2 中各零件的名称。

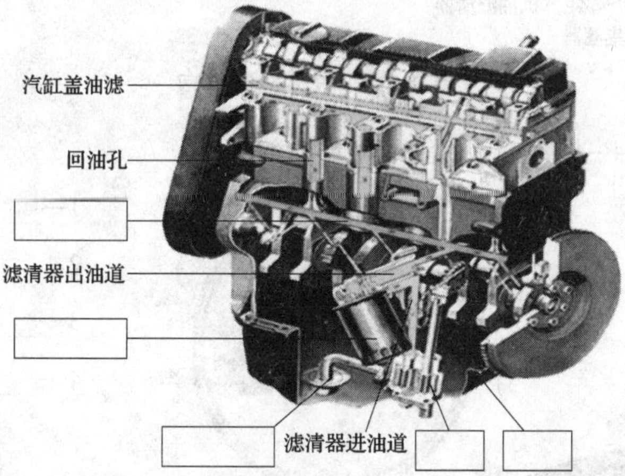

图 5—2　润滑系

引导问题 3　润滑方式有几种？

（1）____________：利用发动机工作时运动零件飞溅起来的油滴或油雾来润滑摩擦表面的润滑方式，如______________等的润滑。

（2）________：利用机油泵，将具有一定压力的润滑油源源不断地送往摩擦表面间隙中的润滑方式，如曲轴主轴承、连杆轴承及凸轮轴的润滑。

（3）_________：发动机辅助系统中有些零件只需定期加注润滑脂（黄油）进行润滑，例如水泵及发电机轴承的润滑。

引导问题 4　润滑油的流向如何？

（1）发动机润滑系统的润滑油路：____→______→ 机油泵→______→主油道，分三路，如图 5—3 所示：

1）曲轴主轴颈→连杆轴颈→油底壳。

2）机油喷嘴→油底壳 →VVT－i/气门挺柱/凸轮轴瓦轴承→油底壳。

3）汽缸盖→VVT－i/气门挺柱/凸轮轴瓦轴承→油底壳。

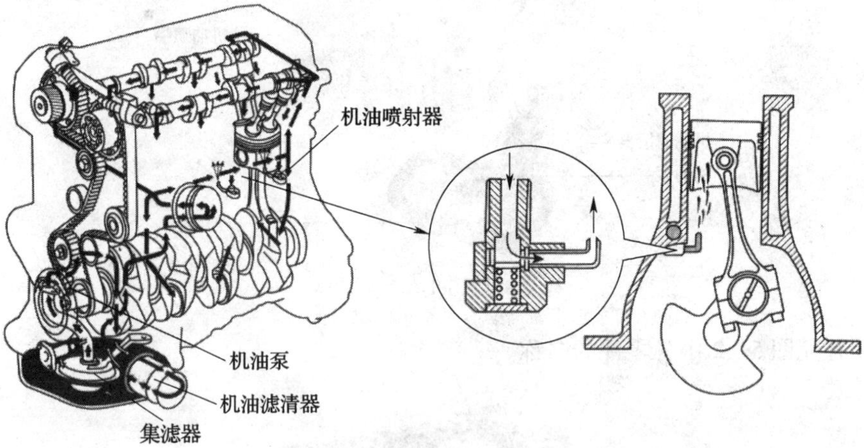

图 5—3　润滑油的流向

（2）列出图 5—4 ~ 图 5—7 所示部件的结构名称。

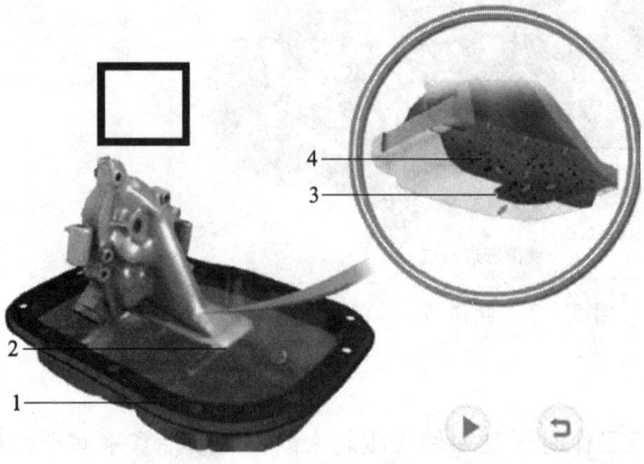

1—____________

2—____________

3—____________

4—____________

图 5—4　集滤器工作原理

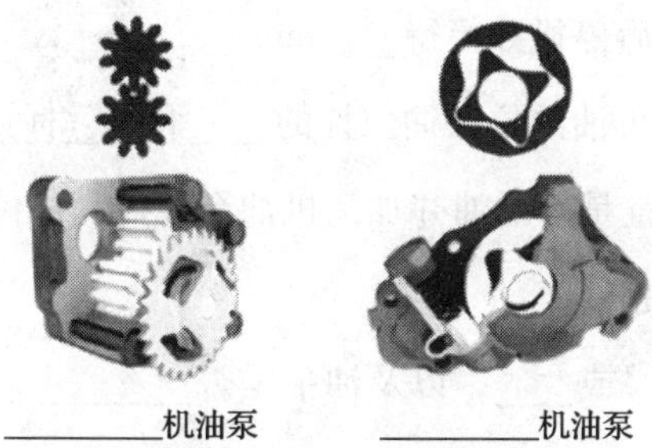

图 5—5　机油泵

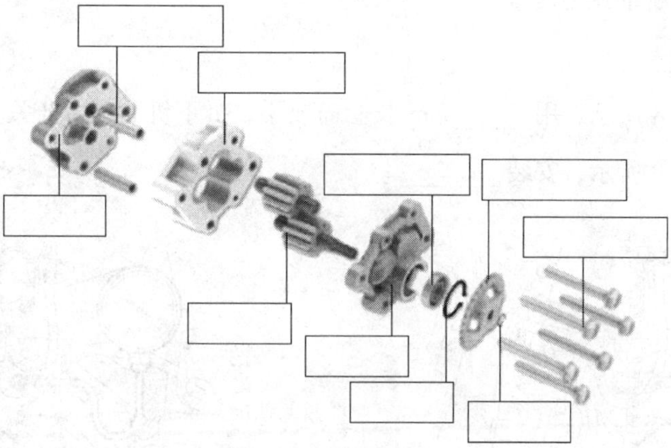

图 5—6　齿轮式机油泵结构

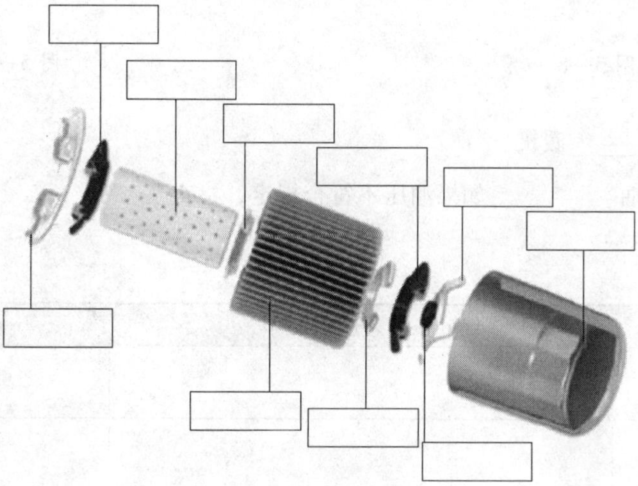

图 5—7　机油滤清器结构

三、 任务实施

（一）车上检查发动机机油的油位、质量、油压

步骤 1：检查发动机机油油位。

（1）使发动机暖机，然后停机并等待____min。

（2）检查并确认发动机机油油位在油位计的____和____标记之间。

如果机油油位过低，检查是否漏油并加注机油至标尺满油位标记处。

步骤2：检查发动机机油质量。

检查机油是否____、____或____，以及油中是否________。

如机油质量明显不佳，则更换机油。

步骤3：检查机油压力。

（1）断开__________。

（2）如图5—8所示，用______mm长套筒扳手，拆下机油压力开关。

（3）如图5—9所示，安装________。

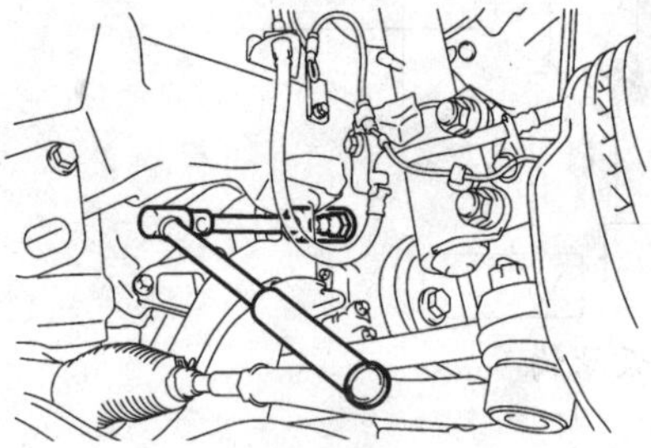

图5—8

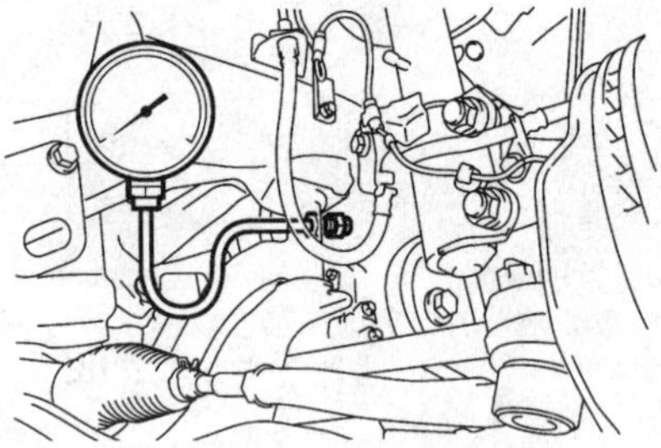

图5—9

（4）使________暖机。

（5）检查机油________。如果油压不符合规定，检查________。

机油压力：

	怠速	3 000 r/min
规定值		
测量值		

（6）在机油压力开关的____或______个螺纹上涂抹黏合剂。

（7）用______mm长套筒扳手，安装机油压力开关。

扭矩：____________N·m。

（8）连接______________。

（9）检查发动机机油是否________。

（二）更换机油和机油滤清器

提示：

- 过长时间并反复地接触发动机机油，会造成皮肤失去表层天然油脂，皮肤变得干燥、容易过敏并易生皮炎。此外，用过的机油内含有潜在的危害性污染物，可能会导致皮肤癌。
- 更换发动机机油时，为了减少皮肤与用过的发动机机油接触所带来的危害，必须遵循相关的注意事项。应佩戴防护服和手套。用肥皂和水彻底清洗皮肤，或使用免水型洗手剂清除所用的发动机机油。切勿使用汽油、稀释剂或溶剂。
- 必须在指定的报废点报废处理用过的机油和机油滤清器，以保护环境。

步骤1：排空发动机机油。

（1）拆下______________，如图5—10所示。

（2）拆下________________，并将________排放到一个容器中。

（3）清洗放油螺塞，用________加以安装。

扭矩：__________N·m。

步骤2：用专用工具SST拆卸机油滤清器分总成。

步骤3：安装机油滤清器分总成。

（1）检查并清洗机油滤清器的__________。

（2）在____机油滤清器的衬垫上涂抹一层________发动机机油。

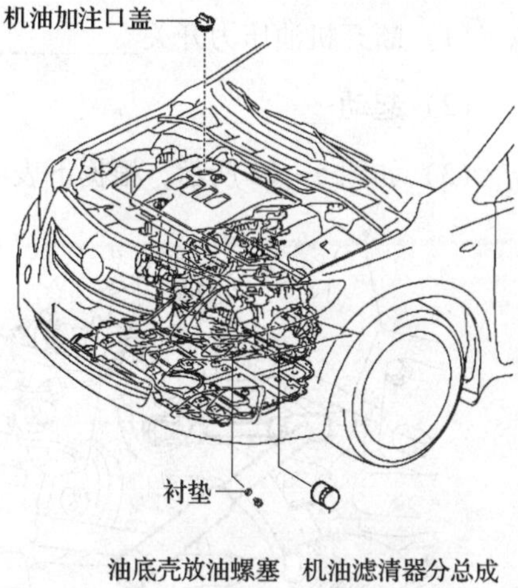

图5—10

（3）将机油滤清器轻轻地旋____并____，然后直到衬垫开始____机油滤清器底座。

（4）用____________紧固机油滤清器。

根据可利用的工作空间，从以下各项中选择：

如果有足够的空间，使用扭矩扳手和SST紧固机油滤清器。

扭矩：______N·m。

如果没有足够的空间使用扭矩扳手，用SST将机油滤清器紧固________圈。

步骤4：添加发动机机油。

（1）添加新的发动机机油并安装机油加注口盖。

发动机机油容量

机油滤清器更换时放空后的重新加注量	不更换机油滤清器时放空后的重新加注量	净加注量

步骤5：检查机油是否泄漏。

（三）拆卸检查油压力开关

步骤1：拆卸__________。

步骤2：断开机油压力开关连接器，如图5—11所示，用______mm长套筒扳手，拆下__________。

步骤3：检查发动机机油压力开关总成。

（1）断开机油压力开关__________。

（2）起动________。

（3）如图5—12所示，根据下表中的值测量电阻。

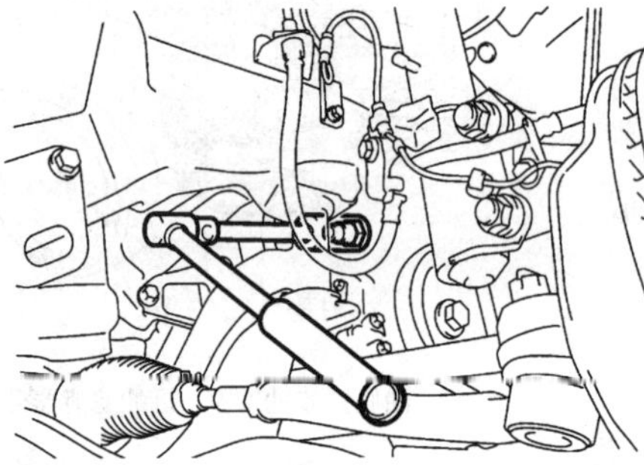

图5—11

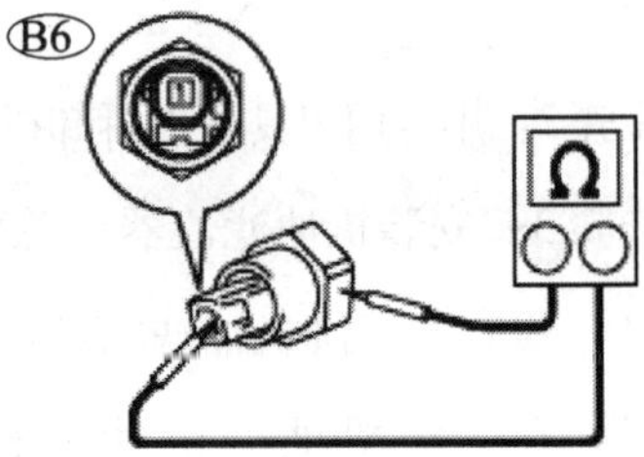

图5—12

如果结果不符合规定，则更换机油压力开关总成。

标准电阻值：

检测仪连接	条件	规定状态	测量值

（4）重新连接__________连接器。

步骤4：安装发动机机油压力开关总成。

(1) 在机油压力开关的____或______个螺纹上涂抹黏合剂。

(2) 用______mm 长套筒扳手，安装机油压力开关。

扭矩：____N·m。

(3) 连接____________连接器。

步骤 5：检查______是否泄漏。

步骤 6：安装右前轮。

扭矩：________N·m。

(四) 拆卸、检查机油泵

步骤 1：拆卸____________。

步骤 2：拆卸______号链条振动阻尼器。

步骤 3：拆卸________。

步骤 4：拆卸______号链条振动阻尼器。

步骤 5：拆卸________。

步骤 6：拆卸______号链条分总成。

步骤 7：拆卸______号曲轴位置信号盘。

步骤 8：拆卸 2 号油底壳分总成。

(1) 如图 5—13 所示，拆下______个螺栓和____个螺母。

(2) 如图 5—14 所示，将________插入曲轴箱和油底壳之间。切开______并拆下______。

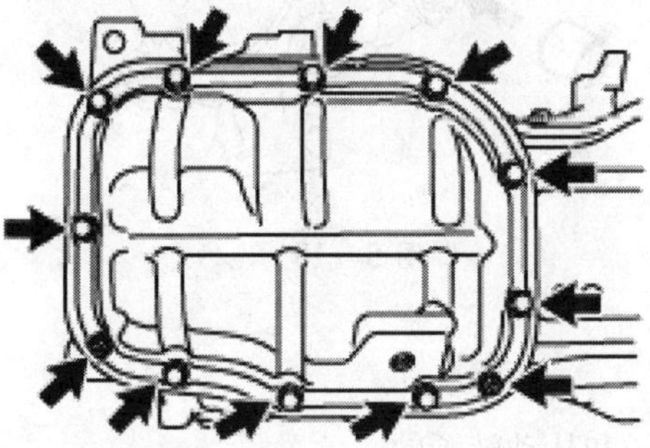

图 5—13

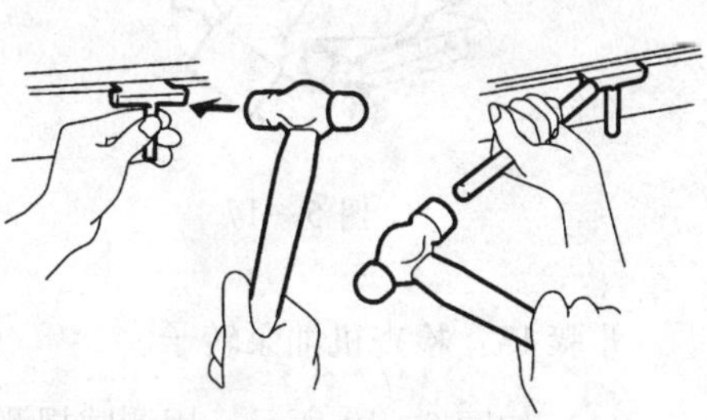

图 5—14

步骤 9：如图 5—15 所示，拆下______个螺栓和拆卸____________。

步骤 10：拆卸机油泵减压阀，如图 5—16 所示。

(1) 用______mm 套筒扳手拆下______。

(2) 拆下________和________。

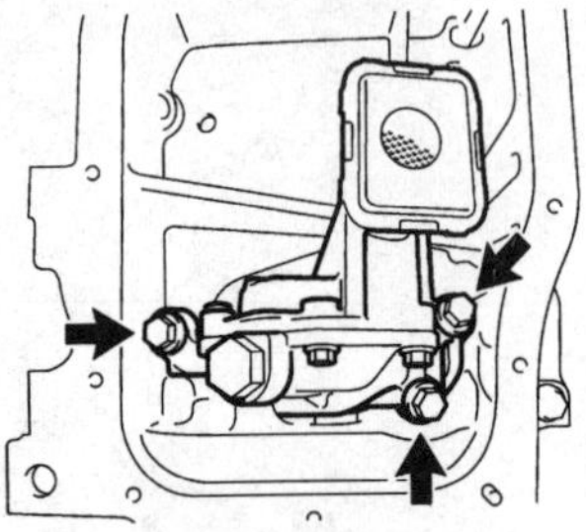

图 5—15

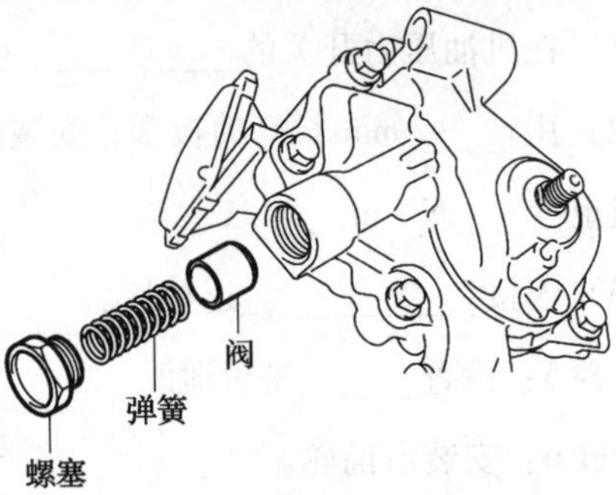

图 5—16

步骤 11：拆卸机油泵盖分总成。

（1）如图 5—17 所示，拆下______个螺栓和机油泵盖。

（2）从机油泵上拆下机油泵________和________。

步骤 12：检查机油泵减压阀。

如图 5—18 所示，在机油泵减压阀上涂抹一层____________，检查并确认该阀能依靠自身顺畅地滑入________中。

如果情况不是这样，则更换机油泵。

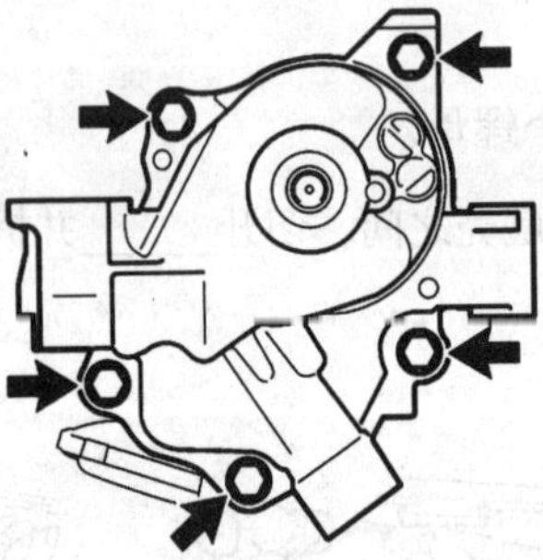

图 5—17

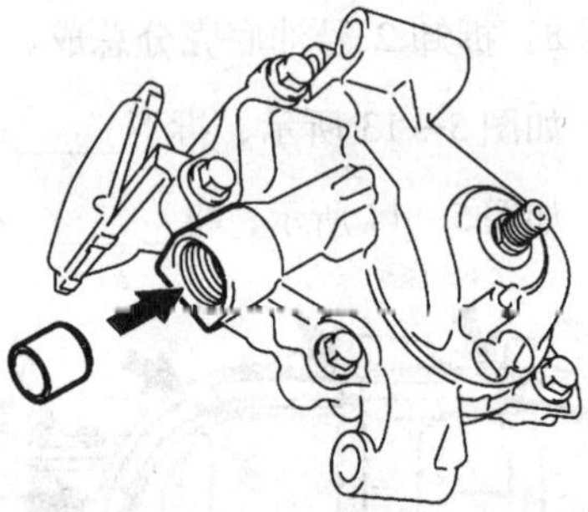

图 5—18

步骤 13：检查机油泵转子。

（1）如图 5—19 所示，用测隙规测量主动转子和从动转子的____________。

标准顶部间隙：________ ~ __________mm。

最大顶部间隙：________mm。

如果顶部间隙大于最大值，则更换机油泵。

（2）如图 5—20 所示，用测隙规和精密直尺，测量____个转子和__________间的间隙。

标准侧隙：__________ ~ __________mm。

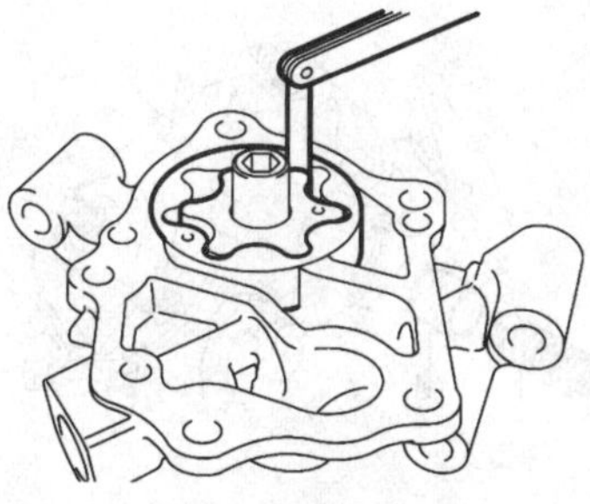

图 5—19

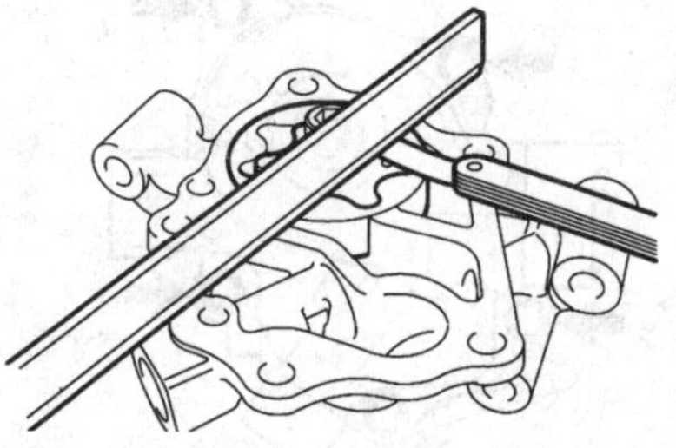

图 5—20

最大侧隙：________mm。

如果侧隙大于最大值，则更换机油泵。

（3）如图 5—21 所示，用测隙规测量__________和________间的间隙。

标准泵体间隙：______ ~ ________mm。

最大泵体间隙：______mm。

如果泵体间隙大于最大值，则更换机油泵。

步骤 14：安装机油泵盖分总成。

（1）如图 5—22 所示，用发动机机油涂抹机油泵________和________，并将其标记朝向________侧放入机油泵。

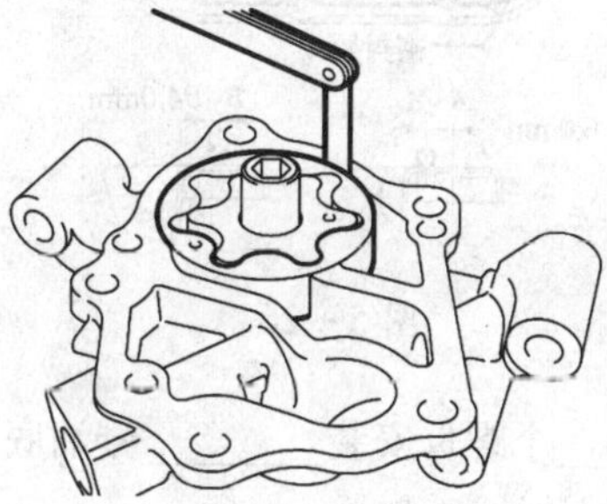

图 5—21

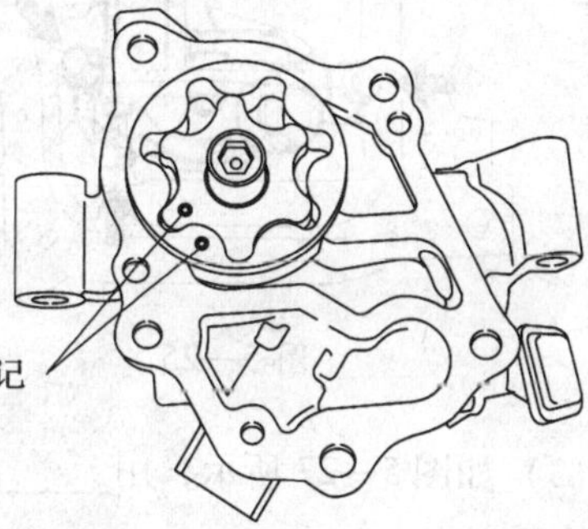

图 5—22

（2）如图 5—23 所示，用______个螺栓安装机油泵盖。

扭矩：______N · m。

步骤 15：如图 5—24 所示，安装机油泵减压阀。

（1）在________上涂抹发动机机油。

（2）将______和______插入______孔中。

（3）用______mm 套筒扳手安装螺塞。

扭矩：_____N · m。

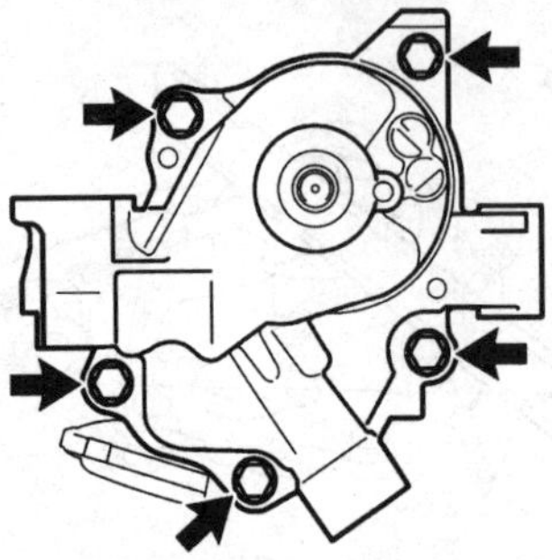

图 5—23

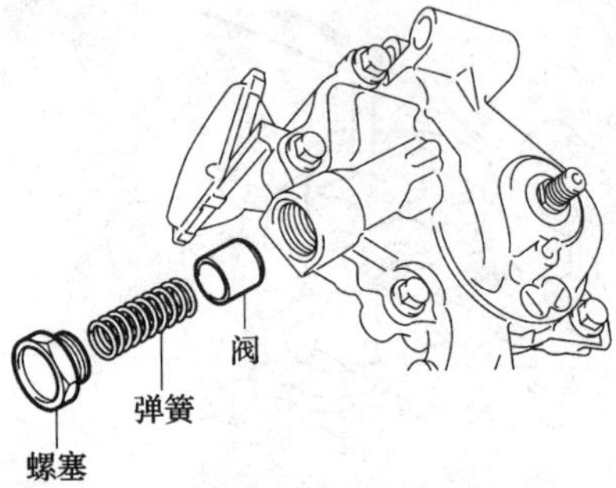

图 5—24

步骤 16：如图 5—25 所示，用______个螺栓安装______________。

扭矩：______N · m。

步骤 17：安装 2 号油底壳分总成。

（1）清除所有______的填料，小心不要将______滴在______和_______的接触面上。

（2）如图 5—26 所示，涂抹一条________的密封胶（直径 4. 0 mm）。

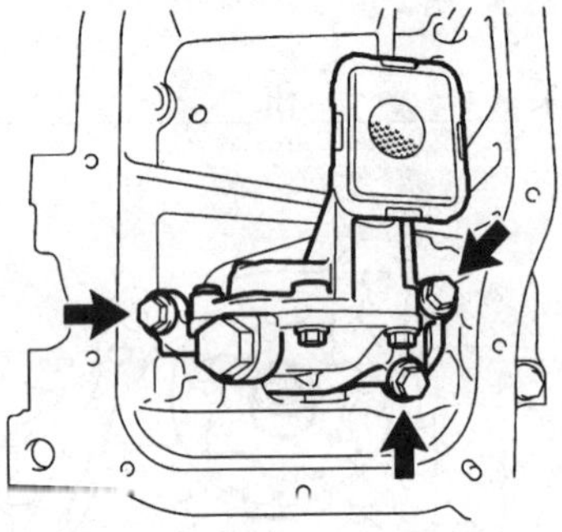

图 5—25

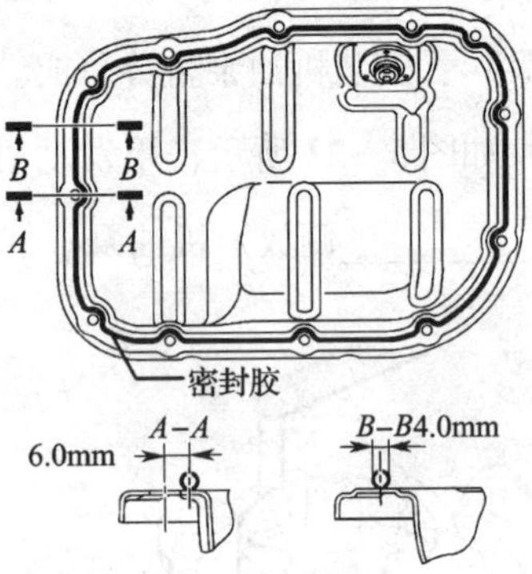

图 5—26

（3）如图 5—27 所示，用________个螺栓和________个螺母安装________号油底壳。

扭矩：________N · m。

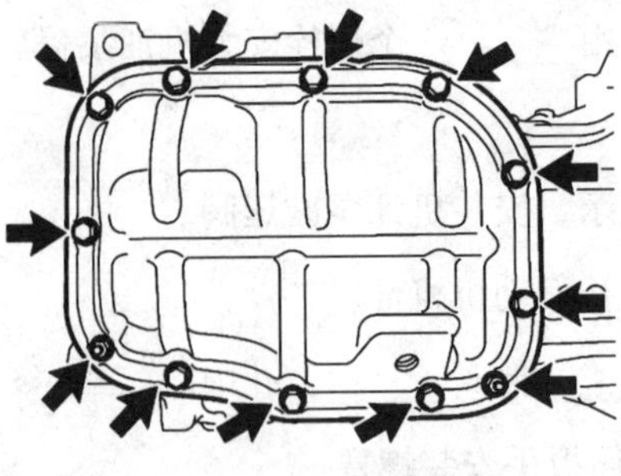

图 5—27

四、评价与反馈

学习评价与反馈表

班级		姓名		学号		日期	年　月　日
学习任务名称							

自我评价	1	6S 管理	□符合　□不符合
	2	能按时上、下课	□符合　□不符合
	3	着装规范	□符合　□不符合
	4	能独立完成工作页填写	□能　□不能
	5	能利用维修手册、网络资源等查找有效信息	□能　□不能
	6	能正确使用工、量具及设备	□能　□不能
	7	会叙述各部件的结构原理	□能　□不能
	8	会制定维修计划	□能　□不能
	9	学习效果自我评价等级	□优　□良　□合格　□不合格
小组评价	10	在小组内积极发言情况	□能　□不能
	11	积极配合小组成员完成工作任务情况	□优　□良　□合格　□不合格
	12	在检修操作中的表现	□优　□良　□合格　□不合格
	13	能清晰表达自己的观点	□能　□不能
	14	安全、规范与环保意识	□强　□一般　□较弱
	15	遵守课堂纪律	□能　□不能
	16	积极参与汇报展示	□优　□良　□合格　□不合格
教师评价	17	综合评价等级：	□优　□良　□合格　□不合格
		评语：	

五、学习拓展：润滑系常见故障诊断与排除

1．机油压力过低

（1）现象：

（2）原因：

（3）故障诊断与排除方法：

2. 机油压力过高

（1）现象：

（2）原因：

（3）故障诊断与排除：发现＿＿＿＿＿压力过高，应熄火排除故障，否则容易冲裂＿＿＿＿＿＿或＿＿＿＿＿。

3．消耗过多

（1）现象：

（2）原因：

（3）故障诊断与排除：

任务六　冷却系的检修

学习目标

1. 熟悉冷却系的功用与组成；
2. 能正确说出发动机冷却系水路的大小循环；
3. 学会正确使用工具对冷却系进行拆装；
4. 能够对润滑系各零件进行正确的检修。

学习准备

每完成一个工作步骤必须在对应“□”内做上记号“√”，没有完成在对应“□”内做上记号“×”。

□ 1. 工场要求正确着装。

□ 2. 班长宣贯工作场地文明生产守则。

□ 3. 学生分组各就各位，班长准时考勤。

4. 检查学习资料准备情况：

□（1）《汽车动力总成维修》　　□（2）《汽车构造》

□（3）《汽车发动机构造与维修教程》　　□（4）笔记本、笔

5. 设备与实训用具：

□（1）发动机实训台 □（2）零件小车 □（3）32 件套装套筒扳手

（4）T 形套筒：□ 8 mm □ 10 mm □ 12 mm □ 14 mm □ 17 mm

□（5）SST（14 mm 梅花套筒） □（6）磁棒 □（7）尖嘴钳

□（8）游标卡尺 □（9）千分尺 □（10）塞尺 □（11）精密直尺

□（12）钢直尺 □（13）衬垫刮刀 □（14）面纱或抹布

建议学时

18 课时

学习过程

一、 情景导入

刘先生的一台丰田卡罗拉轿车出现仪表温度警告灯不断闪亮，据技师领班的初步判断是冷却系水温过高的故障。请以小组为单位组成维修团队对车辆的故障进行诊断与排除。

二、 信息收集

引导问题 1 冷却系有什么功用？

冷却系的功用是使运转中的______得到适度____，使其在最适宜的______内工作。

引导问题 2 冷却系由什么组成？

发动机水冷却系统由______、______、______、______、______、发动机机体和汽缸盖中的______以及其他附加装置等组成，如图 6—1 所示。

引导问题 3 汽车发动机一般采用什么冷却方式？

汽车发动机上广泛采用________。它是利用______吸收高温机件的热量，再将这些吸收了热量的冷却液送至_____，气流通过散热器将热量散发到大气中。

引导问题 4 冷却系主要部件的结构与作用如何？

（1）水泵。水泵的功用是对________加压，加速冷却液的循环流动，保证冷却可靠。车用发动机上多采用________。

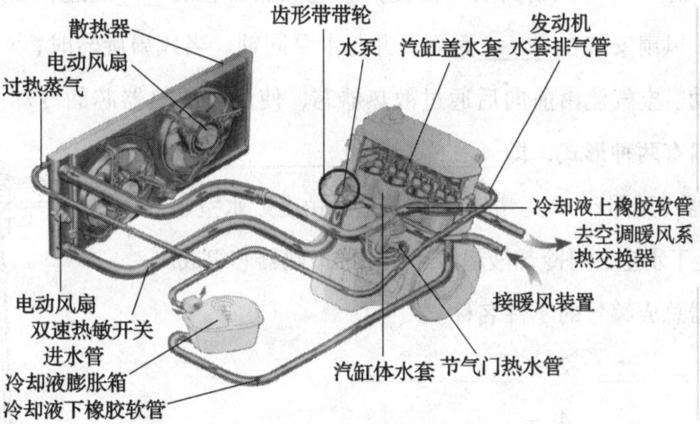

图6—1　汽车冷却系组成

离心式水泵（见图6—2）具有________，________，________，________等优点。

列出离心式水泵总成编号的零件名称。

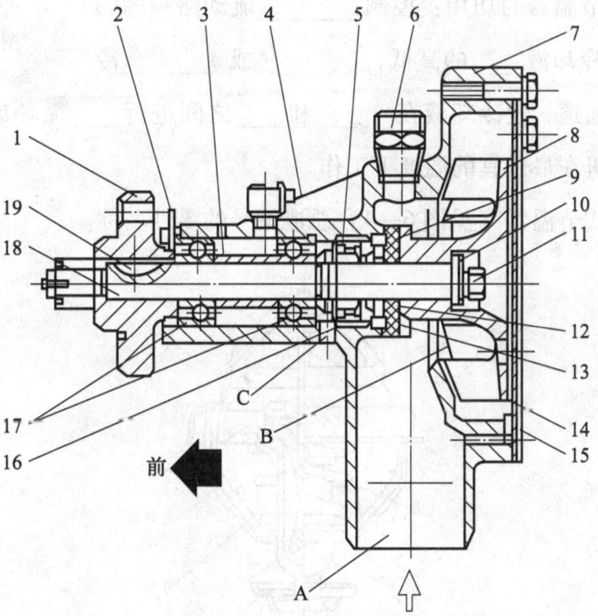

图6—2　离心式水泵

1—________ 2—________ 3—________ 4—________

5—________ 6—________ 7—________ 8—________

9—________ 10—________ 11—________ 12—________

13—________ 14—________ 15—________ 16—________

17—________ 18—________ 19—________

(2) 冷却风扇。冷却风扇的功用是提高通过散热器芯的____流速，增加效果，加速冷却液的______。风扇安装在______后面，并与水泵同轴。当风扇旋转时，对空气产生吸力，使之沿轴向流动。空气流由前向后通过散热器芯，使流经散热器芯的冷却液加速冷却。车用发动机的风扇有两种形式，即__________和________。

(3) 散热器（见图6—3）。散热器的构造：由上贮水室、下贮水室和连接上下水室、对冷却液起散热作用的散热器芯组成。

列出散热器总成编号的零件名称。

1—______________ 2—______________

3—______________ 4—______________

5—______________ 6—______________

7—______________ 8—______________

9—______________

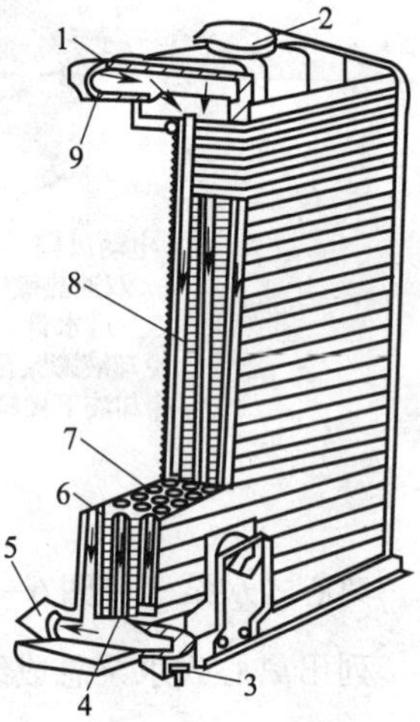

图 6—3 散热器

(4) 节温器。节温器的功用：控制________流动路径的阀门，能根据发动机冷却液___的高低，________或________冷却液通向散热器的通道，使冷却液在______和____之间进行____循环或____循环，调节冷却强度，保证发动机在最适宜的温度下工作。

列出双阀型蜡式节温器（见图6—4）总成编号的零件名称。

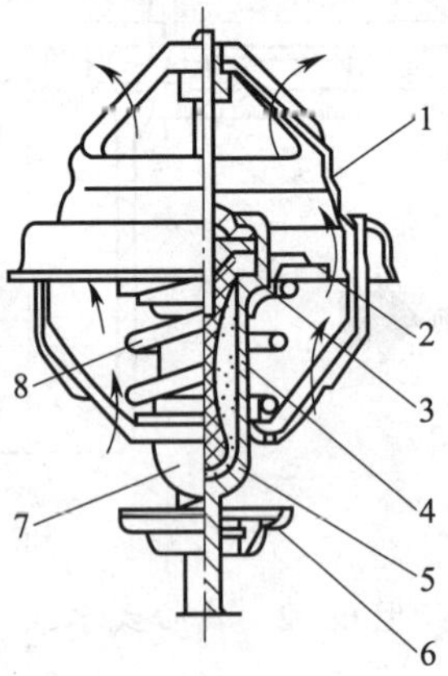

图 6—4 双阀型蜡式节温器

1—______________ 2—______________ 3—______________ 4—______________

5—______________ 6—______________ 7—______________ 8—______________

9—______________

三、任务实施

（一）车上检查冷却系的泄漏、冷却液液位及质量、散热器叶片、冷却风扇

注意事项：

在电动冷却风扇或散热器护栅附近操作时，确认点火开关转到“OFF”。点火开关转到“ON”的情况下，如果发动机冷却液温度高或空调打开，则电动冷却风扇会自动开始运转。

步骤1：检查冷却系统是否________。

提示：

不要在发动机和散热器总成都仍很热的情况下拆下散热器盖分总成，以避免被烫伤。热膨胀会导致高温的发动机冷却液和蒸气从散热器总成释放出来。

（1）给散热器总成加注________，并接上____________。

（2）如图6—5所示，抽吸散热器盖测试仪，直至压力达到____kPa，然后检查并确认压力未________。

如果压力下降，应检查________、________和________是否泄漏。如果外部没有发动机冷却液泄漏的迹象，应检查____________、____________和__________。

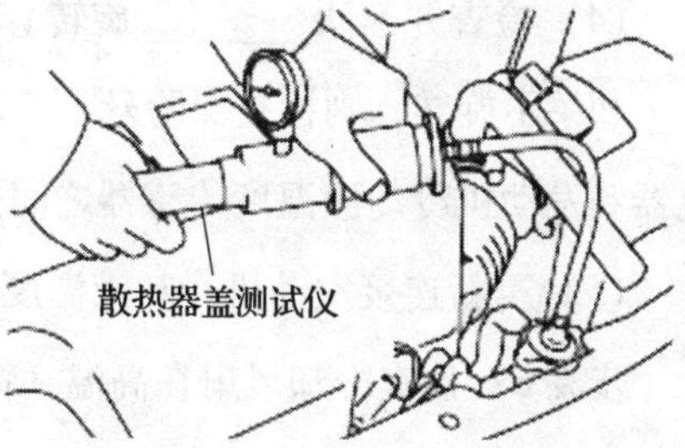

图6—5

步骤2：检查储液罐中的发动机冷却液液位。

发动机冷机时，发动机冷却液液位应该处于__________和________之间。

步骤3：检查发动机冷却液质量。

（1）拆下______________。

提示：

不要在发动机和散热器总成都仍很热的情况下拆下散热器盖分总成，以避免被烫伤。热膨胀会导致高温的发动机冷却液和蒸气从散热器总成释放出来。

（2）检查____________和____________周围是否有过多的________或______沉积。发动机冷却液中不能含有________。

如果发动机__________太脏，应更换冷却液。

（3）重新安装______________。

步骤4：检查散热器叶片是否堵塞。

如果叶片堵塞，用____或________清洗，并用压缩空气使其干燥，如图6—6所示。

喷射距离：

喷射压力/kPa	喷射距离/mm
2 942～4 903	
4 903～7 845	

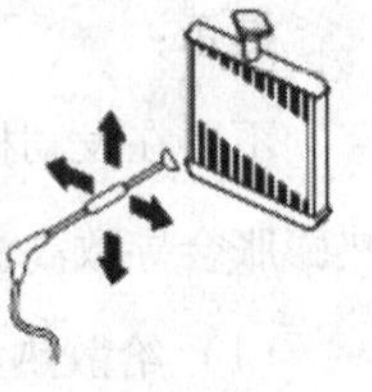

图6—6

步骤5：检查冷却风扇在低温（低于____℃）状态下的工作情况。

（1）空调开关________时，将点火开关转到______。

（2）检查并确认冷却风扇____工作。

如果不工作，则检查冷却风扇________和发动机冷却液________，并检查它们之间的连接器是否________或线束是否______。

（3）断开发动机冷却液________连接器。

（4）检查并确认________旋转。

如果不旋转，则检查保险丝、冷却风扇继电器、ECM和冷却风扇，并检查冷却风扇继电器和发动机冷却液温度传感器之间是否存在________。

（5）重新连接发动机冷却液温度传感器________。

步骤6：检查冷却风扇在高温（高于________℃）状态下的工作情况。

（1）____发动机并______空调开关，然后将发动机冷却液温度升到高于______℃。

（2）检查并确认__________旋转。

如果不旋转，则检查发动机____________、____________、________和__________。

（二）冷却液更换

注意事项：

在电动冷却风扇或散热器护栅附近操作时，确认点火开关转到“OFF”。点火开关转到“ON”的情况下，如果发动机冷却液温度高或空调打开，则电动冷却风扇会自动开始运转。

步骤1：排出发动机____________（图6—7）。

提示：

不要在发动机和散热器总成都仍很热的情况下拆下散热器盖分总成，以避免被烫伤。热膨胀会导致高温的发动机冷却液和蒸气从散热器总成释放出来。

（1）松开散热器____________。

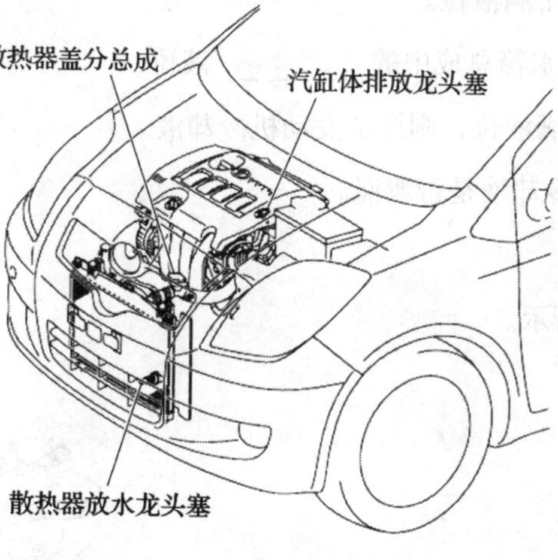

图 6—7

（2）拆下__________________。

（3）松开____________，然后排出________。

步骤 2：添加发动机冷却液。

（1）拧紧所有________。

（2）向散热器总成加注____________，直到完全________为止。

（3）用____挤压散热器__________和________若干次，以检查散热器总成内的发动机冷却液____。如果发动机冷却液液位________，则添加______________。

（4）牢固地安装__________________。

（5）缓慢向散热器水箱加注____________，直到注满为止。

（6）排出冷却系统中的__________。

1）使发动机暖机直到__________开启。节温器开启时，使冷却液循环__________。

2）将发动机转速保持在__________ ~ ________r/min。

3）用手按压散热器进水软管和出水软管若干次，以排出__________。

提示：

- 按压散热器软管时戴上防护手套。
- 散热器软管很烫，操作时须非常小心。
- 双手远离散热器风扇。

（7）使发动机停机，等待冷却液______。

（8）如果发动机冷却液液位________满液位，再次执行步骤（2）~（7），重复此操作直到发动机冷却液液位处于满液位。

(9) 重新检查散热器水箱总成中的__________液位。

如果冷却液液位低于满液位，则添加发动机冷却液。

步骤3：检查发动机冷却液是否泄漏。

(三) 车上检查水泵

水泵位置如图6—8所示。

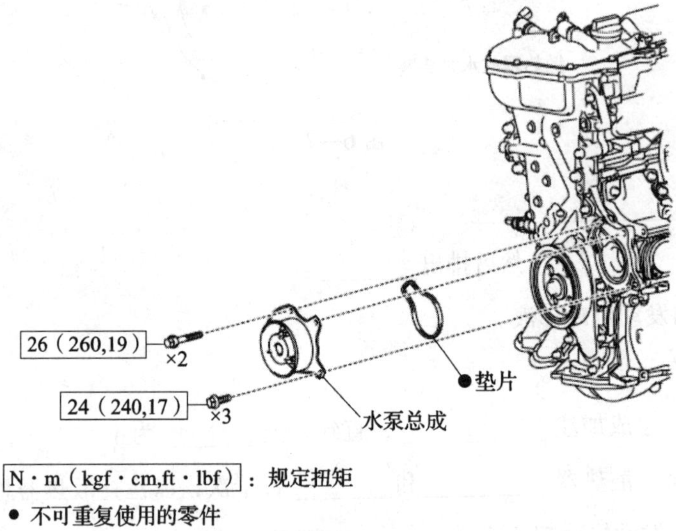

图6—8

步骤1：拆卸______________。

步骤2：拆卸______号汽缸盖罩。

步骤3：拆卸______和发电机______型皮带。

步骤4：检查水泵总成。

(1) 如图6—9所示，转动____，检查并确认水泵________平稳和安静地转动。必要时更换水泵总成。

(2) 确保冷却液未滴到________外壳上。必要时更换水泵总成。

步骤5：安装、调整、检查______和__________。

步骤6：安装______号汽缸盖罩。

步骤7：安装________________。

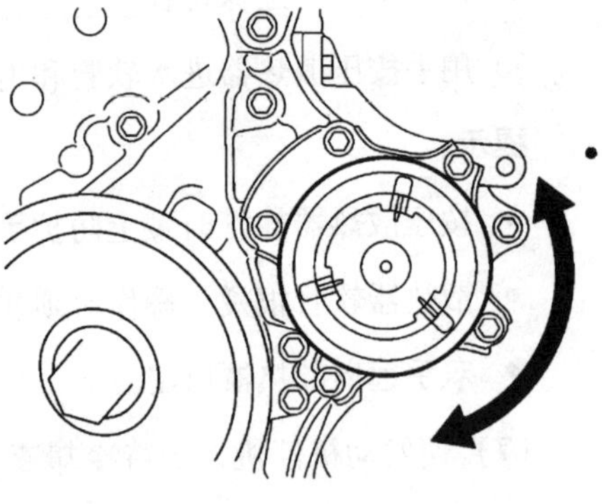

图6—9

（四）拆装水泵总成

步骤1：拆卸______________。

步骤2：拆卸水泵总成。

（1）如图6—10所示，拆下________个螺栓和水泵总成。

（2）如图6—11所示，从正时链盖上拆下________。

步骤3：安装水泵总成。

（1）将新水泵垫片安装到__________上。

（2）如图6—12所示，用________个螺栓安装水泵总成。

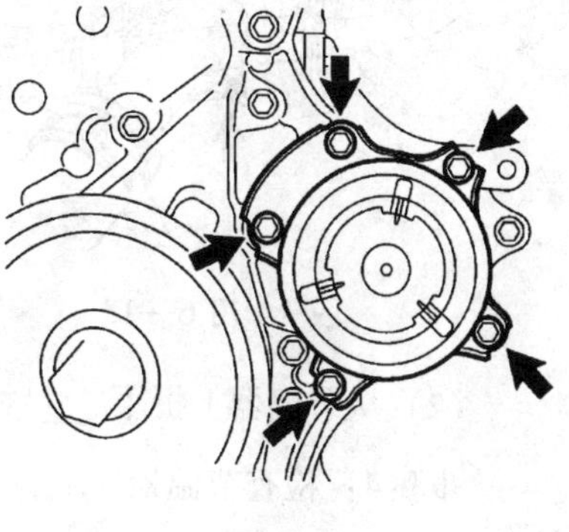

图6—10

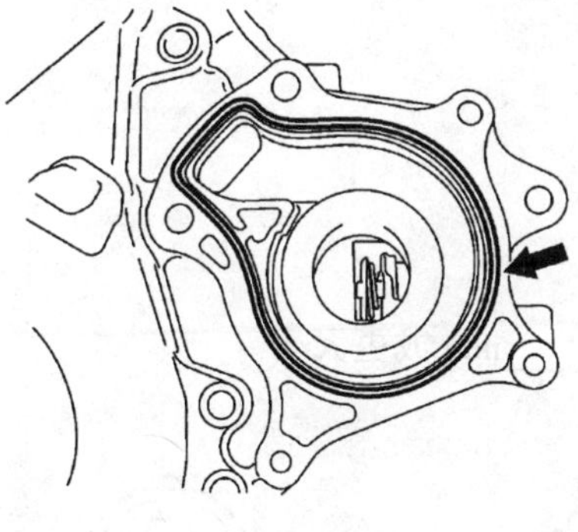

图6—11

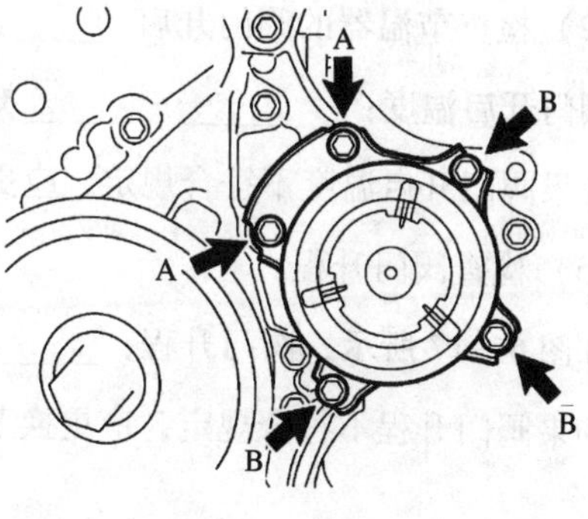

图6—12

螺栓长度与扭矩：

项目	长度/mm	扭矩/N·m
螺栓A		
螺栓B		

步骤4：安装________________。

（五）拆装和检查节温器

步骤1：排出________________。

步骤2：如图6—13所示，拆下______个螺母，然后从汽缸体上分离带散热器软管的______。

步骤3：拆卸节温器。

（1）如图6—14所示，从汽缸体上拆下__________。

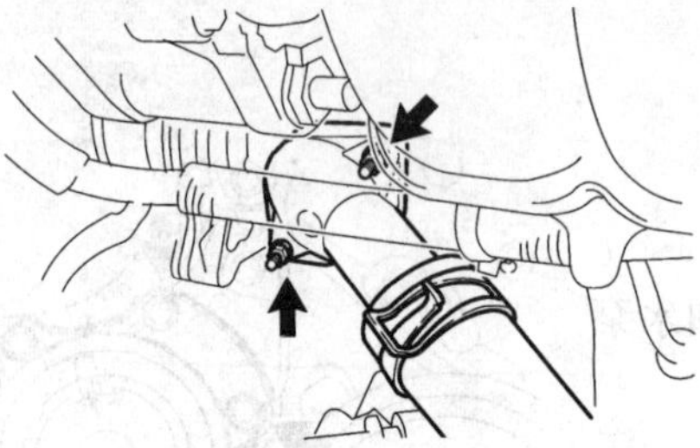

图 6—13

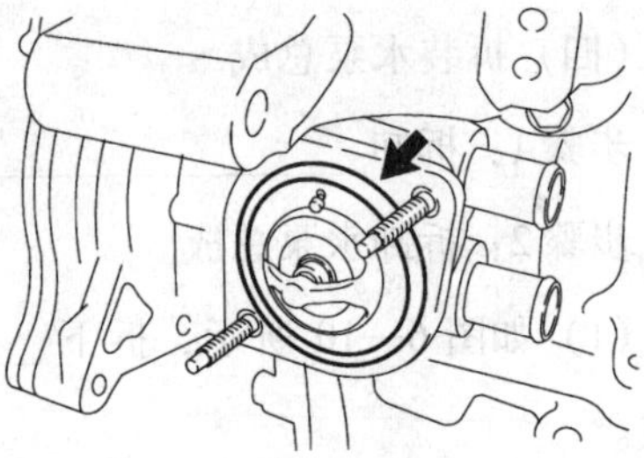

图 6—14

（2）从节温器上拆下________。

步骤 4：检查节温器。

如图 6—15 所示，节温器上记录了阀门开启________。

（1）如图 6—16 所示，将节温器浸没在水中，逐渐将______加热。

（2）检查节温器的阀门开启______。

阀门开启温度：________ ~ ______℃。

如果阀门开启温度不符合规定，应更换节温器。

（3）检查阀门升程。

如图 6—17 所示，阀门升程：______℃时为______mm 或更大。

如果阀门升程不符合规定，应更换节温器。

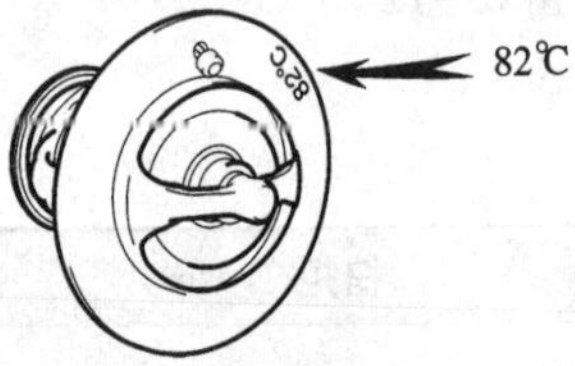

图 6—15

图 6—16

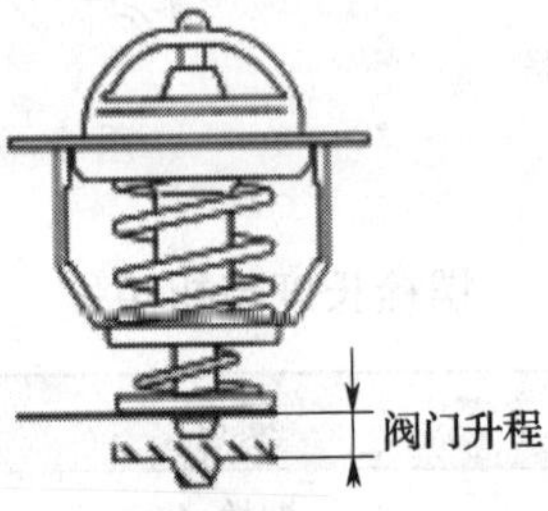

图 6—17

（4）节温器在低温状态下时（低于______℃），检查并确认阀门完全关闭。

如果没有完全关闭，应更换节温器。

步骤 5：安装节温器。

（1）将新垫片安装到节温器上。

（2）安装节温器，使跳阀向上。

提示：

如图 6—18 所示，跳阀应设定在任一侧的 10°以内。

步骤 6：如图 6—19 所示，用______个螺母安装带散热器软管的________。

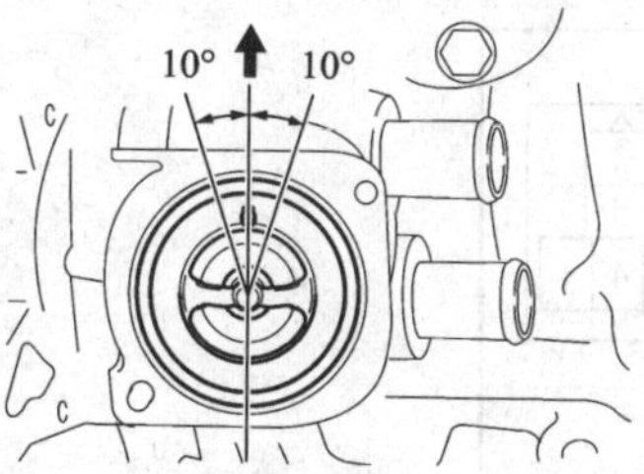

图 6—18

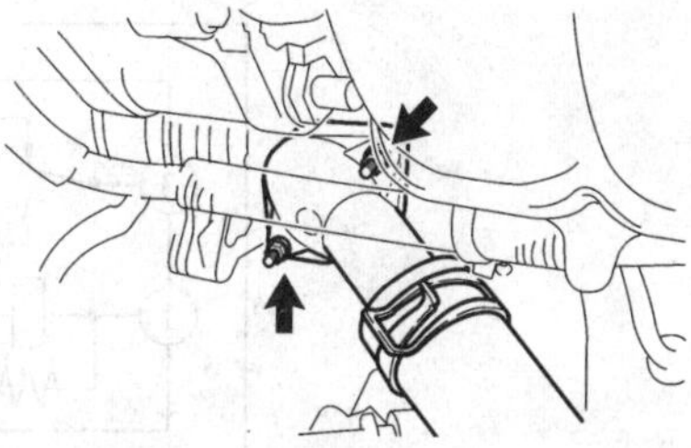

图 6—19

扭矩：________N · m。

步骤 7：添加__________，并检查发动机冷却液是否__________。

（六）检查冷却风扇电动机

步骤 1：断开____________连接器。

步骤 2：将冷却风扇电动机连接器连接到______上，然后检查并确认风扇电动机______。

步骤 3：如图 6—20 所示，根据下表中的值测量电流。

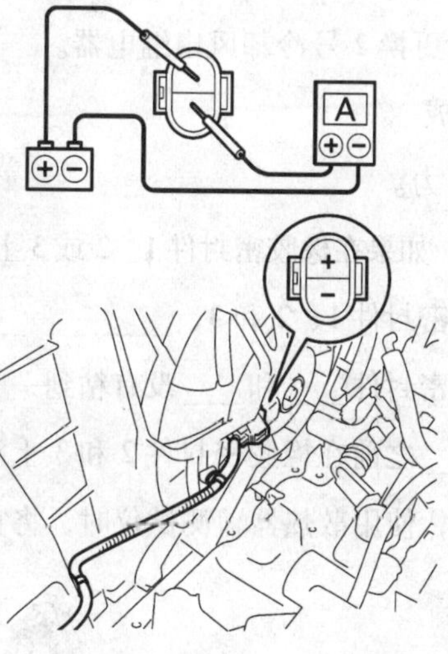

图 6—20

标准电流值：

IT－II 连接	条件	规定条件	测量值
1（+）－2（－）			

（4）连接________________连接器。

（七）车上检查 2 号冷却风扇继电器电阻

如图 6—21 所示，根据下表中的值测量电阻。

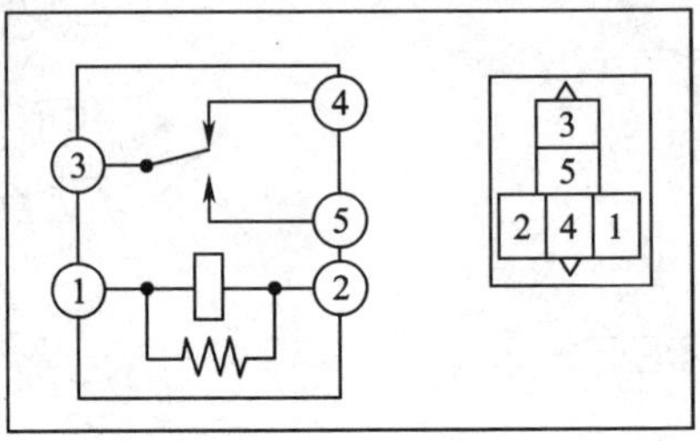

图 6—21

标准电阻值：

IT－II 连接	条件	规定条件	测量值
3－4	不施加蓄电池电压时		
3－4	在端子 1 和 2 之间施加蓄电池电压时		
3－5	不施加蓄电池电压时		
3－5	在端子 1 和 2 之间施加蓄电池电压时		

如果结果不符合规定，则更换 2 号冷却风扇继电器。

（八）检查散热器盖分总成

测量散热器盖阀门开启压力。

步骤 1：如图 6—22 所示，如果在橡胶密封件 1、2 或 3 上有水垢或异物，直接用手刷洗。

步骤 2：检查并确认橡胶密封件 1、2 和 3、______、______或______。

步骤 3：检查并确认橡胶密封件____和____没有粘到一起。

步骤 4：在使用_________之前在橡胶密封件 2 和 3 上涂抹发动机冷却液。

步骤 5：如图 6—23 所示，使用散热器盖测试仪时，将它倾斜______°以上。

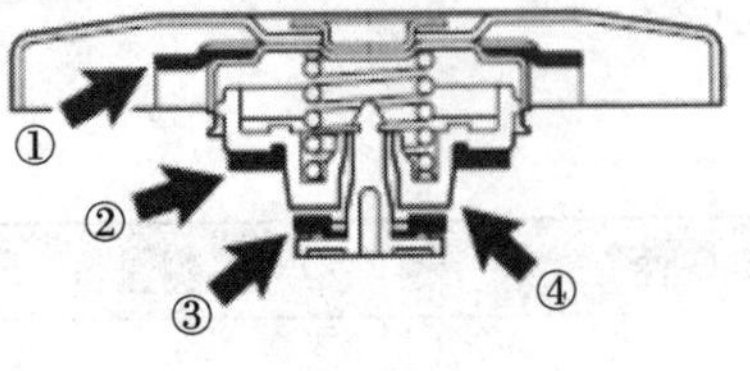

图 6—22

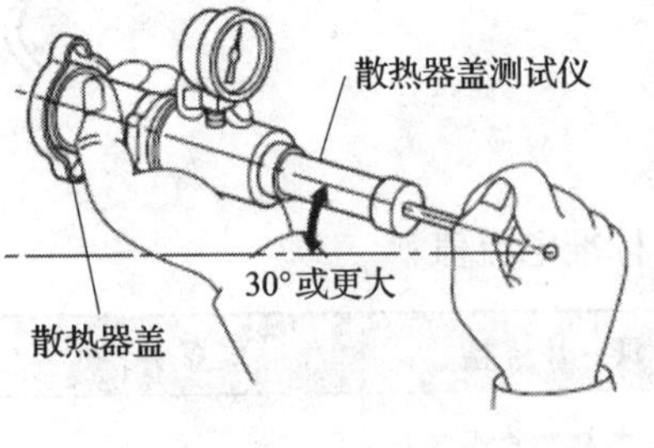

图 6—23

步骤 6：抽吸_________若干次，并检查最大压力（即使散热器盖不能保持最大压力，也不是故障）。

抽吸速度：每秒抽吸______次。

判断标准：

项目	规定条件	测量值
标准阀门（全新散热器盖）	~	
标准阀门最小值（用过的散热器）	~	

如果最大压力低于规定的标准阀门最小值，则更换散热器盖分总成。

四、 评价与反馈

学习评价与反馈表

班级		姓名		学号		日期	年　月　日
学习任务名称							
自我评价	1	6S 管理			☐符合　☐不符合		
	2	能按时上、下课			☐符合　☐不符合		
	3	着装规范			☐符合　☐不符合		
	4	能独立完成工作页填写			☐能　☐不能		
	5	能利用维修手册、网络资源等查找有效信息			☐能　☐不能		
	6	能正确使用工、量具及设备			☐能　☐不能		
	7	会叙述各部件的结构原理			☐能　☐不能		
	8	会制定维修计划			☐能　☐不能		
	9	学习效果自我评价等级			☐优　☐良　☐合格　☐不合格		
小组评价	10	在小组内积极发言情况			☐能　☐不能		
	11	积极配合小组成员完成工作任务情况			☐优　☐良　☐合格　☐不合格		
	12	在检修操作中的表现			☐优　☐良　☐合格　☐不合格		
	13	能清晰表达自己的观点			☐能　☐不能		
	14	安全、规范与环保意识			☐强　☐一般　☐较弱		
	15	遵守课堂纪律			☐能　☐不能		
	16	积极参与汇报展示			☐优　☐良　☐合格　☐不合格		
教师评价	17	综合评价等级：			☐优　☐良　☐合格　☐不合格		
		评语：					

五、 学习拓展：水冷却系常见故障的诊断与排除

1. 冷却液充足但发动机过热

（1）现象。发动机的冷却液充足，但在行驶中冷却液温度超过______K（____℃）（轿车超过____K），直至沸腾（俗称“开锅”）；或运行中冷却液在______K（____℃）以上，如一停车，冷却液立刻沸腾。

（2）原因。主要原因有两个方面：首先是______________________________，其次是____________________。

冷却系本身的原因有：

其他系统的原因有：

（3）故障诊断与排除：

2. 冷却液不足引起发动机过热

（1）现象。发动机冷却泵容纳不了规定的________，或在运行中冷却液____异常，使发动机____。

（2）原因：

（3）故障诊断与排除：

3．发动机突然过热

（1）现象。冷车起动后，发动机冷却液温度迅速______而产生______现象或汽车行驶中发动机突然______。

（2）原因：

（3）故障诊断与排除。若汽车在行驶中发动机突然______，且冷却液沸腾后，切莫使发动机________，应怠速运转散热______min，待冷却液温度________后，再补加________。

任务七　发动机组装与验收

学习目标

1. 熟悉发动机的组成；
2. 能正确说出发动机的装配顺序；
3. 能正确说出发动机磨合的必要性和工艺规范；
4. 学会正确发动机竣工验收的过程和技术条件。

学习准备

每完成一个工作步骤必须在对应“ □ ”内做上记号“√”，没有完成在对应“ □ ”内做上记号“×”。

□ 1. 工场要求正确着装。

□ 2. 班长宣贯工作场地文明生产守则。

□ 3. 学生分组各就各位，班长准时考勤。

4. 检查学习资料准备情况：

□（1）《汽车动力总成维修》　　□（2）《汽车构造》

□（3）《汽车发动机构造与维修教程》　　□（4）笔记本、笔

5. 设备与实训用具：

□（1）发动机实训台 □（2）零件小车 □（3）32 件套装套筒扳手

（4）T 形套筒：□ 8 mm □ 10 mm □ 12 mm □ 14 mm □ 17 mm

□（5）SST（14 mm 梅花套筒） □（6）磁棒 □（7）尖嘴钳

□（8）游标卡尺 □（9）千分尺 □（10）塞尺 □（11）精密直尺

□（12）钢直尺 □（13）衬垫刮刀 □（14）面纱或抹布

建议学时

24 课时

学习过程

一、 情景导入

吴先生的一台丰田卡罗拉轿车发动机需进行解体检修，要求对发动机进行组合装配，并进行竣工验收。

二、 信息收集

引导问题 1 发动机维修竣工的技术条件是什么?

发动机大修后，经过______、______，试验检测____，即可进行竣工验收。发动机验收必须按汽车修理技术标准中的有关规定执行。

（1）一般技术要求

1）装备齐全，按规定完成了______，无______、______、______、______现象。

2）加注的______量、牌号以及润滑脂符合原厂规定。

3）无异响，急加速时________，________无放炮声，工作中无异响。

4）润滑油______和冷却液______正常。

5）汽缸压力符合原厂规定。各缸压力差汽油机应不超过各缸平均压力的____%，柴油机不超过____%。

6）四冲程汽油机转速在______ ~ ______r/min 时，以海平面为准，进气歧管真空度应在_____ ~ _____kPa 范围内，其波动范围六缸机不超过______kPa，四缸机不超过____kPa。

（2）主要使用性能

1）发动机在正常工作温度下，____s 内能启动。柴油机在____℃，汽油机在____℃环境下，起动顺利。

2）加速____，过渡____，怠速____，各工况工作平稳。

3）最大功率和最大转矩不低于原厂规定的____%。

4）最低燃料消耗率不得____于原厂规定。

5）发动机排放限值：汽油机排放应符合 GB 18285—2005 的相关规定；柴油机排放应符合 GB 3847—2005 的相关规定。

6）二级维护竣工的发动机除装备齐全有效之外，还必须进行性能检测。要求能正常____，低、中、高速运转______、______，水温______，加速性能好，无______、______、____等现象。发动机运转稳定后应无异响。无负荷功率不小于额定值的 80%。

7）电子控制系统的设置应正确无误：自检警告灯应显示系统____，或通过系统自诊断功能读取的故障码应为________。

引导问题 2　发动机大修后如何进行磨合？

（1）发动机磨合是指__________或________后，需进行____及磨合过程中的______、______和______才能装车出厂。

（2）发动机的磨合过程分为两个阶段：第一阶段是______前在______上进行的磨合（包括______与______），一般称之为____________；第二阶段是发动机________后，在______运行过程中进行的______，一般称为____________。

（3）发动机全部磨合过程由________________磨合期、__________________磨合期和__________________准备期 3 个时期组成。

（4）发动机磨合的关键是______与______、______和________与______等配合副的磨合。

（5）磨合转速

1）冷磨合转速。冷磨合起始转速一般选用______ ~ ______r/min，磨合终止转速为______ ~ ______r/ min。磨合转速采取了______________调速，每级磨合规范的转速间距为______ ~ ______r/ min。各级转速的冷磨合时间约____min，共____min。

2）热磨合分__________和________两种。

3）无载热磨合转速通常为________ ~ ____r/ min，运转时间通常为____h。

4）负载热磨合必须在有________的专用试验台上进行。负载热磨合的起始转速通常根据能保证发动机__________有足够的供油压力来确定，一般为______ ~ ______r/min。终止转速为额定转速的______%，其级间转速差为200 ~ 400 r/ min，每级磨合时间为____ ~ ____min，总磨合时间不少于____h。

5）负载热磨合时的检查项目有：

①检查__________、________和________应符合规定。

②检查发动机在各种工况下运转______、______。否则，应停机排除。

③校准____________。

引导问题3　什么是发动机竣工验收？

竣工验收应符合《汽车修理质量检查评定方法》（GB/T 15746—2011）对汽车发动机修理竣工质量的评定，请填写下表。

发动机竣工验收表

序号	评定项目		项目描述
1	发动机外观及装备	外观	
2		装备	
3		润滑油（脂）及冷却液	
4	起动性能	冷机起动	
5		热机起动	
6	发动机运行状态	怠速运转性能	
7		运转状态	
8		加速或减速	
9		异响	
10	进气歧管真空度		
11	气缸压缩压力		
12	机油压力		
13	额定功率		
14	最大扭矩		
15	燃料消耗率		
16	排放性能		

三、 任务实施： 发动机总成装配

（一）曲轴箱及油底壳安装

步骤 1：安装加强曲轴箱总成。

（1）在图 7—1 所示位置连续涂抹__________（直径：______mm）。

（2）如图 7—2 所示，用 11 个螺栓安装加强曲轴箱。

扭矩：21 N・m。

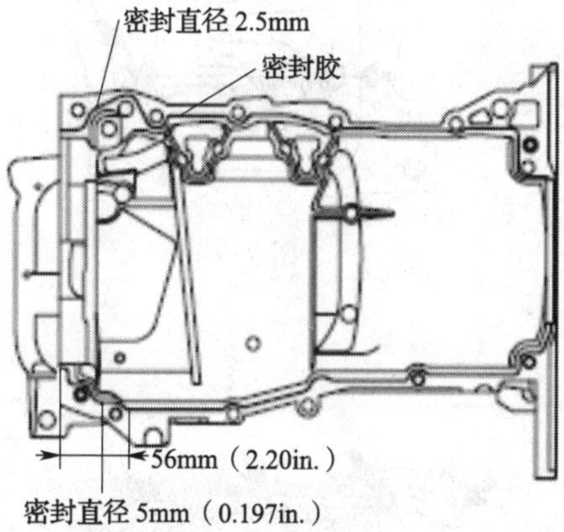

图 7—1

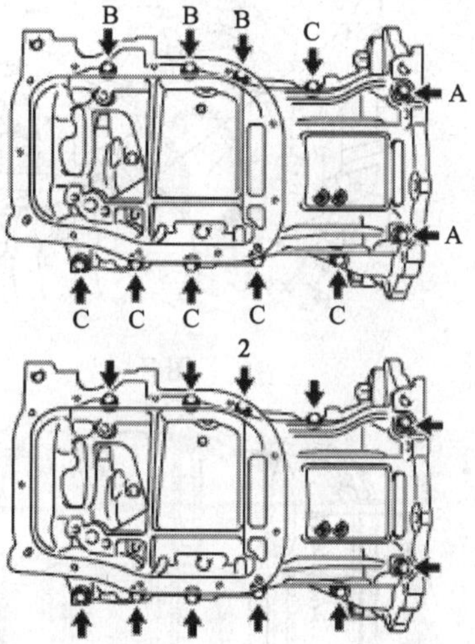

图 7—2

螺栓长度：

项目	长度
螺栓 A	
螺栓 B	
螺栓 C	

（3）重新检查螺栓 1 和 2 的扭矩。

扭矩：__________N・m。

（4）用干净的布擦去多余的________。

步骤 2：安装发动机后油封。

（1）如图 7—3 所示，用专用工具 SST 和锤子均匀敲打________，直到其______与后油封座圈边缘______。

（2）在新油封唇口涂抹________。

步骤 3：如图 7—4 所示，用______个螺栓安装机油泵。

扭矩：________N · m。

步骤4：安装2号油底壳分总成。

（1）清除所有旧的________，小心不要将油滴在汽缸体和油底壳的接触面上。

（2）如图7—5所示，涂抹一条直径________mm连续的密封胶。

（3）如图7—6所示，用______个螺栓和______个螺母安装2号油底壳。

扭矩：________N · m。

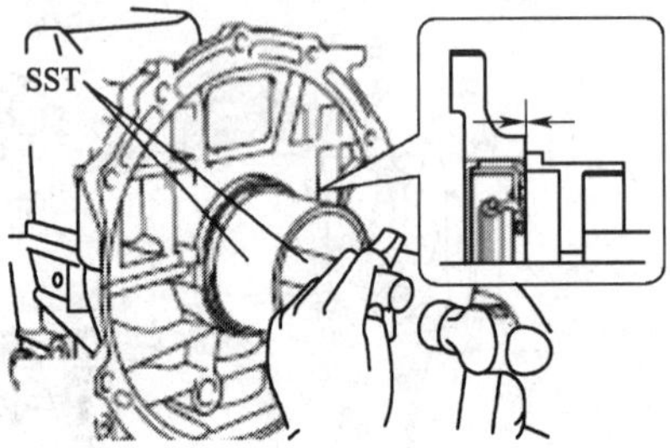

图7—3

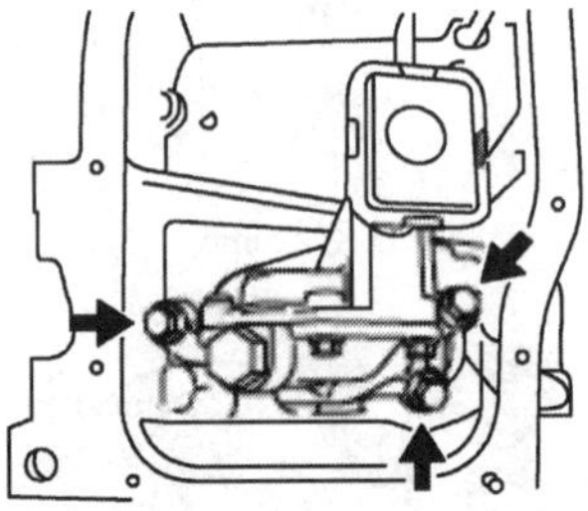

图7—4

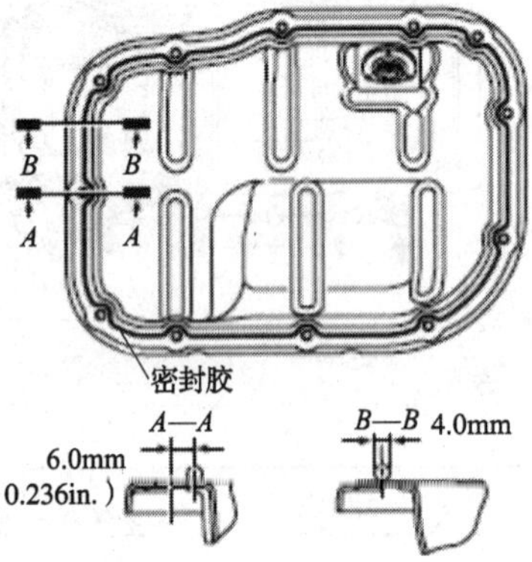

图7—5

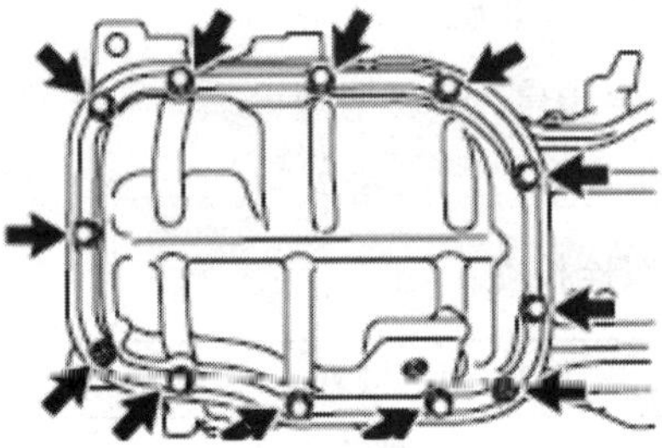

图7—6

步骤5：如图7—7所示，安装新________和油底壳______。

扭矩：________N · m。

步骤6：如图7—8所示，在______的螺纹上涂抹黏合剂，安装汽缸体______________。

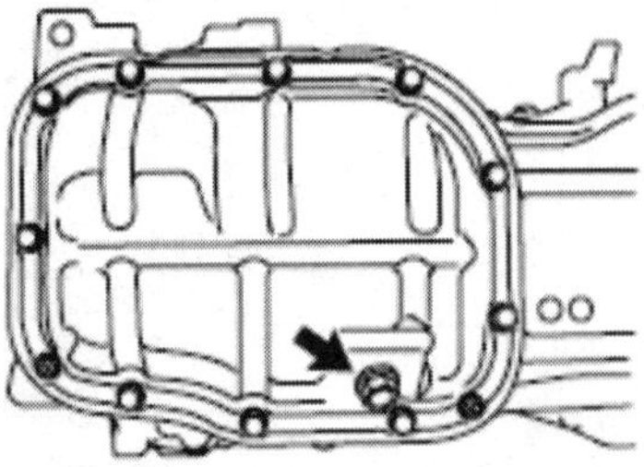

图7—7

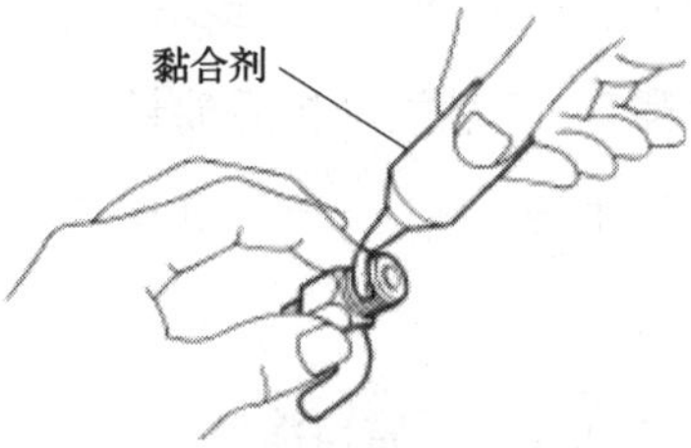

图7—8

（1）如图 7—9 所示，安装放水开关。

扭矩：__________N · m。

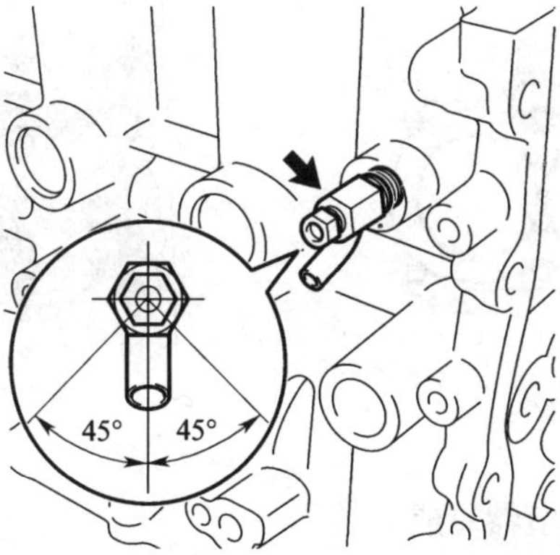

图 7—9

（2）将放水螺塞安装到放水开关上。

扭矩：________N · m。

步骤 7：安装通风阀分总成。

（1）如图 7—10 所示，在________的螺纹上涂抹黏合剂。

（2）如图 7—11 所示，安装通风阀。

扭矩：________N · m。

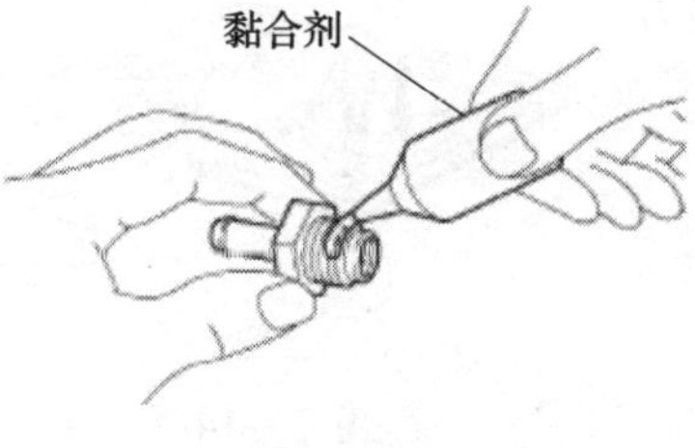

图 7—10

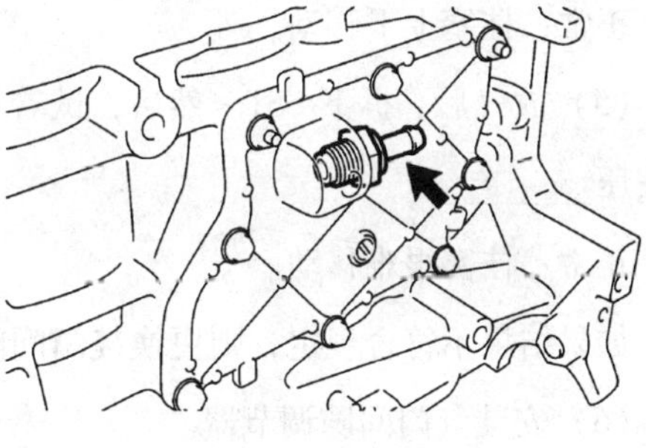

图 7—11

（二）汽缸盖总成安装

步骤 1：安装汽缸盖衬垫。

如图 7—12 所示，将________放在汽缸体表面上，并使印有________的一面朝上。

步骤 2：安装汽缸盖分总成。

（1）在螺栓的螺纹和与垫圈相接触的螺栓头下的部位，涂抹一薄层__________。

（2）将______和______安装至汽缸盖。

（3）按图 7—13 所示顺序，用______mm 的双六角扳手，分几步均匀地安装并紧固

______个汽缸盖固定螺栓和平垫圈。

扭矩：________N · m。

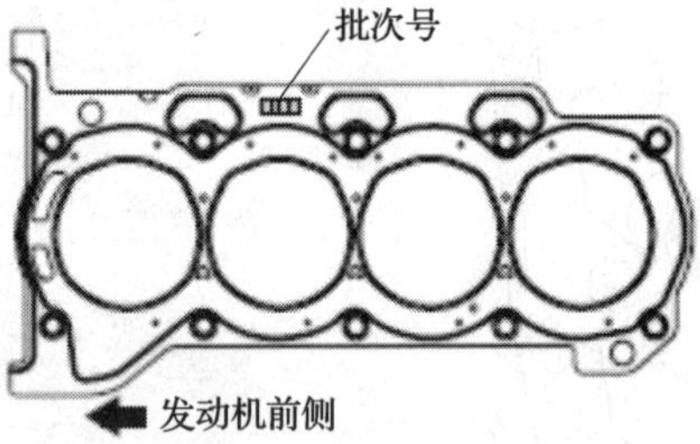

图 7—12

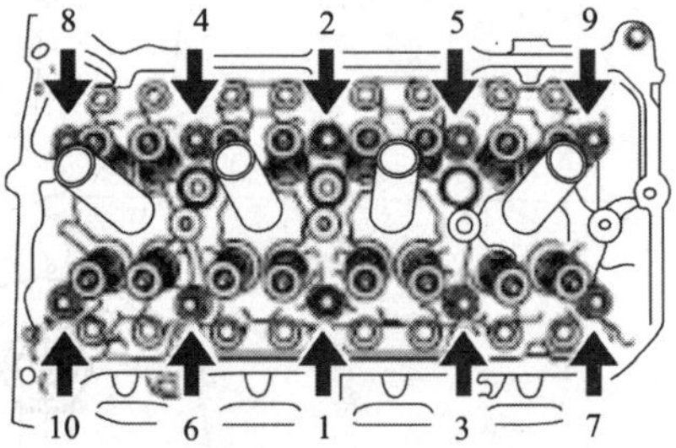

图 7—13

步骤 3：安装气门间隙调节器总成。

（1）如图 7—14 所示，将____________放入装有发动机机油的容器中。

（2）将 SST 顶端插入气门间隙调节器的____中，并用顶端挤压柱塞中的________。

（3）将 SST 和气门间隙调节器压在一起，上下移动柱塞____ ~ ______次。

（4）检查柱塞的______情况并________。

正常：柱塞上下移动。

（5）放气后，拆下 SST。然后，试着用手指迅速且用力地按压________。

正常：柱塞很难移动。

如果结果不符合规定，则更换气门间隙调节器。

（6）安装气门间隙调节器。

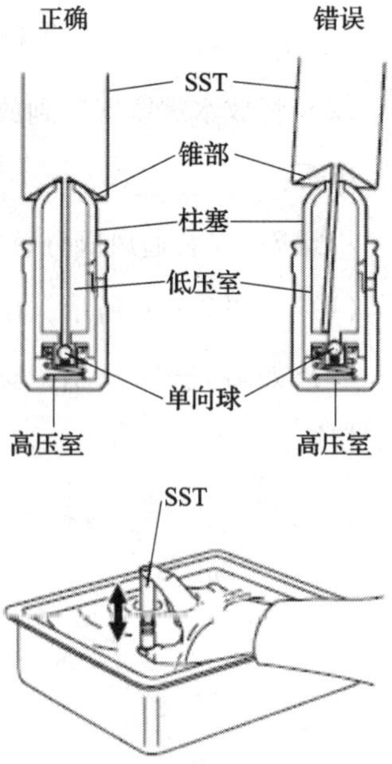

图 7—14

步骤 4：安装 1 号气门摇臂分总成。

（1）在气门间隙调节器______和气门杆盖________涂抹发动机机油。

（2）确保将气门摇臂安装至如图 7—15 所示位置。

步骤 5：安装 1 号凸轮轴轴承

（1）清洁______的双表面。

（2）安装________个 1 号凸轮轴轴承。

（3）如图 7—16 所示，用游标卡尺测量轴承盖边缘和凸轮轴轴承边缘间的距离。

尺寸（*A*—*B*）：______mm 或更小。

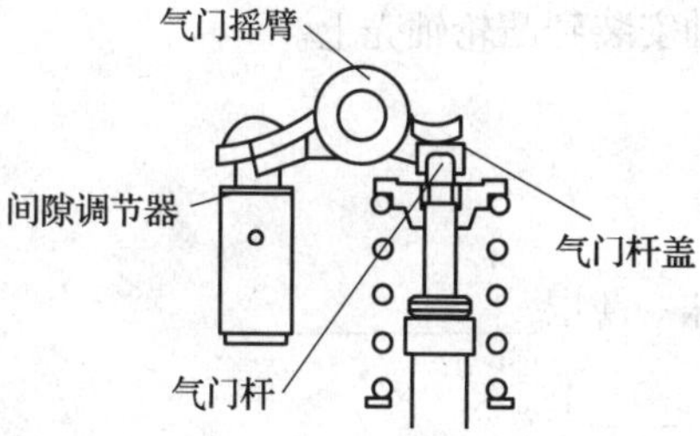

图 7—15

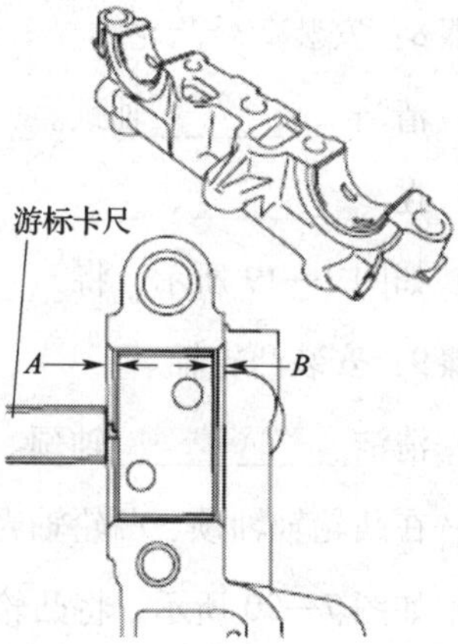

图 7—16

步骤 6：安装机油控制阀滤清器。

（1）检查并确认________的滤网上没有异物。

（2）如图 7—17 所示，安装____________________。

步骤 7：安装 2 号凸轮轴轴承。

（1）清洁__________的双表面。

（2）安装________个 2 号凸轮轴轴承。

（3）如图 7—18 所示，用__________测量轴承盖边缘和凸轮轴轴承边缘间的距离。

尺寸 *A*：________ ~ __________mm 。

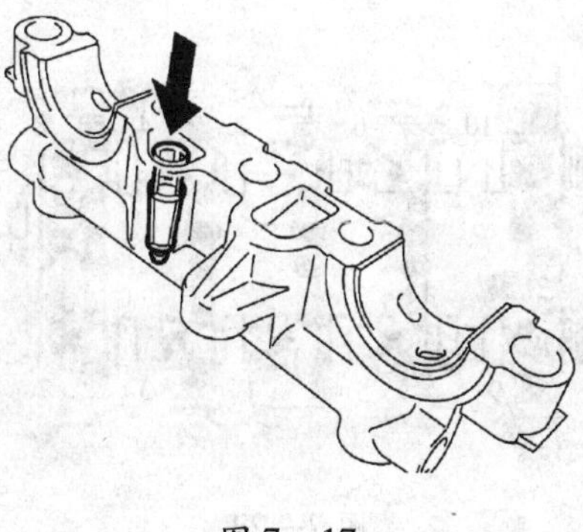

图 7—17

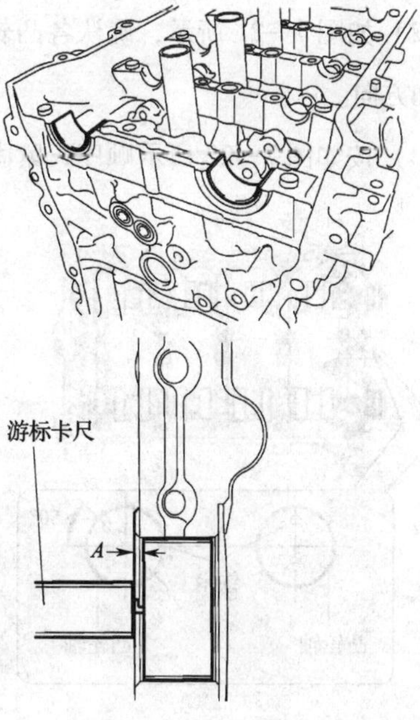

图 7—18

步骤 8：安装 2 号凸轮轴。

（1）清洁__________轴颈。

（2）在__________、____________和__________上涂抹一薄层发动机机油。

（3）如图 7—19 所示，将__________号凸轮轴安装到凸轮轴壳上。

步骤 9：安装凸轮轴。

（1）清洁____________轴颈。

（2）在凸轮轴轴颈、凸轮轴壳和轴承盖上涂抹一薄层______________。

（3）如图 7—20 所示，将凸轮轴安装到__________上。

步骤 10：安装凸轮轴轴承盖。

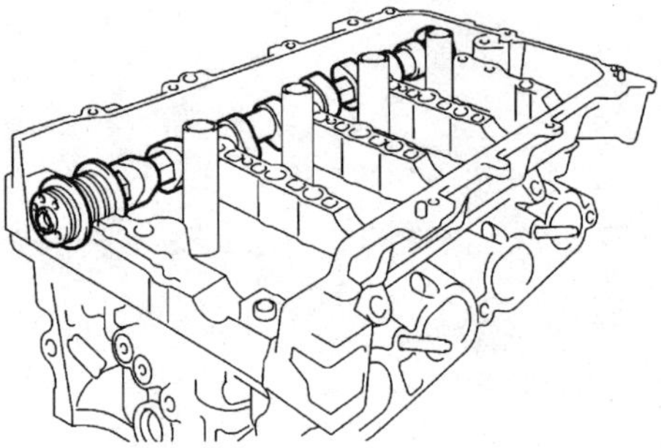

图 7—19

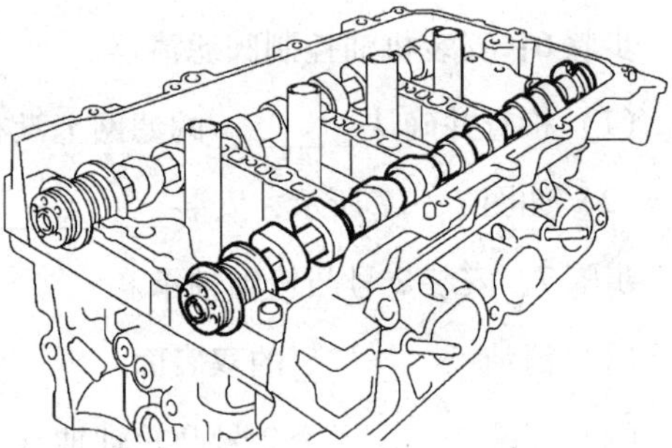

图 7—20

（1）在凸轮轴轴颈、凸轮轴壳和轴承盖上涂抹发动机机油。

（2）如图 7—21 所示，确认各凸轮轴轴承盖上的______和______，并将其置于正确的位置和方向。

（3）按如图 7—22 所示顺序，紧固__________个螺栓。

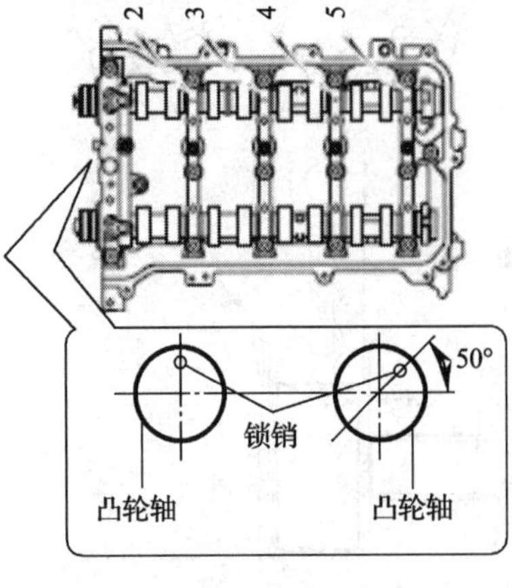

图 7—21

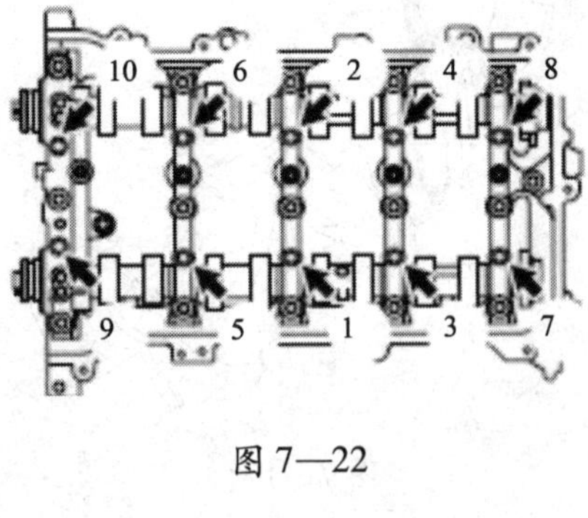

图 7—22

扭矩：________N · m。

步骤 11：安装凸轮轴壳分总成。

（1）确保将__________按如图 7—23 所示安装。

（2）如图 7—24 所示，连续涂抹________________。

密封直径：________ ~ ____________mm 。

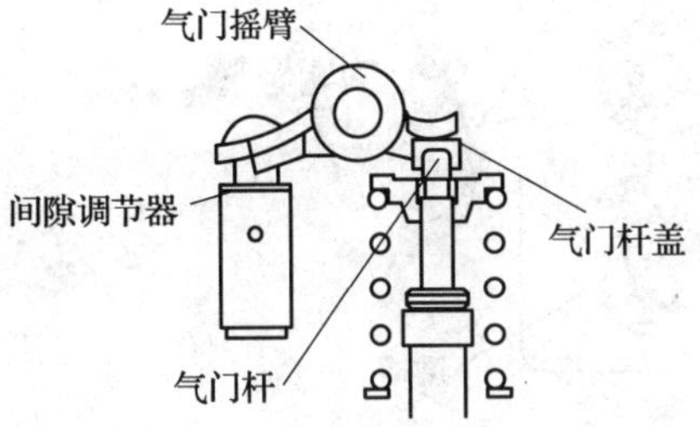

图 7—23

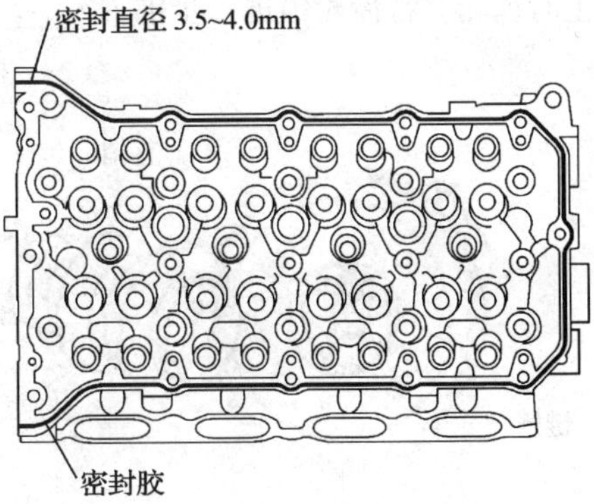

图 7—24

（3）固定________和__________。

（4）安装凸轮轴壳，并按图 7—25 所示顺序紧固______________个螺栓。

扭矩：____________N · m 。

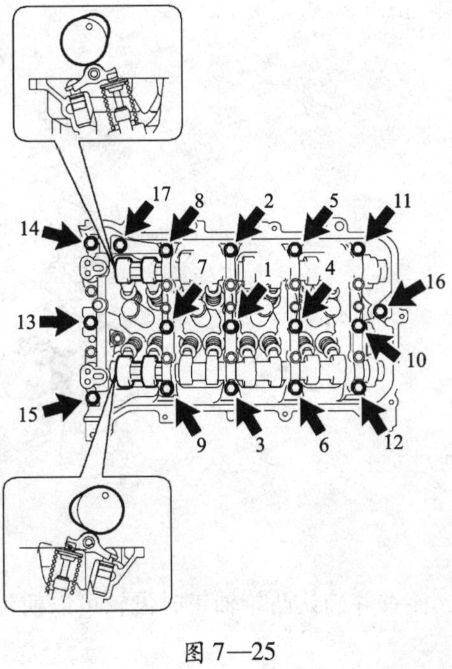

图 7—25

（三）发动机正时链条安装

步骤 1：安装凸轮轴正时齿轮总成。

（1）检查并确认__________已安装在凸轮轴上。

（2）如图 7—26 所示，使直销和键槽不对准，将凸轮轴__________和______放置在一起。

（3）将凸轮轴正时齿轮轻轻推向凸轮轴的同时，按照如图 7—27 所示方向旋转凸轮轴正时齿轮。将齿轮销进一步推入__________中。

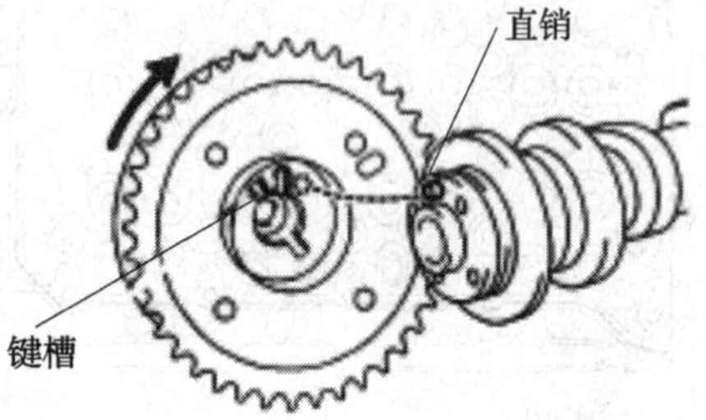

图 7—26

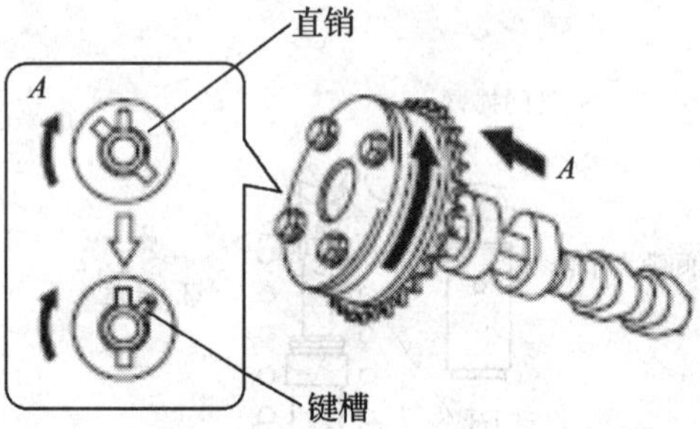

图 7—27

（4）如图 7—28 所示，测量齿轮和凸轮轴间的间隙。

间隙：________ ~ ________mm。

（5）如图 7—29 所示，在凸轮轴正时齿轮固定就位时，紧固凸缘螺栓。

扭矩：____________N · m。

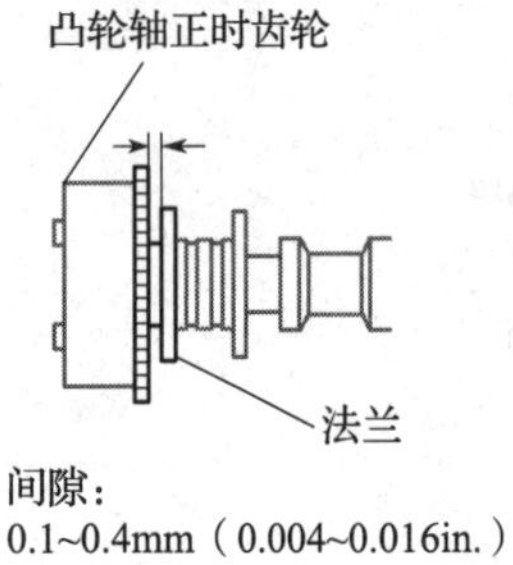

图 7—28

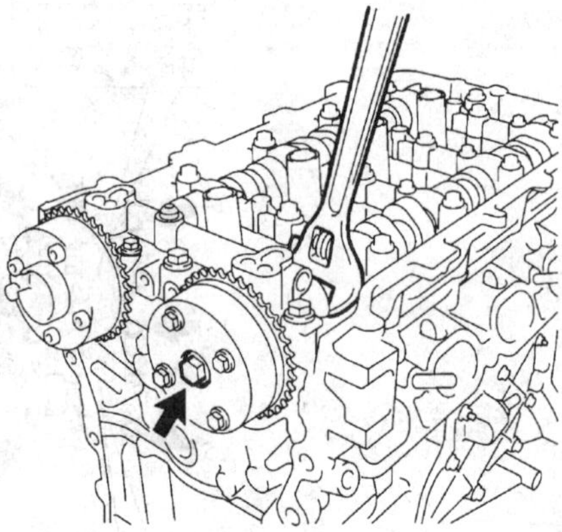

图 7—29

（6）如图 7—30 所示，检查并确认凸轮轴正时齿轮可以朝延迟方向（顺时针）转动，并锁止在__________________________。

步骤2：安装排气凸轮轴正时齿轮总成。

（1）检查并确认锁销已安装在____________上。

（2）如图7—31所示，对准键槽和直销，然后将______________正时齿轮和凸轮轴连接起来。

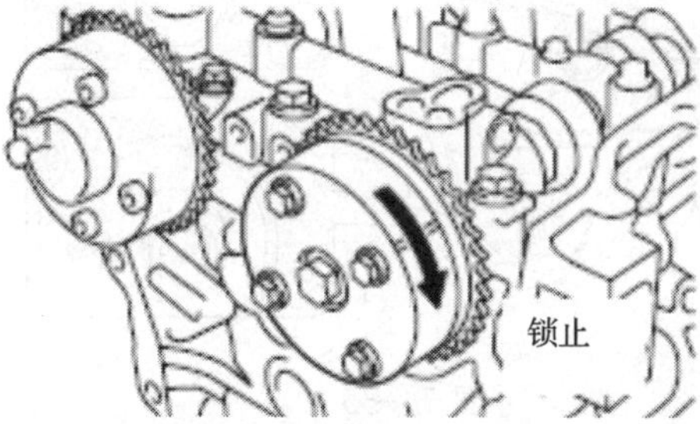

图7—30

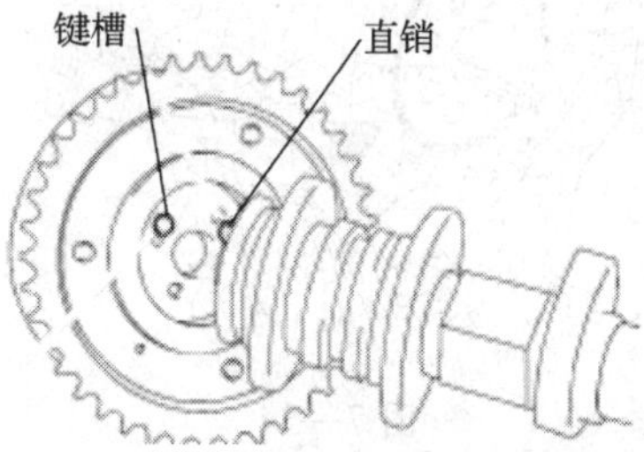

图7—31

（3）将齿轮轻轻地压在凸轮轴上，并转动齿轮，将____________进一步推入键槽中。

（4）检查并确认齿轮凸缘和凸轮轴间没有__________。

（5）如图7—32所示，排气凸轮轴正时齿轮固定住时，拧紧凸缘螺栓。

扭矩：________________N·m。

（6）检查排气凸轮轴正时齿轮的锁止情况，确保排气凸轮轴正时齿轮已锁止。

步骤3：安装曲轴正时齿轮键。

如图7—33所示，用塑料锤敲进______个曲轴正时齿轮键。

步骤4：安装1号曲轴位置信号盘，使“____”标记朝前，如图7—34所示。

步骤5：安装2号链条分总成。

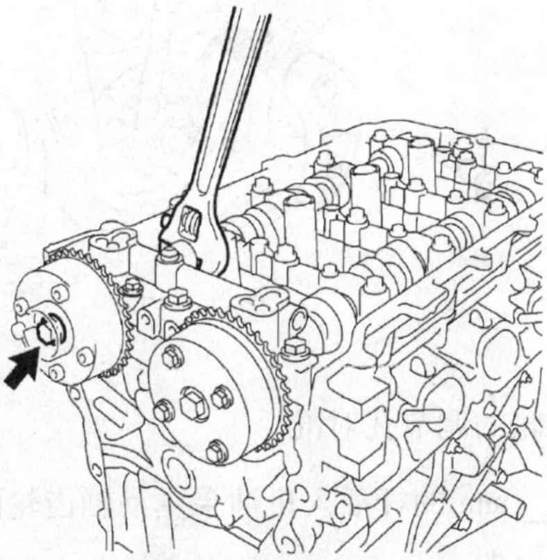

图7—32

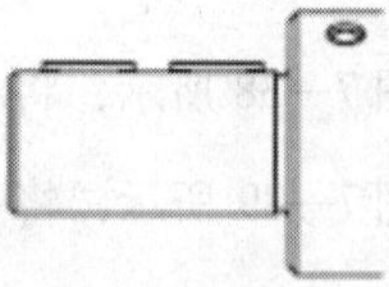

图7—33

（1）如图 7—35 所示设置______________。

（2）转动驱动轴以便切口朝向______水平位置。

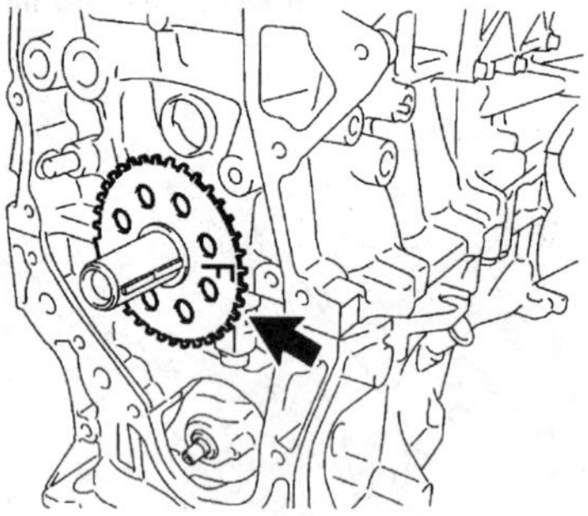

图 7—34

图 7—35

（3）如图 7—36 所示，使黄色链条标记对准每个齿轮的____________。

（4）用齿轮上的链条将链轮安装到__________和________轴上。

（5）用__________暂时紧固机油泵主动轴链轮。

（6）如图 7—37 所示，将减振弹簧插入到调节孔，然后用螺栓安装________________。

扭矩：____________N · m 。

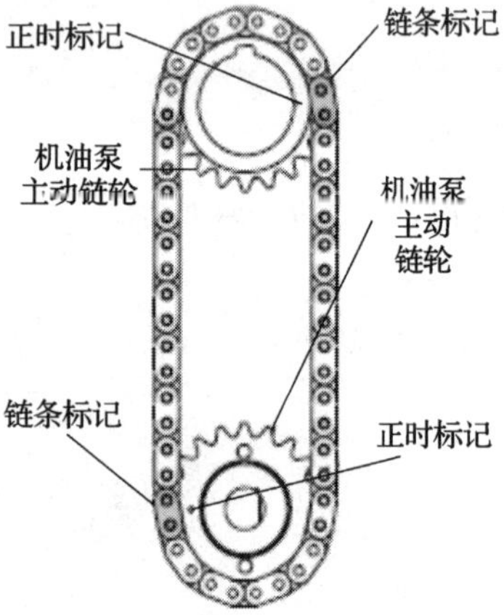

图 7—36

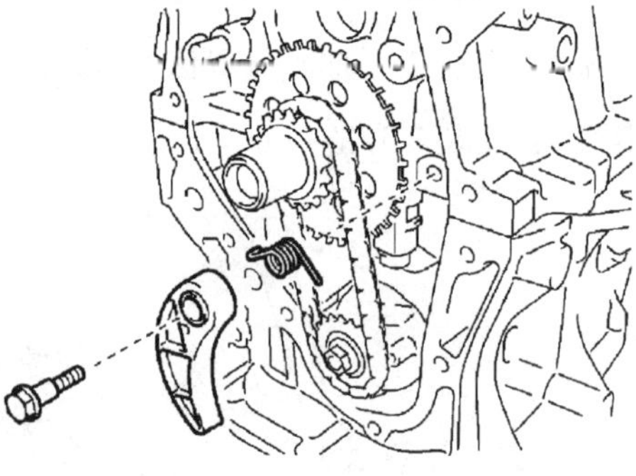

图 7—37

（7）如图 7—38 所示，将机油泵主动轴链轮的调节孔对准_____________。

（8）如图 7—39 所示，将一个直径为______mm 的杆插入机油泵主动轴齿轮的调节孔以便将齿轮锁定就位，然后紧固________。

扭矩：________N · m。

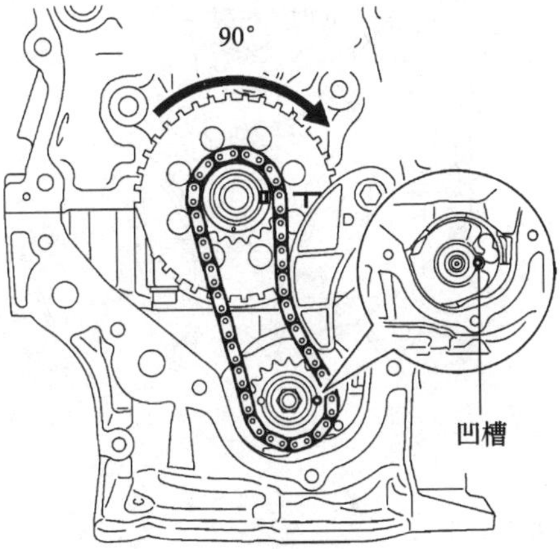

图 7—38

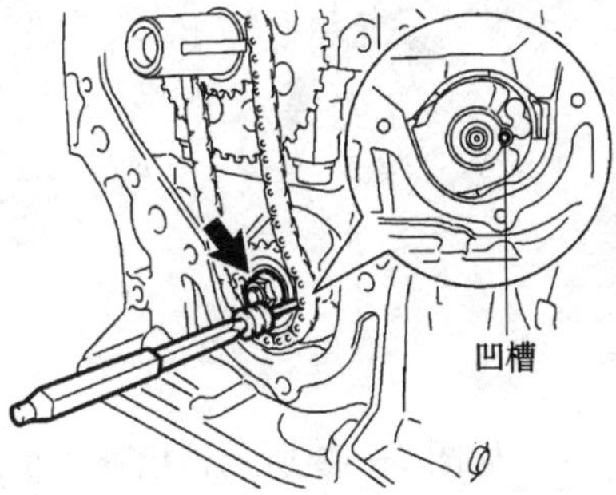

图 7—39

步骤 6：如图 7—40 所示，安装______正时链轮。

步骤 7：如图 7—41 所示，用____个螺栓安装______号链条振动阻尼器。

扭矩：________N · m。

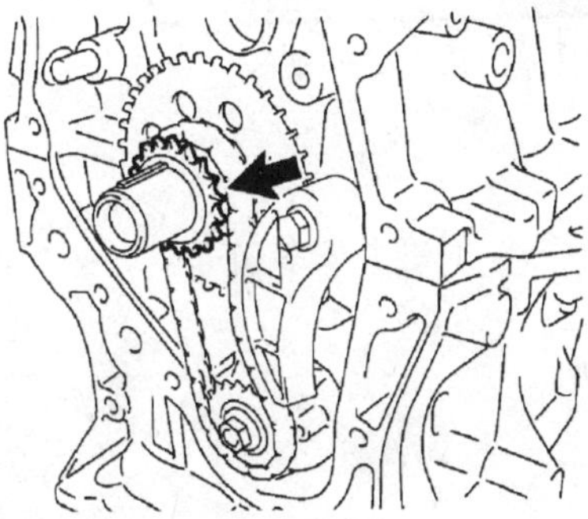

图 7—40

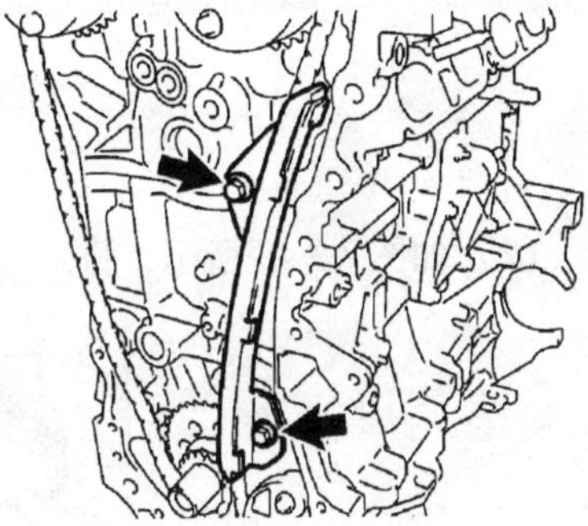

图 7—41

步骤 8：安装 2 号链条振动阻尼器。

如图 7—42 所示，用______个螺栓安装______号链条振动阻尼器。

扭矩：______N · m。

步骤 9：安装链条分总成。

（1）检查________号气缸 TDC/压缩。

1）暂时紧固__________________螺栓。

2）如图 7—43 所示，逆时针转动____________，以使正时齿轮键位于顶部。

3）拆下曲轴皮带轮螺栓。

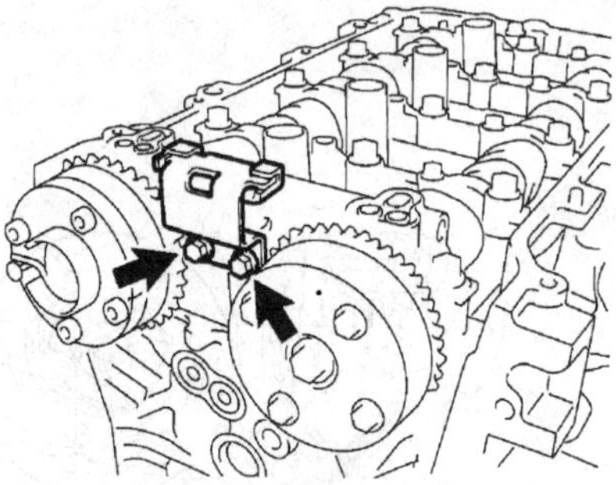

图 7—42

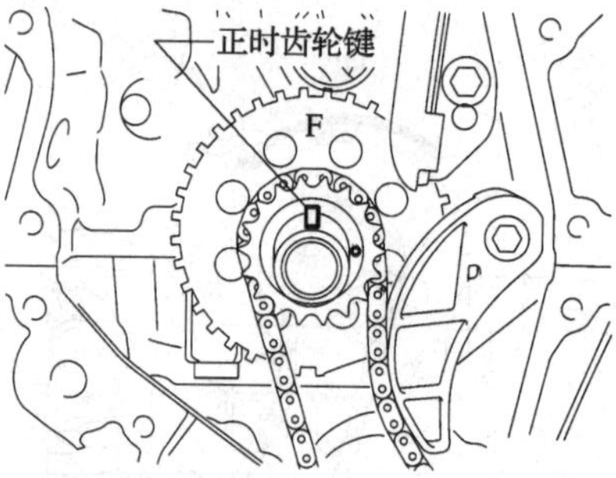

图 7—43

4）如图 7—44 所示，检查每个凸轮轴正时齿轮上的______________。

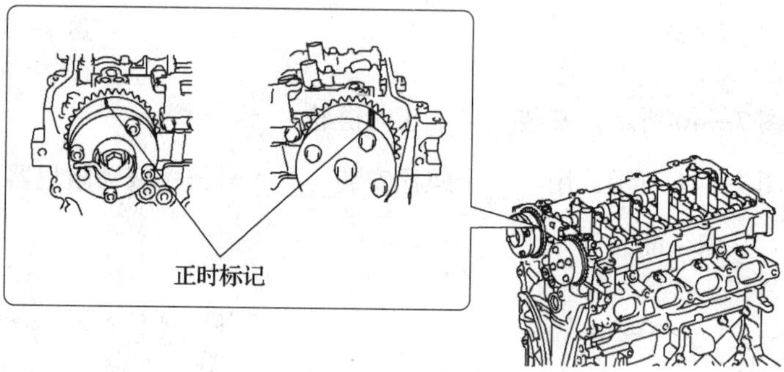

图 7—44

（2）如图 7—45 所示，将________（橙色）和__________对准并安装链条。

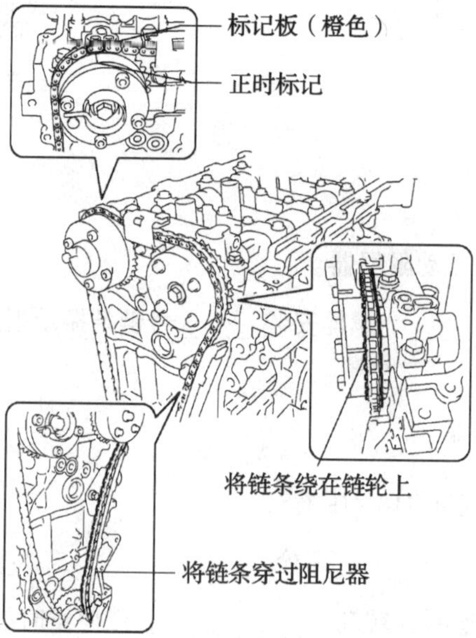

图 7—45

（3）如图 7—46 所示，将__________放在曲轴上，但不要使其缠绕在曲轴周围。

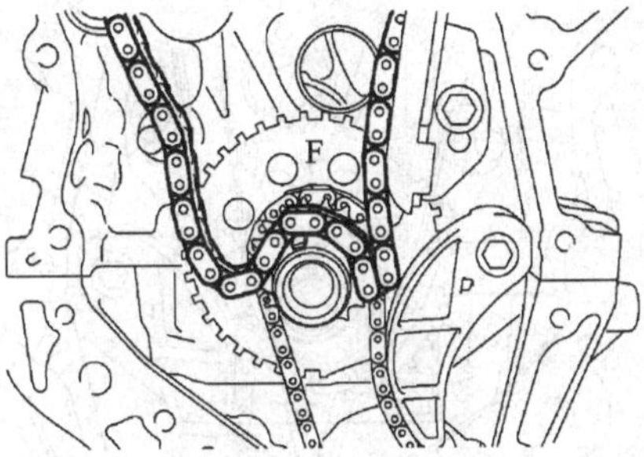

图 7—46

（4）如图 7—47 所示，用扳手固定住________的六角头部分，并逆时针旋转凸轮轴正时齿轮总成，以使标记板（橙色）和正时标记对准。

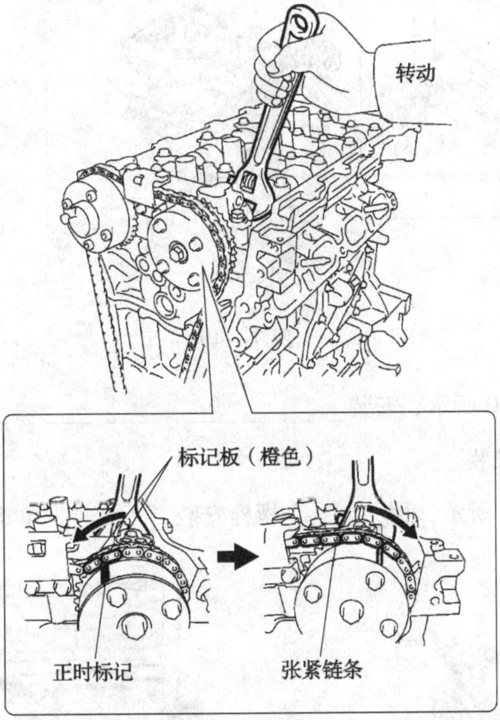

图 7—47

（5）用扳手固定住凸轮轴的________部分，并________旋转凸轮轴正时齿轮总成。

（6）将标记板（橙色）和正时标记对准，并将链条安装至曲轴正时齿轮。曲轴侧的标记板为黄色，如图 7—48 所示。

（7）在 TDC/ 压缩时，重新检查每个______________，如图 7—49 所示。

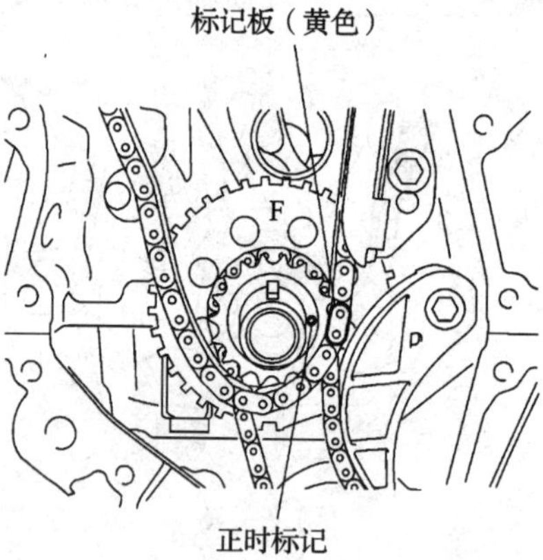

图 7—48

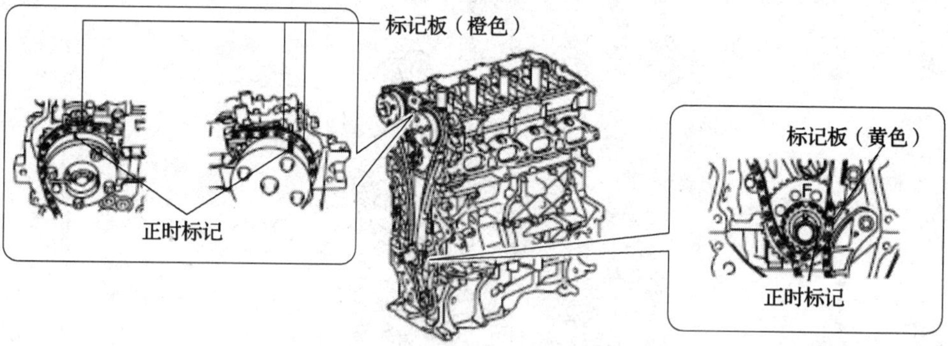

图 7—49

步骤 10：如图 7—50 所示，安装______________________。

（四）发动机附件安装

步骤 1：如图 7—51 所示，用______个螺栓安装______号发电机支架。

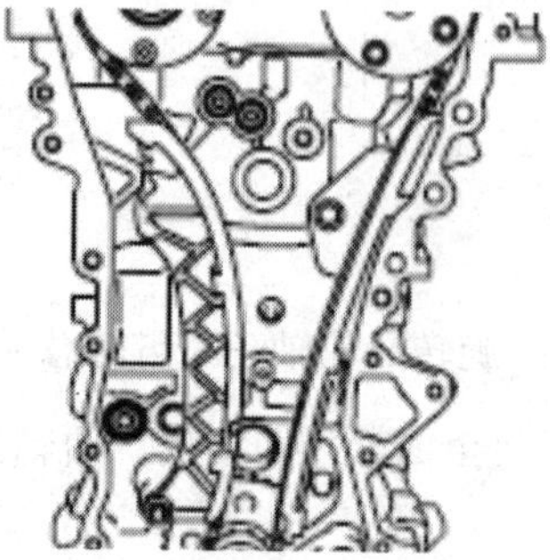

图 7—50

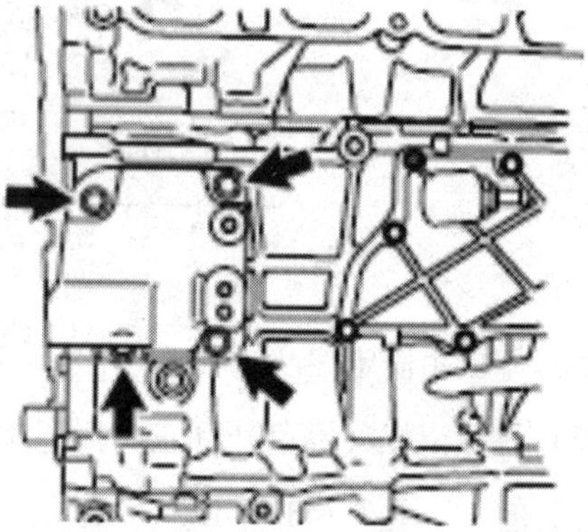

图 7—51

扭矩：21 N · m 。

步骤 2：如图 7—52 所示，用________个螺栓安装进水口壳。

扭矩：________N · m。

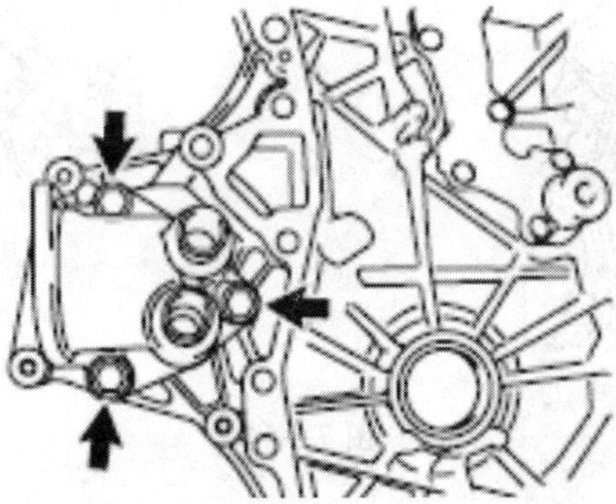

图 7—52

步骤 3：安装正时链条盖油封。

（1）如图 7—53 所示，用专用工具 SST 敲入一个____油封，直到其表面与正时齿轮箱边缘齐平。

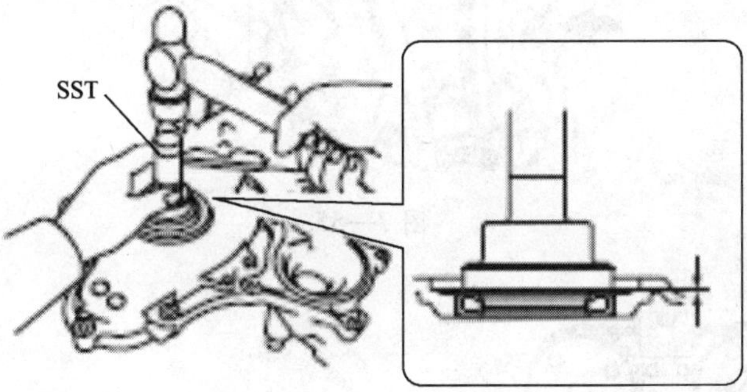

图 7—53

（2）在________唇口上涂抹一薄层通用润滑脂。

步骤 4：安装正时链条盖分总成。

（1）如图 7—54 所示，清除所有________（FIPG），小心不要将油滴在正时链条盖、汽缸盖和汽缸体的接触面上。

（2）如图 7—55 所示，安装______个新______形圈。

（3）如图 7—56 所示，涂抹密封胶。

密封直径：________mm。

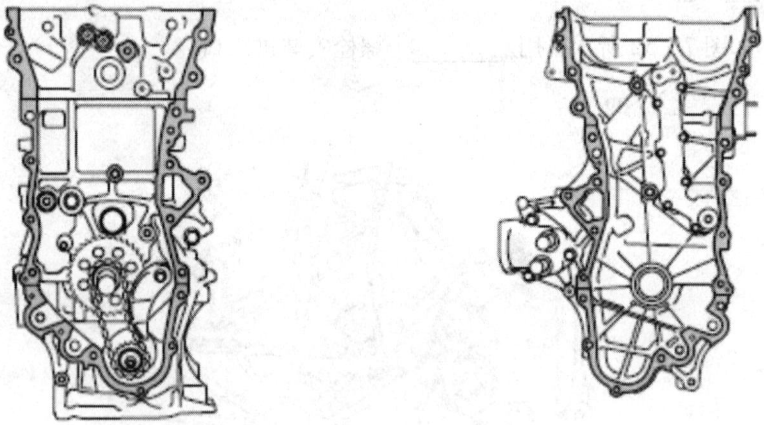

图 7—54

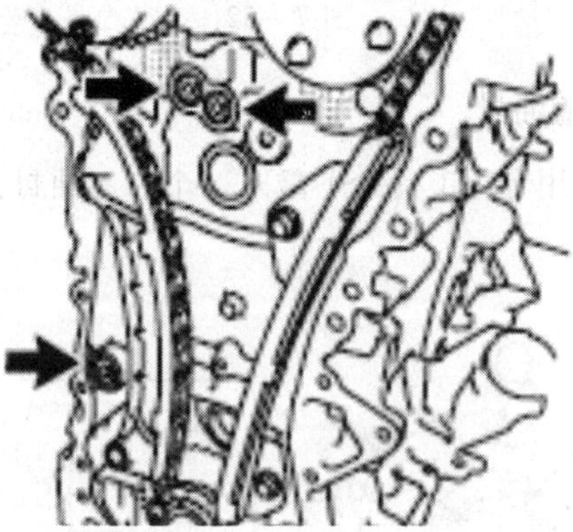

图 7—55

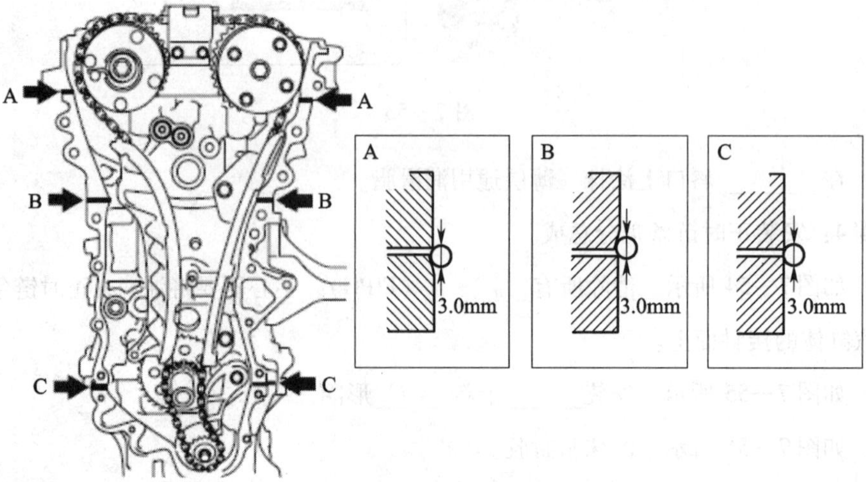

图 7—56

（4）如下图 7—57 所示，给正时链条盖___________密封胶。

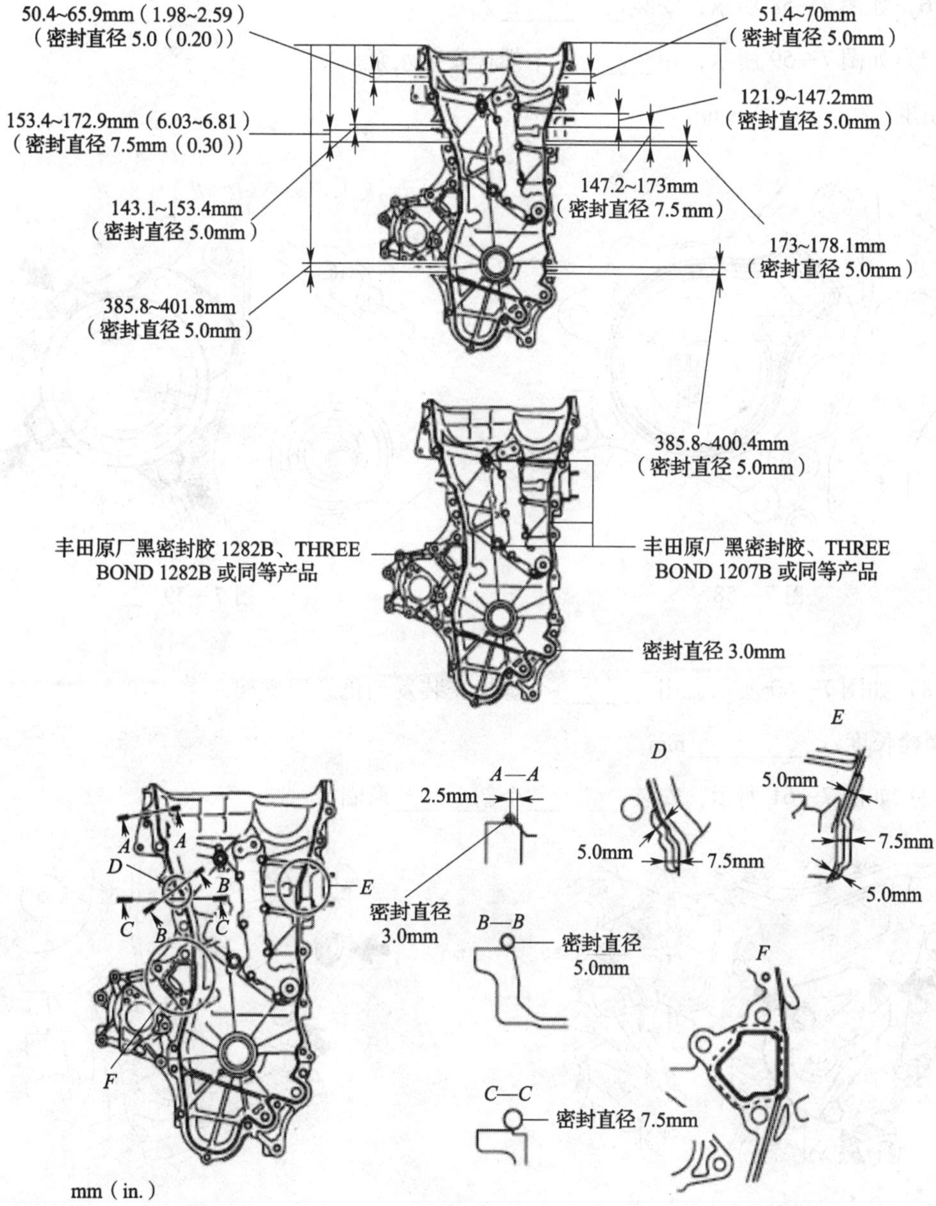

图 7—57

按如下方式涂抹密封胶：

部位	密封胶直径	密封线以内的涂抹位置
连续线区域		
虚线区域		

(5) 安装______________。

(6) 如图 7—58 所示，安装__________。

(7) 如图 7—59 所示，用________个螺栓安装水泵。

扭矩：________N · m

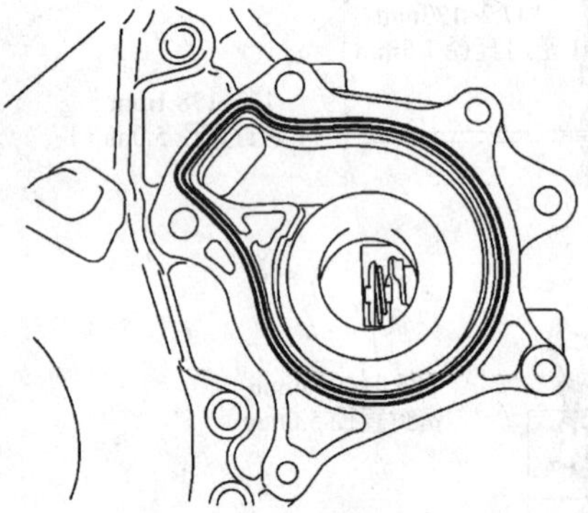

图 7—58

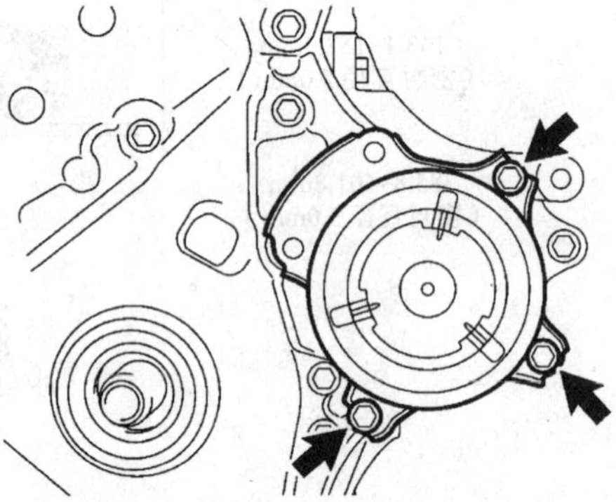

图 7—59

(8) 如图 7—60 所示，用________个螺栓安装发动机悬置支架。

螺栓长度：__________mm。

(9) 如图 7—61 所示，安装________个新______形圈。

图 7—60

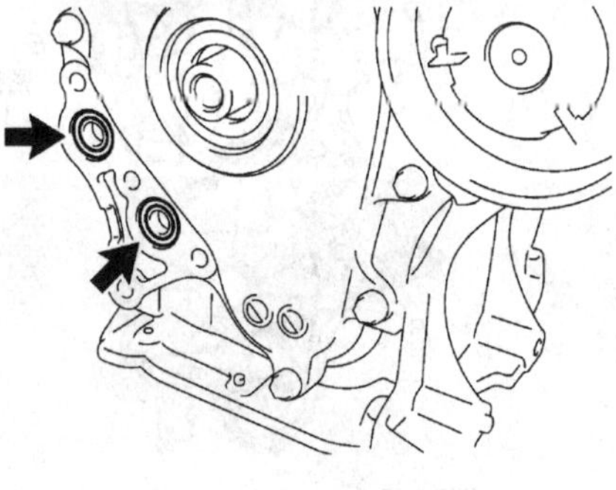

图 7—61

(10) 如图 7—62 所示，用______个螺栓暂时紧固机油滤清器支架。

螺栓长度：________mm。

(11) 在螺栓 E 的螺纹上涂抹黏合剂。

(12) 如图 7—63 所示，用________个螺栓安装正时链条盖。

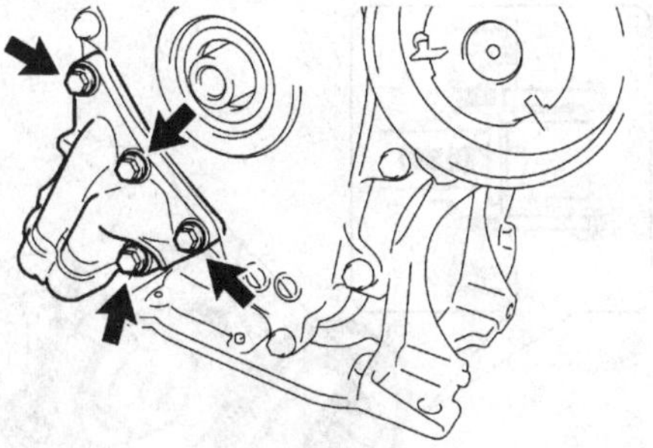

图 7—62

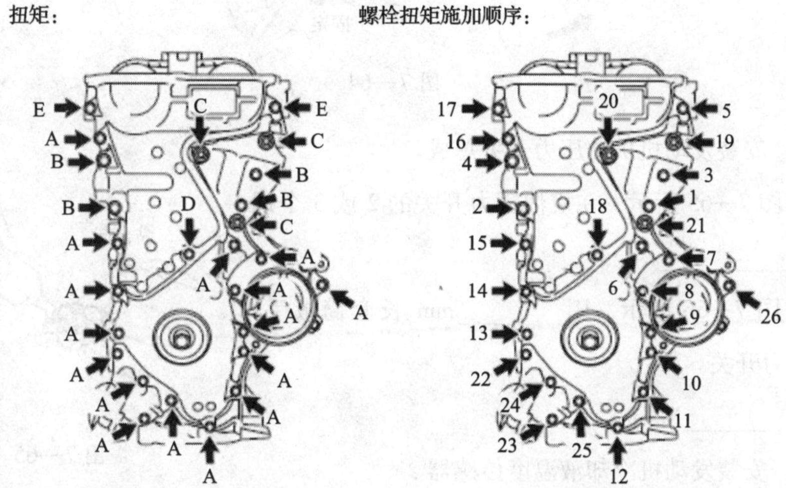

图 7—63

螺栓长度与扭矩：

项目	长度 mm	扭矩 N·m
螺栓 A、E		
螺栓 B		
螺栓 C		
螺栓 D		

步骤 5：安装曲轴皮带轮。

（1）将曲轴皮带轮________对准皮带轮上的________。

（2）如图 7—64 所示，用专用工具 SST 固定皮带轮就位并拧紧螺栓。

扭矩：________N·m。

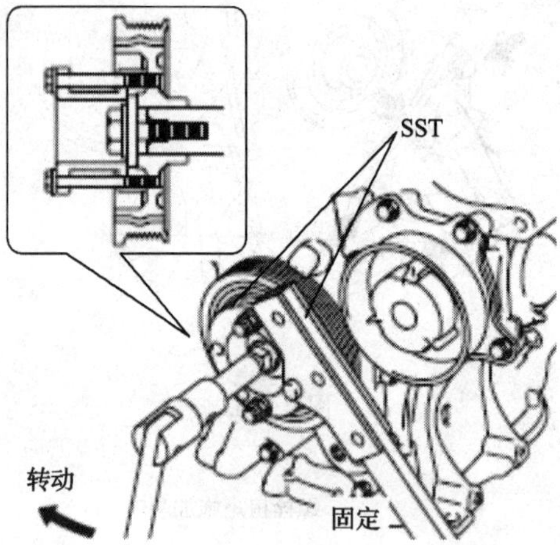

图 7—64

步骤 6：安装发动机机油压力开关总成。

（1）如图 7—65 所示，在机油压力开关的 2 或 3 个螺纹上涂抹__________。

（2）如图 7—66 所示，用________mm 长套筒扳手，安装机油压力开关。

扭矩：________N·m。

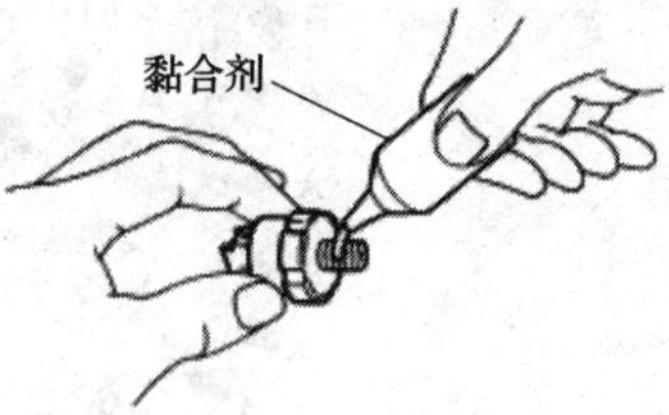

图 7—65

步骤 7：安装发动机冷却液温度传感器。

（1）将新衬垫安装到发动机冷却液________上。

（2）如图 7—67 所示，用________mm 的长套筒扳手安装温度传感器。

扭矩：________N·m。

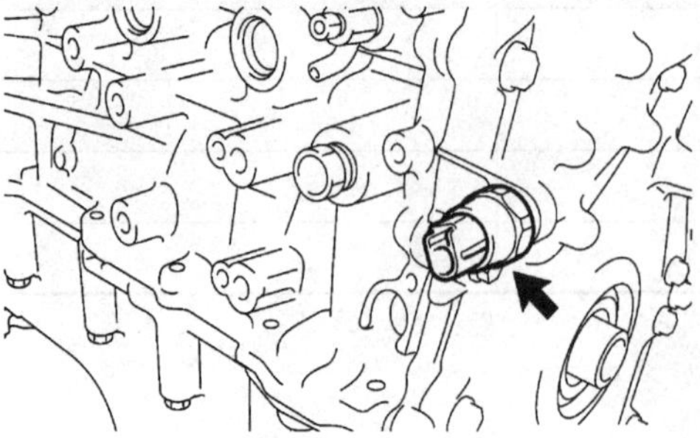

图 7—66

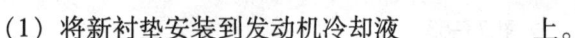

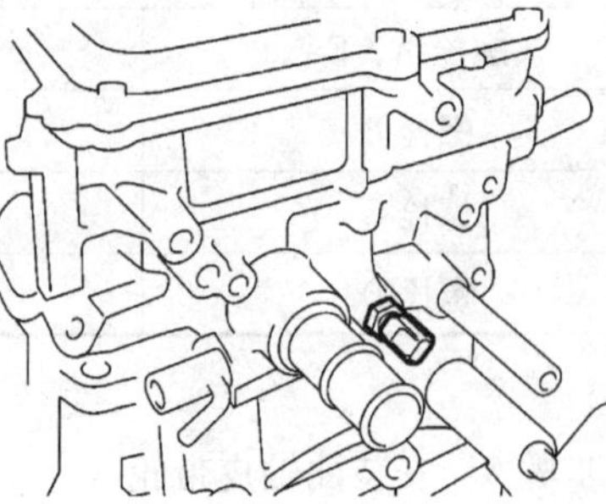

图 7—67

步骤 8：如图 7—68 所示，用螺栓安装__________。

扭矩：__________N·m。

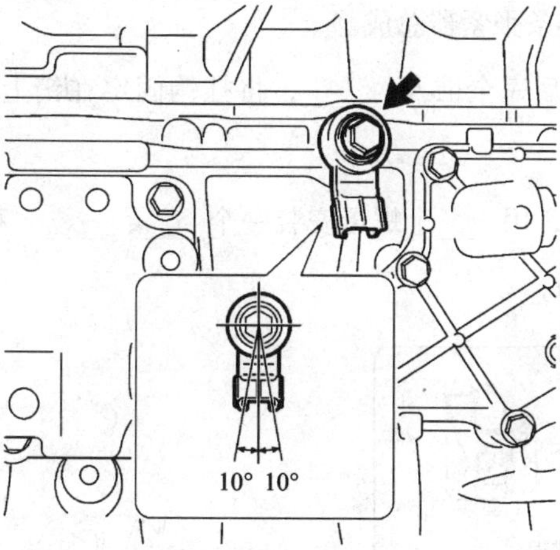

图 7—68

步骤 9：如图 7—69 所示，在______的 2 或 3 个螺纹上涂抹黏合剂，并安装________。

扭矩：________N · m。

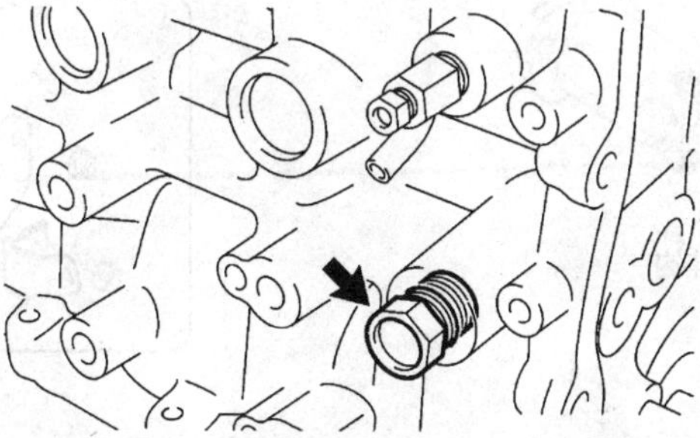

图 7—69

步骤 10：安装曲轴位置传感器。

（1）如图 7—70 所示，在____________O 形圈上涂抹一薄层发动机机油。

（2）如图 7—71 所示，用螺栓安装___________。

扭矩：________N · m。

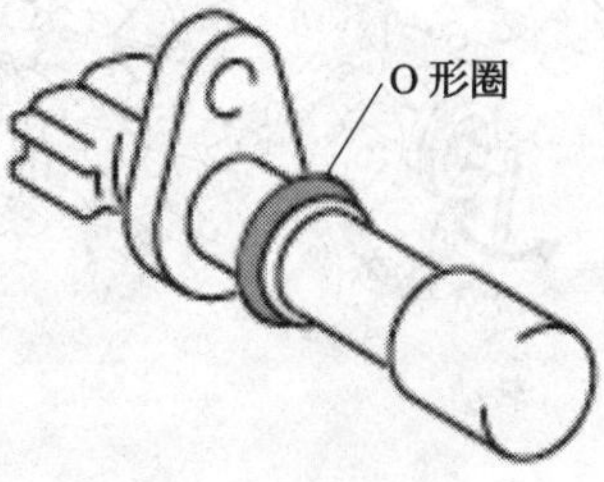

图 7—70

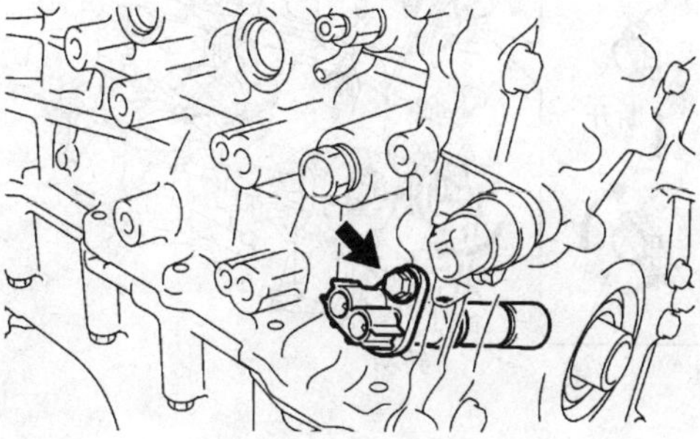

图 7—71

步骤 11：安装 1 号链条张紧器总成。

（1）松开______，然后完全推入______，将挂钩固定在销上以使柱塞位于图 7—72 所示位置。

（2）如图 7—73 所示，用____个螺母安装一个____、______和__________。

扭矩：________N · m。

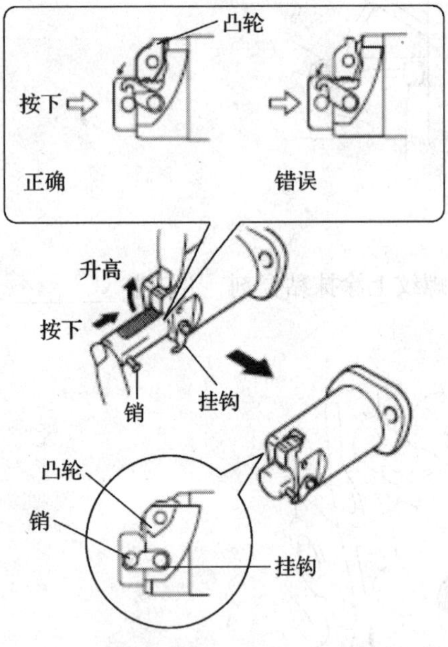

图 7—72

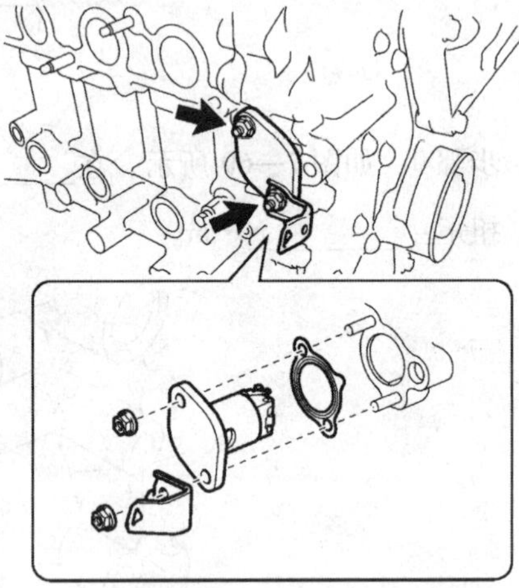

图 7—73

（3）如图 7—74 所示，逆时针转动______，然后从挂钩上断开柱塞锁销。

（4）如图 7—75 所示，顺时针转动_______，然后检查并确认柱塞伸出。

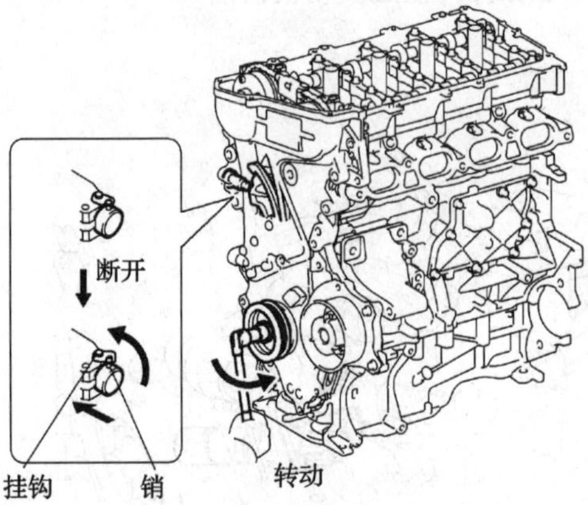

图 7—74

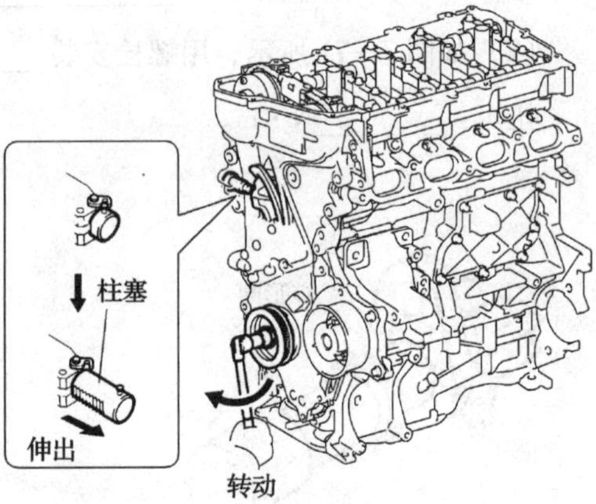

图 7—75

步骤 12：安装机油滤清器分总成。

（1）如图 7—76 所示，使用______mm 六角套筒扳手，安装____________。

扭矩：________N · m。

（2）检查并清洗机油滤清器的__________。

（3）在______机油滤清器的衬垫上涂抹一层干净的发动机机油。

（4）将机油滤清器轻轻地______________，直到衬垫接触机油滤清器底座。

（5）使用扭矩扳手时：如图 7—77 所示，用专用工具 SST 紧固机油滤清器。

扭矩：________N · m。

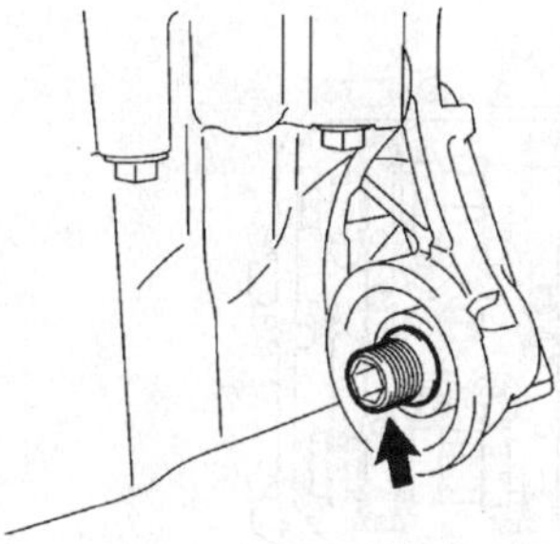

图 7—76

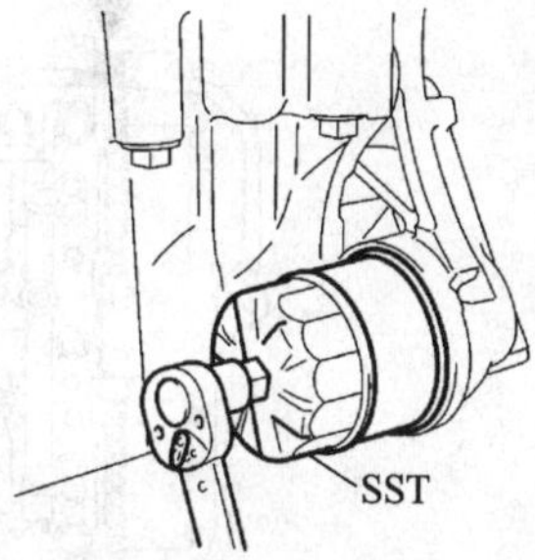

图 7—77

（6）不使用扭矩扳手时，如图 7—78 所示，用 SST 将机油滤清器再拧紧____________圈。

步骤 13：安装汽缸盖罩衬垫。

如图 7—79 所示，将______安装至汽缸盖罩。

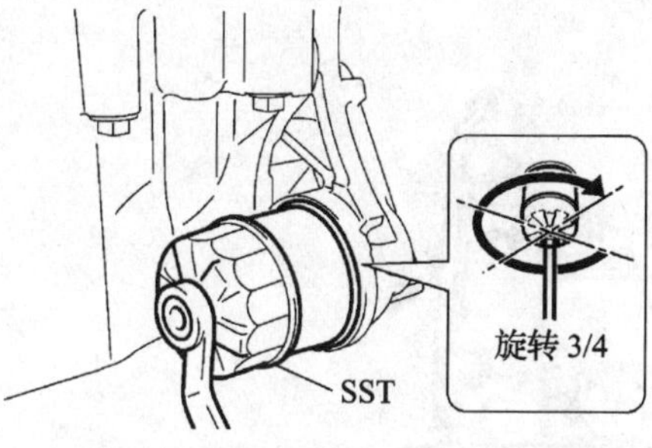

图 7—78

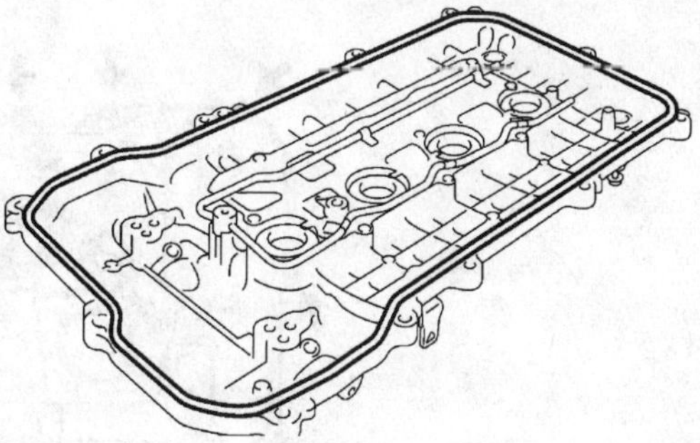

图 7—79

步骤 14：安装汽缸盖罩分总成。

（1）如图 7—80 所示，将__________个新衬垫安装至________号凸轮轴轴承盖。

（2）如图 7—81 所示，涂抹______。

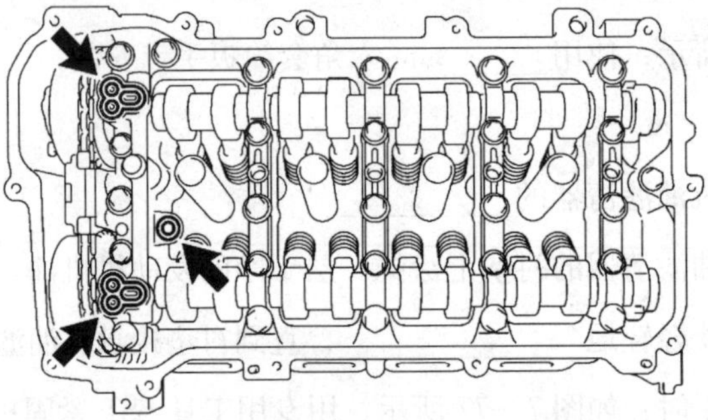

图 7—80

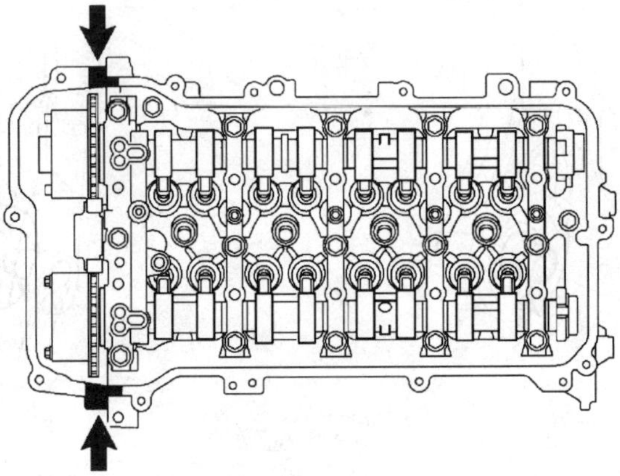

图 7—81

（3）如图 7—82 所示，用______个新密封垫圈和________个螺栓安装汽缸盖罩。

扭矩：______N · m。

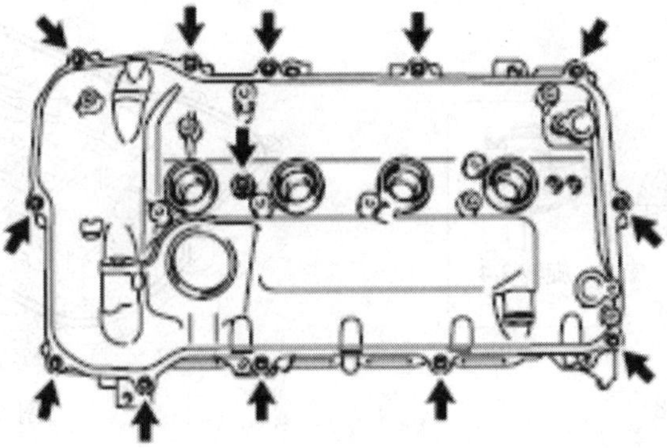

图 7—82

步骤 15：安装凸轮轴正时机油控制阀总成。

（1）如图 7—83 所示，在新 O 形圈上涂抹一薄层发动机机油，并将 O 形圈安装到___上。

(2) 如图 7—84 所示，用__________个螺栓安装________个凸轮轴正时机油控制阀和支架。

扭矩：__________N · m。

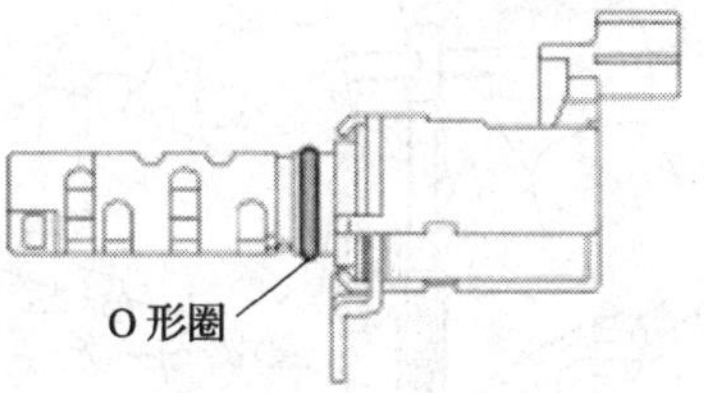

图 7—83

步骤 16：安装凸轮轴位置传感器。

(1) 如图 7—85 所示，在传感器________上涂抹一薄层发动机机油。

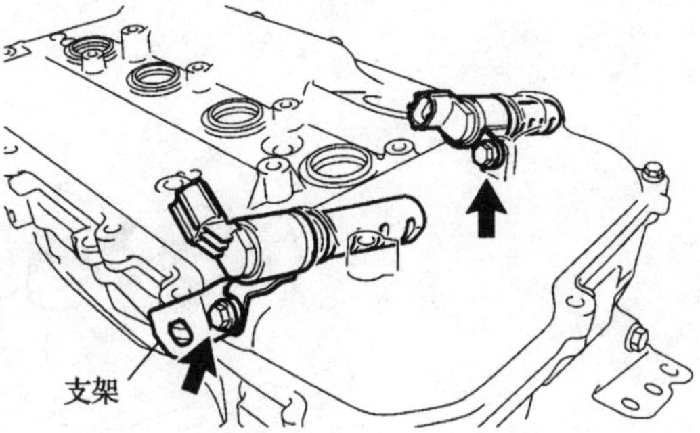

图 7—84

(2) 如图 7—86 所示，用____个螺栓安装______个传感器。

扭矩：______N · m。

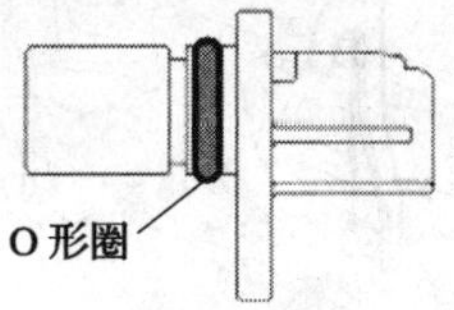

图 7—85

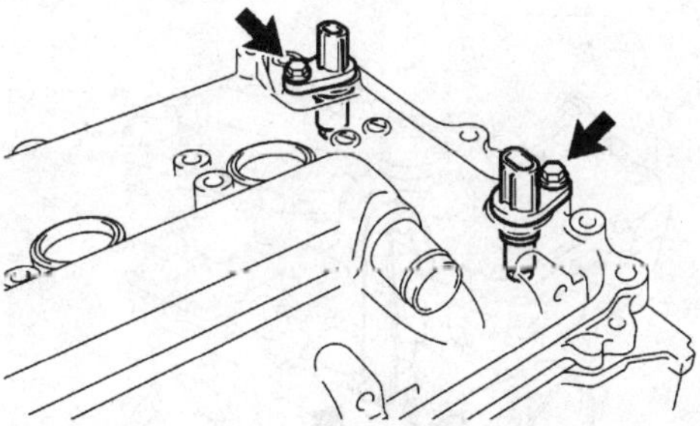

图 7—86

步骤 17：如图 7—87 所示，用______mm 火花塞扳手安装____个火花塞。

扭矩：________N · m。

步骤 18：如图 7—88 所示，安装______个发动机舱盖接头。

扭矩：________N · m。

步骤 19：如图 7—89 所示，安装机油加注口盖新__________。

步骤 20：如图 7—90 所示，安装_________________。

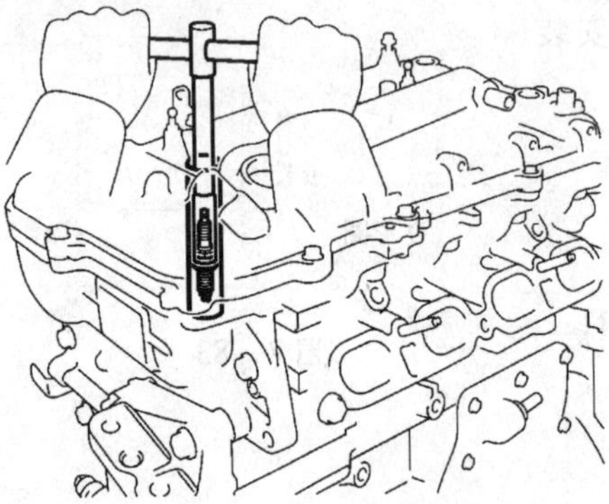

图 7—87

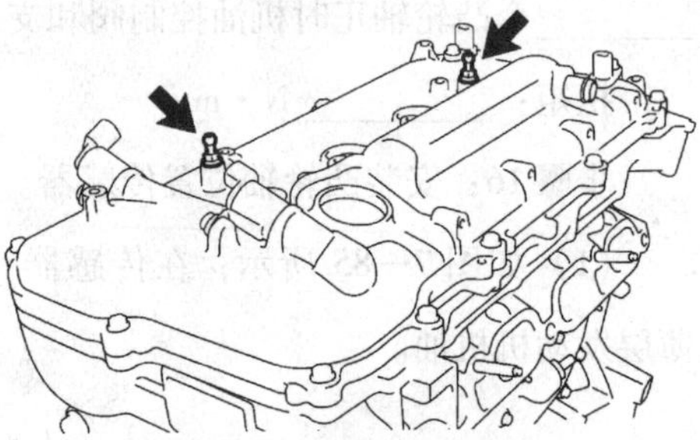

图 7—88

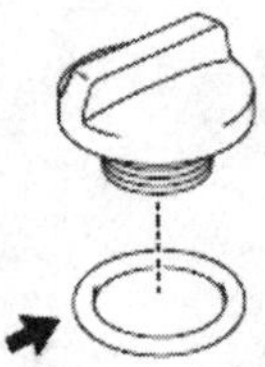

图 7—89

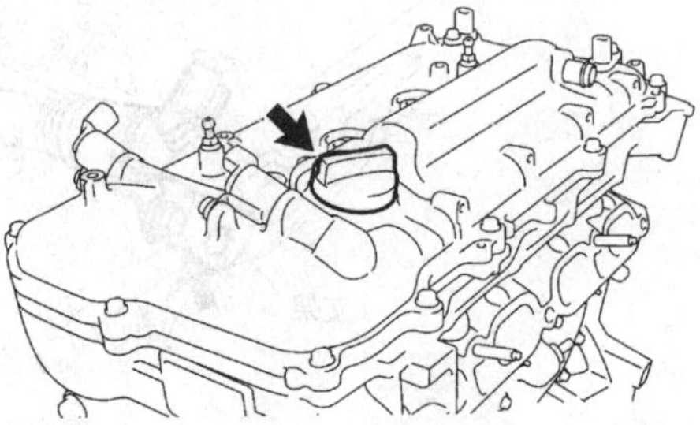

图 7—90

步骤 21：如图 7—91 所示，用________个螺栓安装__________个发动机吊架。

扭矩：________N · m。

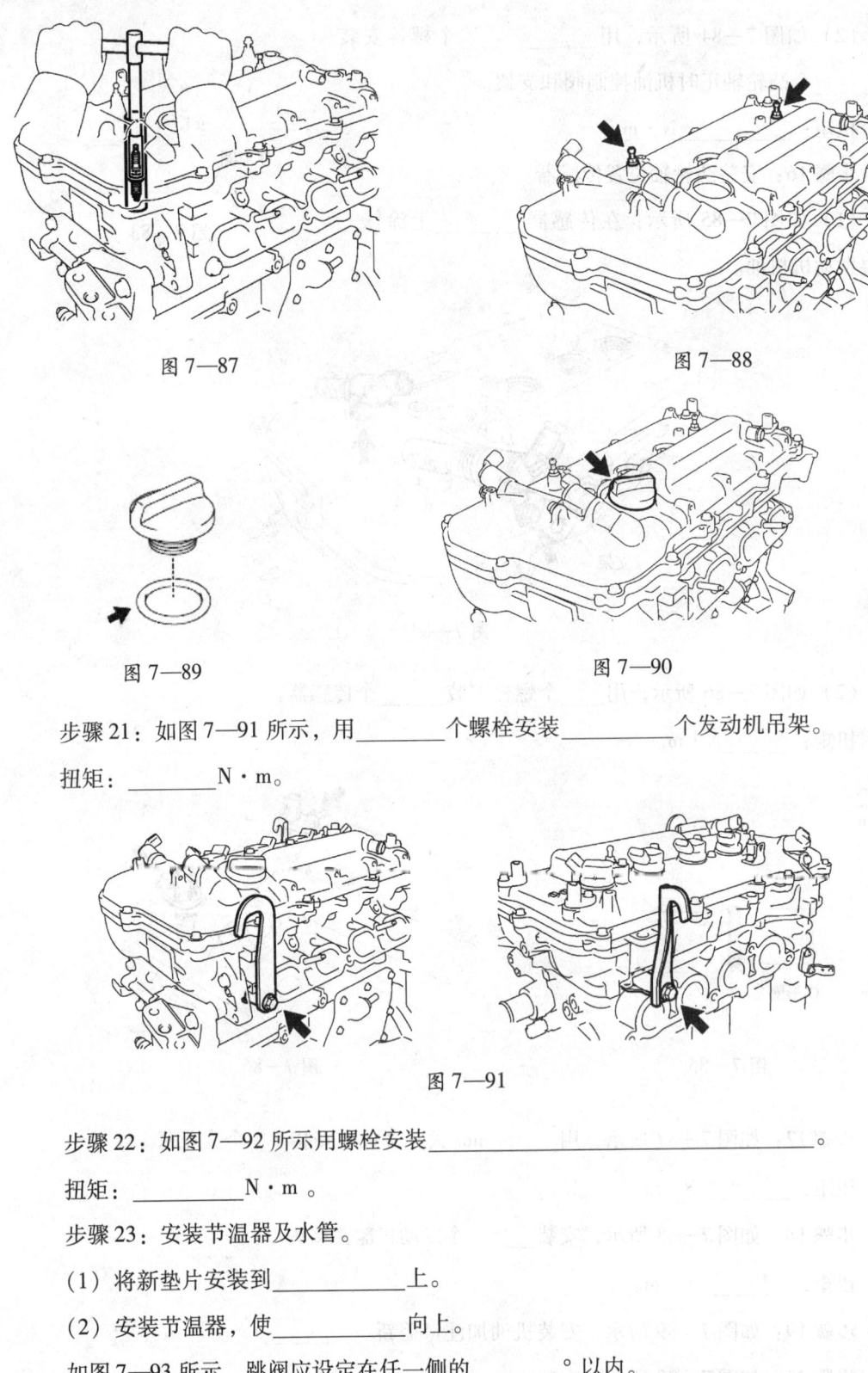

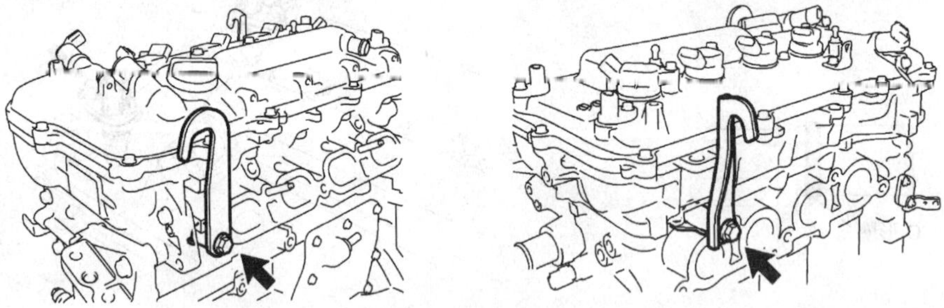

图 7—91

步骤 22：如图 7—92 所示用螺栓安装____________________________________。

扭矩：__________N · m 。

步骤 23：安装节温器及水管。

（1）将新垫片安装到____________上。

（2）安装节温器，使____________向上。

如图 7—93 所示，跳阀应设定在任一侧的________° 以内。

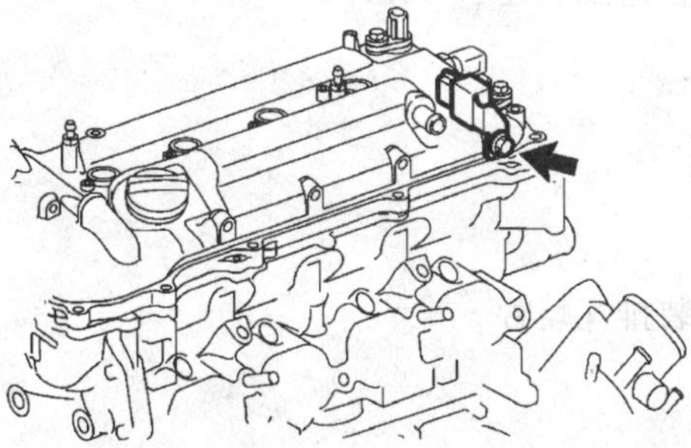

图 7—92

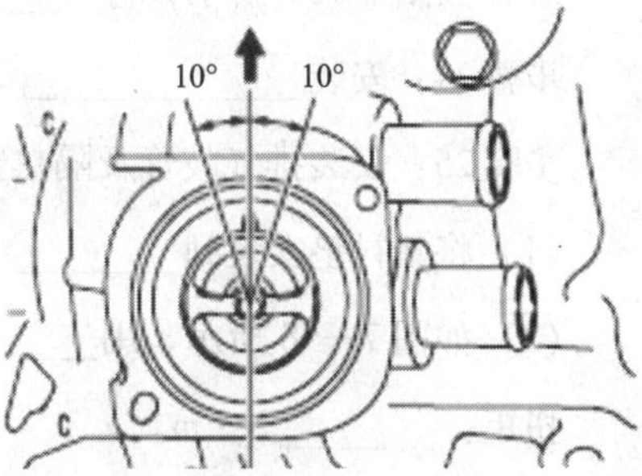

图 7—93

（3）如图 7—94 所示，用______个螺母安装带散热器软管的进水口。

扭矩：__________N · m。

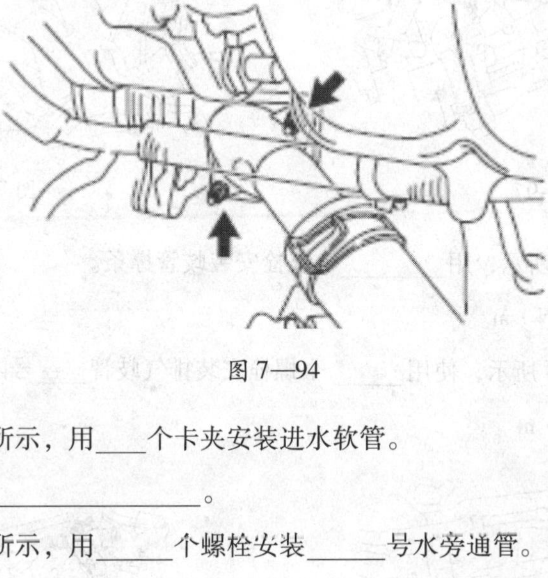

图 7—94

（4）如图 7—95 所示，用____个卡夹安装进水软管。

（5）用卡夹安装________________。

（6）如图 7—96 所示，用______个螺栓安装______号水旁通管。

扭矩：______N · m。

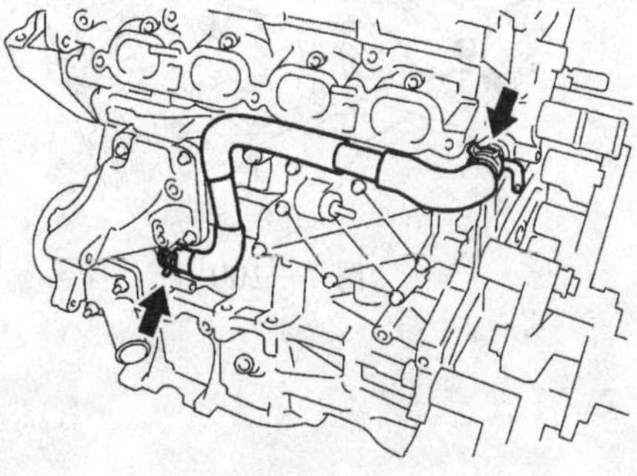

图 7—95

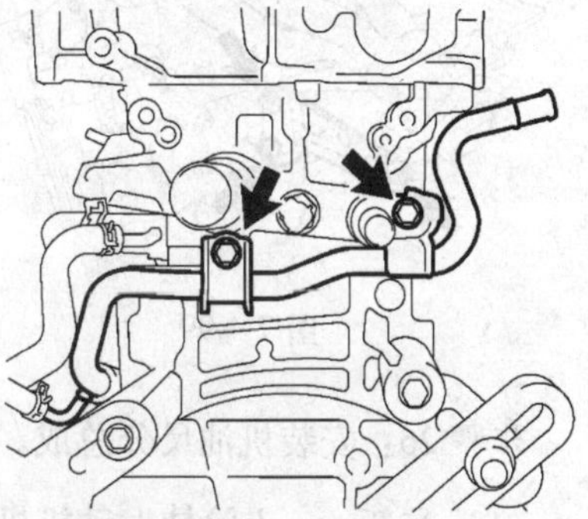

图 7—96

(7) 如图 7—97 所示，将________号水旁通软管连接至进水口壳体。

步骤 24：安装______________。

步骤 25：安装排气歧管及隔热垫。

(1) 将新衬垫安装到__________上。

(2) 如图 7—98 所示，用__________个螺母安装排气歧管。

扭矩：________N·m。

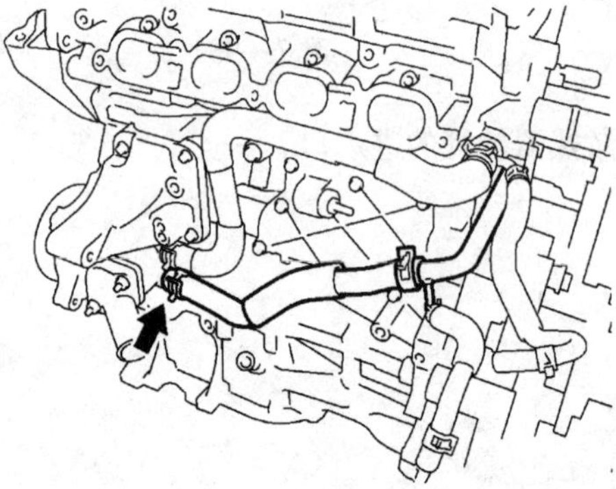

图 7—97

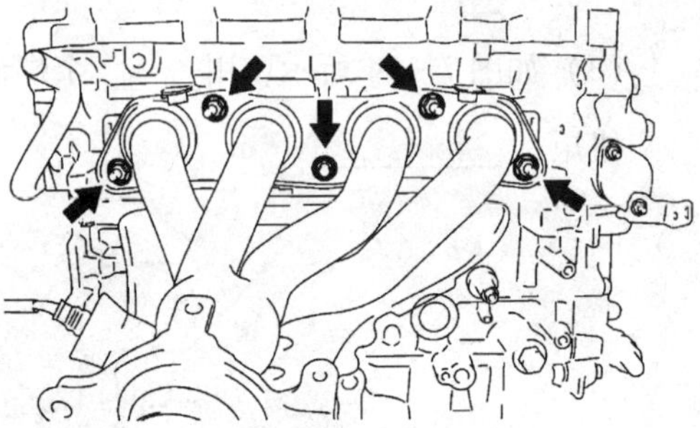

图 7—98

(3) 如图 7—99 所示，用________个螺栓安装歧管撑条。

扭矩：________N·m。

(4) 如图 7—100 所示，使用______个螺栓安装排气歧管____号隔热罩。

扭矩：______N·m 。

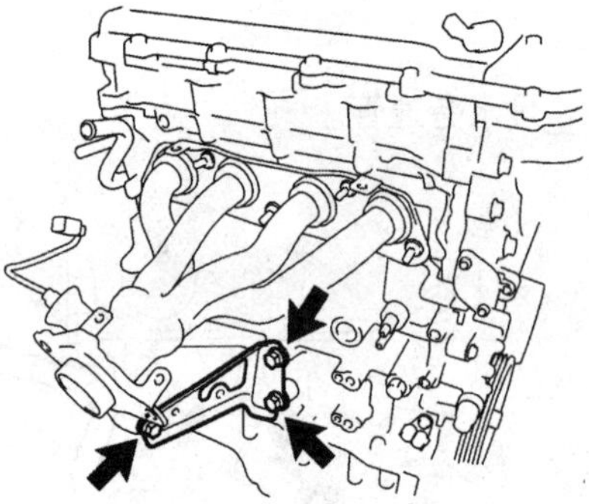

图 7—99

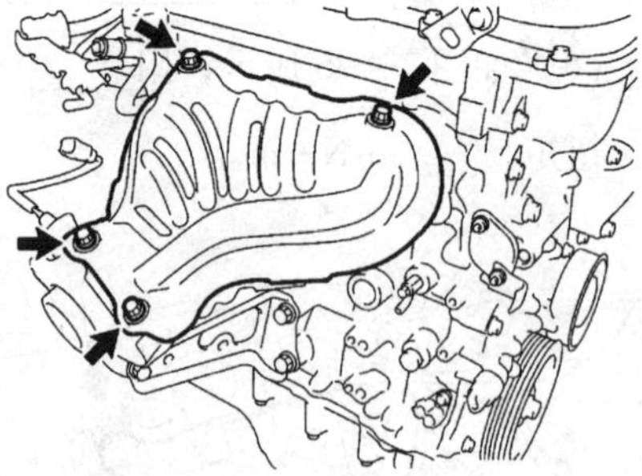

图 7—100

步骤 26：安装机油尺分总成。

(1) 在新____上涂抹发动机机油。

(2) 如图 7—101 所示，用螺栓安装________，使之穿过新 O 形圈。

扭矩：______N · m。

步骤 27：用______个螺栓安装______个点火线圈总成。

扭矩：______N · m。

步骤 28：安装喷油器及燃油管分总成。

（1）如图 7—102 所示，在新的 O 形圈上涂抹一薄层发动机机油，然后将其安装到各________上。

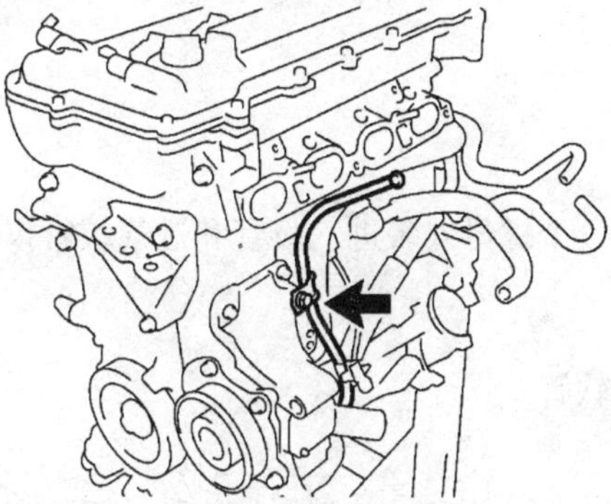

图 7—101

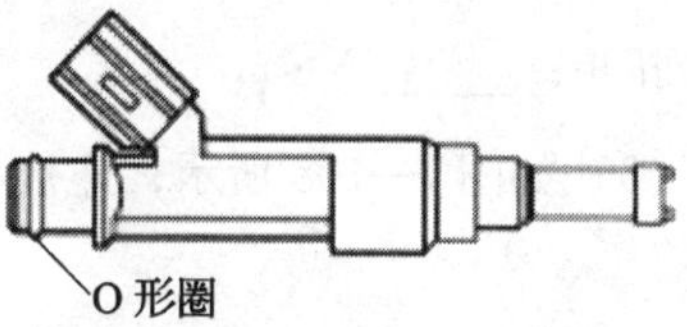

图 7—102

（2）在________与喷油器 O 形圈的接触表面上涂抹一薄层发动机机油。

（3）如图 7—103 所示，左右转动______，同时将其安装到输油管上。

（4）如图 7—104 所示，将______个__________安装到汽缸盖上。

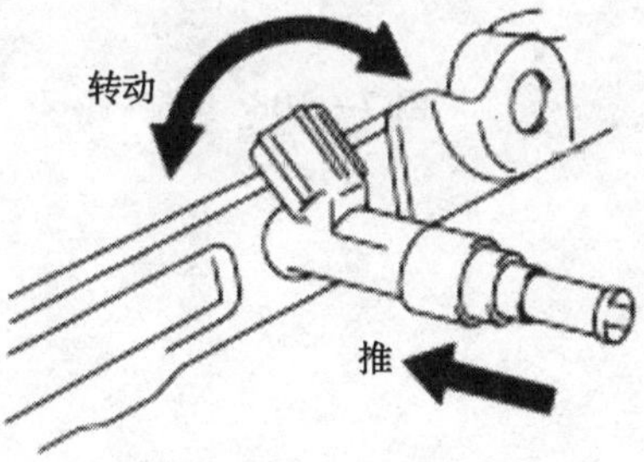

图 7—103

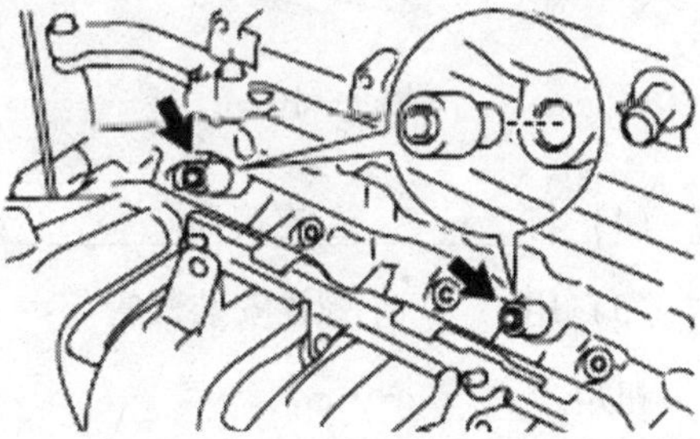

图 7—104

（5）如图 7—105 所示，安装带______个喷油器的输油管，然后暂时安装______个螺栓。

（6）将________个螺栓拧紧至规定扭矩。

扭矩：________N · m。

（7）如图 7—106 所示，将____________推入燃油管内，直到听到“咔嗒”声。

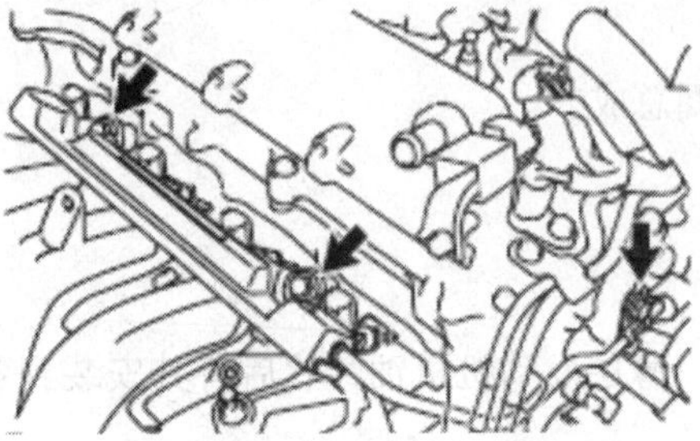

图 7—105

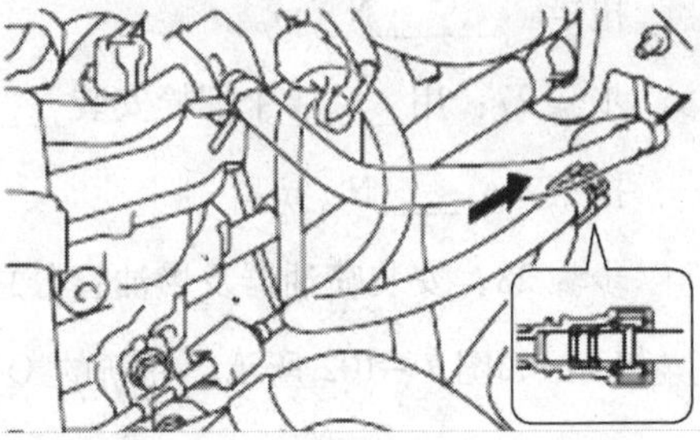

图 7—106

步骤 29：安装进气歧管。

（1）将________安装到进气歧管上。

（2）如图 7—107 所示，用____个螺栓和______个螺母安装进气歧管和进气歧管撑条。

扭矩：______N · m。

（3）如图 7—108 所示，连接______根水旁通软管。

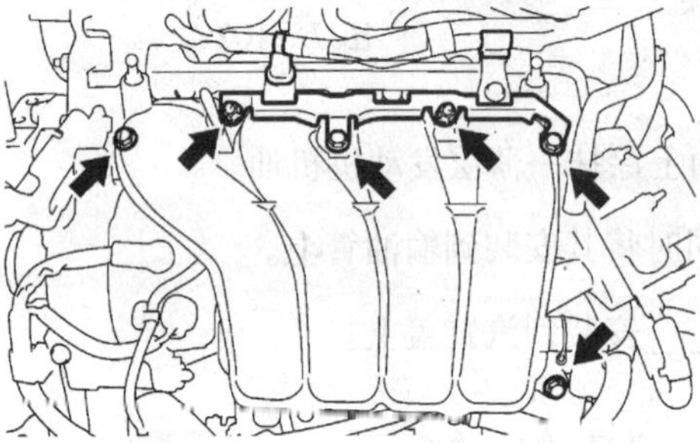

图 7—107

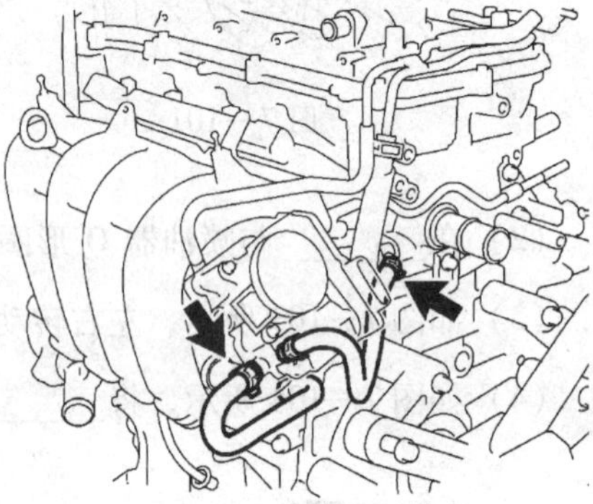

图 7—108

（4）将__________连接到__________上。

（5）用______个螺栓安装气管。

扭矩：______N · m。

（6）安装线束支架。

扭矩：________N · m。

步骤 30：安装________和风扇皮带调节杆。

扭矩：________N · m。

步骤 31：拆卸发动机台架。

（1）用起重机安装________________和__________。

（2）从发动机台架上拆下发动机。

四、 评价与反馈

学习评价与反馈表

班级		姓名		学号		日期	年 月 日
学习任务名称							
自我评价	1	6S 管理				□符合 □不符合	
	2	能按时上、下课				□符合 □不符合	
	3	着装规范				□符合 □不符合	
	4	能独立完成工作页填写				□能 □不能	
	5	能利用维修手册、网络资源等查找有效信息				□能 □不能	
	6	能正确使用工、量具及设备				□能 □不能	
	7	会叙述各部件的结构原理				□能 □不能	
	8	会制定维修计划				□能 □不能	
	9	学习效果自我评价等级				□优 □良 □合格 □不合格	
小组评价	10	在小组内积极发言情况				□能 □不能	
	11	积极配合小组成员完成工作任务情况				□优 □良 □合格 □不合格	
	12	在检修操作中的表现				□优 □良 □合格 □不合格	
	13	能清晰表达自己的观点				□能 □不能	
	14	安全、规范与环保意识				□强 □一般 □较弱	
	15	遵守课堂纪律				□能 □不能	
	16	积极参与汇报展示				□优 □良 □合格 □不合格	
教师评价	17	综合评价等级：				□优 □良 □合格 □不合格	
		评语：					